上海市教育委员会科研创新项目"终身学习理念观照下的老年学习与老年生活"研究成果

中国老龄化社会：生活·学习

Aging Society in China：Life and Learning

王仁彧　著

同濟大學出版社
TONGJI UNIVERSITY PRESS

内 容 提 要

本书以老年生活中的学习现象为切入点，用教育学的学科视角来关注老年学习现象及其规律，把教育理论，尤其是成人教育理论置身于老年教育与老年学习的具体实践中，体现了终身教育与终身学习的教育理念。这种对社会生活，尤其是老年生活的实践思考与内涵诠释，以及对老年生活与老年学习互动关系的清晰表达与科学探究，开启了相关研究的新思维。

本书可供教育理论与社会政策研究人员、成人教育与终身教育理论与实践探索者参考阅读。

图书在版编目(CIP)数据

中国老龄化社会：学习·生活/王仁彧著. --上海：同济大学出版社，2020.9

ISBN 978-7-5608-6520-1

Ⅰ.①中… Ⅱ.①王… Ⅲ.①老年教育—研究—中国 Ⅳ.①G777

中国版本图书馆 CIP 数据核字(2016)第 210603 号

中国老龄化社会：生活·学习

王仁彧 **著**

责任编辑 李小敏 **助理编辑** 夏涵容 **责任校对** 徐春莲 **封面设计** 潘向蓁

出版发行 同济大学出版社 www.tongjipress.com.cn

(地址：上海市四平路 1239 号 邮编：200092 电话：021-65985622)

经　　销 全国各地新华书店

排版制作 南京文脉图文设计制作有限公司

印　　刷 江苏凤凰数码印务有限公司

开　　本 710 mm×960 mm 1/16

印　　张 13.75

字　　数 275 000

版　　次 2020 年 9 月第 1 版 2020 年 9 月第 1 次印刷

书　　号 ISBN 978-7-5608-6520-1

定　　价 59.00 元

序

伴随着社会经济的发展、科技教育的进步、生活水平的提高，我们已悄然走进了老龄化社会。尤其是经济相对发达的城市和地区，人口老龄化正呈现加速发展态势，已成为社会改革与发展中不容忽视的全局性问题。发展老年教育，对于实现健康老龄化与积极老龄化，推动城市与社会更好发展，意义重大而深远。

关注老年群体、关心老年生活、关爱老年人生，是教育工作者和教育研究者应当重视的领域。最近，我很高兴地看到了王仁彧同志承担的上海市教育委员会创新项目“终身学习理念观照下的老年学习与老年生活”的研究成果。王仁彧同志以独到的视角，对老年人的学习和教育展开了深入分析与思考，从成人学习的规律入手，以老年学习的个案作印证，探究了老年人学习的目标动力、认知能力和学习能力，取得了一些有说服力的理论观点。这些理论成果，在老年学习理论研究领域还见得不多，无疑是值得关注的，可喜可贺。

作者从众多受访者中选取了具有代表性的五位老年受访者的真实学习故事作为研究素材，这其中既包含了具有高级职称的工程师与机械师，也有作为专职技术人员的财务人员与医院护士，还有一线的企业职工。他们的学习经历体现了老年群体的共性之处，从中发掘了老年学习与老年生活的相关性。透过这些老年学习的真实故事，人们可以看到老年学习在老年生活中的重要意义和积极作用，感受到老年生活因学习而精彩，感受到老年生活品质因继续受教育而提升，从而可以发现“老年生活丰富了老年学习内涵、老年学习提升了老年生活品质”的互动关系。

作者对老年人的学习生活进行了仔细观察和有效记录，以老年学习现象作为切入点，从教育学的学科视角来探究老年人的学习规律，用成人教育理论分析解释老年学习实践，体现了终身教育与终身学习的教育理念，很有说服力，证明了老年学习对于老年生活、老年学习对于老年健康的积极互动关系。这种用案例来证实理论观点的方式，让人信服，值得肯定。

以往，在教育领域，我们把更多的注意力放在研究青少年的学习与教育。而面对不断形成的老龄化社会，在学习中养老已经成为健康老龄化、积极老龄化的重要举措，对老年人群学习规律的探究和认识，也已经成为推进老年教育的迫切任务。我们需要教育理论专家更多地关注老年教育，也需要王仁彧同志这样一线的老年教育工作者在实践基础上的理论探索。如同所有的教育一样，老年教育也有其特殊性，一定要遵循老年教育规律，贴近老年人身心特点，以人为本，提供更加灵活便捷的学习渠道，更加丰富多样的学习资源，更加自主开放的学习方式，满足老年人多元化、多层次的学习需求，办老年人满意的老年教育。

老龄化社会还在继续，融合了老年教育与老年学习的老年生活，期待着人们的持续探索与积极推进。

2020 年 8 月

前　言

一、缘起

“回归丰富的成人生活世界、走进缤纷的成人精神家园”①的理念追求既为成人教育的实践研究提供了全新的思维方式，也为成人学习的现实目标提供了理性的使命追求。“生活中的学习故事”不仅可以积极践行成人教育“回归与走进”的研究理念，还可以有效彰显对成人学习实践的人文关怀。

对成人教育与成人学习现象的观摩能够探究成人学习，尤其是成人自我导向学习在成人自我存在、自我生活与自我发展中的积极作用。同时，这种理念实现了对成人生活世界与成人精神家园的真正关注。把成人视作教育与学习的主体开展研究，在对成人群体结构的有效解析、成人生活境遇的深入体察、成人学习需求的合理确认与成人学习行为的科学解读基础上，努力构建理论与实践紧密结合、符合成人学习需求与学习特点的学习支持系统或社会支持系统，将能积极回应成人教育研究的本真追求。

真正回归丰富的成人生活世界，完全走进缤纷的成人精神家园，既能了解成人学习者的生活世界，更能揭开成人生活的精神世界。坚持从成人学习者的精神世界与学习需求出发，成人学习将会在丰富成人生活与促进成人发展等方面实现有效助推与积极探索。

1. 切入点：对老年人口激增的关注

“老年人口激增”的社会现实是本研究的落脚点。随着我国“改革开放”政策实施以来，我国现代化建设的步伐逐渐加快，综合国力伴随着政治、经济与文化等方面的突飞猛进也得到了不断提升。改革开放不仅促使我国从原先的农业社会、计划经济向工业社会、市场经济转型发展，更带来了经济高速增长与社会巨大变迁。人们的生活水平也在社会发展中得到了逐年提高，生活质量在不断改善，生存寿命也在不断延长，并将呈现持续增长的发展趋势。

目前，我国老年人口总量已超出联合国设定的老龄化社会的参照比例，还在不

① 高志敏，纪军. 在“成人”与“教育”之间——成人教育学科发展的回顾与展望[J]. 教育研究，2005：(2).

断增长，老年人群的生存境遇已经成为全社会不得不予以关注的热点问题。人们不仅要关心老年人的物质生活，更要关心他们的精神生活；不仅要给他们提供舒适便捷的生活条件和生活环境，更要能走进老年人的生活世界，引导他们健康生活，给他们带去对快乐生活的信心和希望。这其中，一方面可以通过外界不断提供的信息刺激予以满足，另一方面也需要通过老年人的自身努力去自我创设和积极开拓。基于此，开展形式多样的老年学习活动，不仅是社会给他们创设的外在生活刺激，更是他们调节内心世界的主动选择。对与日俱增的老年生活与学习的关注，通过基于实践的成人教育理论分析，探寻老年生活中的学习需求与困惑，可以在老年人口与社会服务之间架起一座沟通之桥，为老年人的生活与学习提供全面细致的社会支持与服务。

2. 动因：对老年生活的理解

"夕阳无限好，只是近黄昏"，这首千古名句一直被人们传诵着。透过诗句人们眼前仿佛又闪现出一幅"向晚意不适"的景象：当唐朝诗人李商隐在一个傍晚时分郁郁寡欢地登上长安乐游原时，红日西斜所辉映出的无限美景立刻跳入诗人眼帘。然而，心情沉重的诗人很快发现，这美景再好，也会随着夕阳归山而烟消云散。在不经意间，《登乐游原》被创作了出来，更得以千古流传。后人更把诗句中的夕阳比作年逾六旬的老人，尽管晚年的人生是美好的，可是它犹如夕阳一般，仅是灿烂过后的最后一抹深情的红，甚至是黑暗前的最后绝唱。不免让人感慨人生的短暂，以及人们对时光飞逝的无可奈何。

然而，随着人类社会进入新世纪，社会的进步与科技的发展不仅改变着人们的生活方式，还在不断改变着人们的思维方式。原先描述老而无为的"夕阳无限好，只是近黄昏"，正不断地被越来越多的老人用实际行动改写着。"虽是近黄昏，夕阳无限好"已经成了老年人现代版社会生活与精神面貌的美好写照。老人们不仅要用自身的实践验证晚年生活是美好的，还要用自身的努力证实晚年生活是高质量的、有品位的。不论是在学校、在公园，还是在街头、在社区，都能看到老人们或者在专心致志地学习着各种文化和专业知识，或者在畅所欲言地交谈着彼此对生活的理解和感悟。

以对老年生活的这种变化的理解为基础可以发现，作为"虽已近黄昏"的老年人通过现实生活中的终身学习向社会展示了自身坚定的"夕阳无限好"的生活信念和追求，这是历经风雨彩虹的老年人生经历给人们带来的引人入胜的生活画卷。

不同出身与背景的老人会呈现出不同的生活方式与追求，不仅能让人们尽可能全面地了解老人的生活认知，更能关注到那些已经离开了当年的工作岗位、离开了职场生活的老人对待晚年生活的态度，以及他们在追求属于完全自我的晚年生活中的点滴故事。这些人生故事既是老人对生活的诠释,也许更是其风雨人生之后的精神顿悟与生活见证,抑或是老人对美好生活的展现与眷顾。

这些难能可贵的、历经风雨彩虹所描绘出的老年人生经历既为人们研究老年生活与老年学习提供了生动的案例,也在丰富研究内容的基础上进一步增加了研究厚度。对老年生活美好画卷的积极勾勒,是对老年生活的现实世界的关注与尊重,更是对每一位未来的老人的启迪与昭示。这种勾勒也许能为每一位现在的和未来的老人提供一种可行的塑造完美老者的平台与机会。

3. 窗口:老年生活中的学习

"老年生活中的学习故事"是透视老年生活与老年学习互动关系的一扇窗。只要人们能把关注的触角深入老年生活的内部世界,就可以叩开透视老年生活与学习故事的那扇窗。对于老年人来说,离开了职场生活也就意味着他们逐渐淡出了社会生活的主体地位,进入老年生活使得他们可以不再受强制性与功利性等社会生活的要求与约束。而越来越多的老年人参与老年学习活动的生活现实,一方面呼唤着人们对老年学习及其意义高度关注,另一方面也要求人们应当从老年生活的现实世界欣赏老年学习的快乐与精彩。当人们回归丰富的老年生活世界时,就可能走进缤纷的老年生活精神家园,也就可能理解和把握老年生活中实践活动的真实价值。因此,从老年生活的角度探寻老年学习活动的意义,能给人们带来二者相关性的深层次思考。

现代社会生活水平的提高激发了人们对美好生活的向往与追求,也同样为展现老年人的美好生活带来了新的希望。老年人不仅希望安度晚年,更希望能过着充实、快乐的幸福晚年。基于此,打开"老年生活中的学习故事"这扇窗,可以对老年生活中的学习故事作出全面解读。一方面能帮助人们发现老年生活质量的改善,另一方面,也能向人们展现这种改善以及老年精神生活的提升与老年学习的相关性所在。

随着科技教育的进步与社会生活水平的提高,人们对于接受终身教育和参与终身学习的兴趣与愿望将日益增强。教育与学习不仅能向人们提供生活必不可少的知识与技能,而且能向人们提供增进修养与陶冶心灵的方法与思考。科技与生活的快速发展不仅激励着年轻人不断接受教育与学习,老年人也会因为不甘落伍与改善自我而希望拥有教育与学习的机会。为此,满足人们接受终身教育与学习的需求,已经成为社会责无旁贷的责任与使命。

然而,不同的人对终身教育与终身学习的愿望与需求还是各自迥异的。相比较而言,社会在把握年轻人的学习需求与愿望方面往往显得相对容易,年轻人大多可以通过各种组织与渠道表达自己的学习诉求,而老年人学习需求的表达通道往往相对狭隘、闭塞。一方面是因为老年人已经离开了社会职场，原先的组织生活已经离他们渐行渐远，表达声音的通道仿佛变得更加若隐若现。另一方面，面对着如此快节奏的社会生活，社会教育工作者们也很难有足够的时间和精力，仔细聆听老年人对学习的诉求与心声。对老年生活中的学习故事进行深入描绘，可以把老年学习与生活的精神面貌向全社会宣扬，让人们感受老年学习的真切需求，也为构建老年学习的社会服务支持系统提供了坚定的智力支持。

4. 目的：终身学习理念的生命价值

通过回归丰富的老年生活世界，不仅能够了解老年世界中特有的生活故事，更能跟随老年精神世界去感知社会生活给他们带来的各种机遇与挑战，以及他们做出的应对策略与适应活动。这将给人们提供一种自信，一种对在老年生活中终身学习理念现实存在的自信。以老年生活中的学习故事为基础，将能体现终身学习理念在老年生活中的现实存在，也将给人们展现一种理由，一种老年生活中终身学习理念得以有效践行的理由。老年学习的目的与动机将能积极展现老年生活中终身学习理念存在的现实意义，还将给人们展示一种关系，一种老年学习与老年生活之间的互动关系。老年学习在老年生活中的实际地位与作用，可以奠定“老年生活丰富了老年学习内涵，老年学习提升了老年生活品质”的互动关系。对老年生活中的学习故事的赏读，不仅有利于人们解读终身学习理念的生活意义，还能增进对老年学习生活价值的认识、对学习与生活互动关系的理解，通过促进对老年学习者学习需求的把握，从而进一步强化人们对老年学习的内涵解读。

专注老年生活与学习，回归缤纷的老年生活世界，走进美好的老年精神家园，不仅能看到老年学习在老年生活中的重要地位和积极作用，还能感受到老年生活因学习而精彩的美妙绝伦。

二、研究方法

对于任何一项研究而言，如果希望能得到相对科学的、有价值的研究结论，那么，在研究过程中选择恰当的研究方法将会起到至关重要的作用。也就是说，在研究推进过程中，不仅要关注对研究内容的精心设计，还要关注对研究方法的合理选择。这些将事关整个研究活动的有序开展与研究成果的有效取得。

为深入探究老年生活中的学习故事，以及老年学习所促进的老年生活方式的转变与生活质量的提升，文献研究法与访谈研究法将能起到积极作用。

1. 文献研究法

不论是对终身教育与终身学习理念的解读，还是对老年学习与老年生活等概念的认知；也不论是对成人教育与成人学习领域的理论成果梳理，还是对老年社会与老年生活领域的研究现状关注，都可以借助文献研究法对已有的研究成果予以探究和总结。

2. 访谈研究法

对老年学习与老年生活存在的客观性及其现象的规律性进行本真描述，既是坚持了对老年学习与老年生活的现象解读，可以实现对生活素材的真实性获取，对生活实践的解释性理解；又是坚守了对老年学习与老年生活的本质探究，可以实现对老年学习认知的不断深化，对老年学习与生活互动关系的积极维系。人们坚守了这份理解，就能对生活中的学习故事形成一种新的意义解释①，从而有效诠释老年学习与老年生活、终身学习体系与学习型社会之间的紧密关联性。

三、研究设计

探究老年生活中的学习故事，既需要真正走进老年生活世界，也需要全面了解老年生活体验；既需要不断丰富老年生活认知，也需要细致描绘老年生活语言。

为此，本书共撰写了十一章，并细分为三篇。

上篇部分是研究的基础，包括两章内容。第一章是国际视野中的老年学习与老年生活，主要涉及成人学习、老年学习、老年生活与学习对生活的影响作用等方面的研究内容。第二章是理论视角中的老年学习与老年生活，分别从人的发展理论、发展内容理论、人的社会适应性理论与终身学习理论等理论视角分析学习与生活现象。同时，还对老年、老年学习与老年生活等概念进行了剖析与界定。这些内容为本书后续研究奠定了基础。

中篇部分真实呈现了老年学习故事，包括第三、四、五、六、七章。第三章介绍了一位退休的工程师，用自己的一生经历解读了学习对于自己老年生活的理解。第四章介绍了一位退休的设计师，用自身的学习故事告诉读者，是兴趣让他坚守了十五年而且还将继续把老年学习延续下去。第五章介绍了一位退休的财务员，用自己"不能等死"的心态诠释了老年学习给自己病愈后的退休生活带来的精彩。第六章介绍了一位退休的护士，用学习给自己人生发展带来动力，老年学习让自己"一生没有白活"。第七章介绍了一位退休的技术员，用学习改变了自己退休后五年"祥林嫂"般的精神萎靡，从而拥有一个精神抖擞的退休生活。这些栩栩如生的老年学习与生活故事为本书下篇部分的研究提供了第一手素材。

下篇部分对老年学习与老年生活进行了深层次的相关性解读，包括第八、九、十、十一章。第八章从老年学习的原动力角度对老年学习和老年生活关系进行了阐述。第九章从老年学习的内涵角度对老年学习和老年生活关系进行了阐述。第

① 陈向明. 教师如何作质的研究[M]. 北京：教育科学出版社，2001：162-163.

十章从老年学习促进老年生活品位提升的角度对老年学习和老年生活关系进行了阐述。依托老年学习与老年生活的这些相关性，还对老年学习的生活现象进行了现实反思。第十一章从老年生活的维度选取、老年学习的可行性分析，以及老年学习与老年生活的相关性等角度对全书的研究进行了总结与反思。

目　录

下篇　老年学习与老年生活的相关性

上　篇

老年生活与老年学习相关概论

上篇作为重要的研究基础涵盖了两章内容。第一章关注了国际视野中的老年学习与老年生活，主要从成人学习、老年学习、老年生活与学习对生活的影响作用等方面入手对相关研究加以分析，借以思考对我国老龄化社会背景的老年生活与老年学习的积极意义。第二章关注了理论视角中的老年学习与老年生活，分别选取了人的发展理论、发展内容理论、人的社会适应性理论与终身学习理论等理论视角加以分析，借以思考学习现象与生活实践及其相互关系。同时，还对老年、老年学习与老年生活等概念进行了剖析与界定。这些内容为本书后续内容的深化研究奠定了基础。

第一章

国际视野中的老年学习与老年生活

探究老年学习与老年生活及其相互关系，可以借助国内外已有的研究成果。并在此基础上，通过对国内外相关研究进行比较分析，能够发现国际视野中的老年学习与老年生活的异同点，也能为人们全面深入认识老年生活中的学习现象提供借鉴。

第一节 老年学习的可行性与影响差异性

毋庸置疑，在人类社会的群体组成中，老年群体属于成人群体中特殊的高龄人群。因此，人们在探究老年学习时，可以从成人学习基本规律与基本原理的视角，对成人群体中这个高龄人群的学习现象加以科学透视，从而发现老年学习的可行性与影响因素的相对差异性。

一、成人学习的可行性与环境要求

对于成人学习，人类社会一直有着关注。尤其是进入20世纪以来，以桑代克、保罗·郎格朗等为代表的一批著名学者把对成人学习的研究推向了新的高潮。

1. 认知心理的视角：成人依然具有学习能力

如果说成人学习从最初简单的人类模仿和借鉴活动逐渐发展为拥有一定理论指引的人类实践的话，包含刺激-反应理论与认知心理学在内的一般认知理论无疑对成人学习活动的兴起与发展起到了积极的推动作用。被誉为“教育心理学之父”的美国心理学家爱德华·李·桑代克(Edward Lee Thorndike)及其同事布雷格曼(Bregman)、蒂尔顿(Tilton)与伍德沃德(Woodyard)等人以行为主义心理学为研究视角，开展了成人学习及其能力的实证研究。该项研究从运动速度、身体感觉、开展写字训练、语言学习、画线设计等能力角度对成人学习活动进行观察与实验，发现成人的学习能力会随着成人年龄的增长而下降，不过，这种能力的下降速度是缓慢的①。

① 王静.老年学习的精神生活影响力研究[D].上海：华东师范大学，2010：13-15.

这项研究表明，成人不仅具有学习的能力及其持续性，而且成人依然可以通过不断学习增强自身的可塑性。这也从一个侧面有力打消了人们长期以来关于成人是否有能力继续学习新知识、掌握新技能的质疑。该研究不仅发现了实证研究在成人学习能力领域开展研究的积极作用，也为人们研究成人学习实践与理论思考奠定了心理学基础。可以说，该书为人类社会成人学习实践活动的深入开展提供了强大的心理学理论支撑。

2. 可持续性学习的视角：成人需要且可以终身学习

1965年，法国成人教育家，联合国教科文组织成人教育局局长保罗·郎格朗(Paul Legrand)根据多年来对成人教育实践的分析，提出了“终身教育”(lifelong education)的理论思考。他认为，人们不应该把自己的一生简单划分为学习期与工作期。其中，青少年时期接受教育可以理解为人们是为了给未来生活做准备而参与学习，而工作阶段接受教育可以被理解为人们是为了提高生存能力而参与学习实践。保罗·郎格朗认为，把人的一生做这种简单的划分是没有科学根据的。他提出，人格的发展需要通过人一生的努力来完成，因而教育不能只停留在儿童期与青年期，“只要人还活着，就应该是继续的”①。

随着世界成人学习实践的全面开展，人们对成人学习现状和未来发展的思考也在不断推向深入。20世纪70年代，原法国总理，联合国教科文组织国际教育委员会主席埃德加·富尔(Edgar Faure)提出了“终身学习”(lifelong learning 或 learning through life)的学习理念。埃德加·富尔认为，虽然每个人都在不断地接受教育、接受不断的教育，但是他越来越不应该成为教育的对象，而越来越应该成为学习的主体。

1968年，作为美国新理性主义教育家、古典人文主义成人教育倡导者，芝加哥大学校长的罗伯特·哈钦斯(Robert Maynard Hutchins)根据人类社会成人学习实践活动的发展，在其所撰写的《学习社会》一书中提出了“学习型社会”(learning society)的学习理念。哈钦斯认为，人类社会仅对所有成年人提供定时的成人教育是不够的，还应该以人的成长及人格塑造为目的，制定相应的评价标准与考评制度，促使每一名社会成员都能实现其人格目标，从而建立起一个能够成功进行价值转换的学习型社会。

可以看出，保罗·郎格朗认为，社会应该把所有的教育机会与机构有机统一起来，形成一个能够随时随地向人们提供不同教育实践的一体化组织。这种终身教育思想是对全社会提出了要关注人的终身发展的教育发展目标。关于教育与学

① 高志敏. 终身教育、终身学习和学习化社会[M]. 上海：华东师范大学出版社，2005：5.

习，埃德加·富尔所倡导的终身学习理念则把重点放在了对如何培养人的“自学”能力的关注点上，要努力实现每个人都必须终身不断学习的理念。换句话说，人类社会的教育精神应该使每个社会个体都能成为他自己文化进步的主人和创造者。罗伯特·哈钦斯所提出的学习型社会理念则把关注点置于终身教育与终身学习的结合点上。不仅所有的社会个体都应该坚持终身学习，还要把促进人格发展作为终身学习的追求目标。同时，社会也要为个体的终身学习追求提供合理的评价与规范制度，以实现个人终身发展目标。

3. 学习环境创设的视角：学会生存是教育的使命

随着终身教育、终身学习与学习型社会这三大理念在全世界逐步深入人心和广泛传播，联合国教科文组织于1972年发表了《学会生存——教育世界的今天和明天》，极力倡导每个社会成员都必须终身不断地坚持学习。联合国教科文组织清晰地发现学校学习已经不能构成一个明确而完整的“教育整体”，因此人类教育体系必须重新加以全面考虑。假设学习包括一个人的整个一生（这里强调既从人的生存时间角度，又从人的发展的各个方面角度来思考），而且也包括全部的社会资源（既包括教育资源，也包括社会、经济等资源），如果这个观点成立的话（大量的社会实践事实已经充分表明，这个论题的成立具有广泛的现实性），那么人类社会除了要对现行的教育体系进行必要的修整之外，还要对整个社会资本与社会资源进行调整，从而推动整个人类社会继续前进，达到一个学习型社会的境界。

4. 教育实践的视角：生活即教育

我国著名教育家陶行知先生以生活与教育的关系为视角，提出了“生活即教育”的教育理念，为成人学习的生活诉求提供了理论依据。他把“生活即教育”概括为三层内涵。第一，教育与人类社会生活相伴。陶行知认为，自从有了人类社会生活，也就有了教育实践。由于人类生活是不断前进的，因此教育也应得到不断发展。第二，生活与教育不可分割。陶行知认为，教育不通过生活的体验是没用的。人们希望什么样的生活就应接受什么样的教育，希望健康生活就要接受健康教育，希望科学生活就要接受科学教育。用生活来教育，为生活而办教育，教育与生活密不可分。这些关于教育目的的哲学思考为我国教育事业发展，尤其是成人教育与学习实践提供了积极的指导。第三，教育与生活的同步性。陶行知认为生活教育是与生俱来的，教育与个体生活共始终。只要生命存在、生活存在，教育就始终存在。这些观点向人们充分展示了教育具有终身性的特点。

陶行知“生活即教育”的教育哲学思想不仅把教育理解为个体所开展的一项积极的社会实践活动，而且还引导人们把研究教育的视角拓展到了生活领域，把教育提升到与生活同在，且密不可分的高度加以理解。他所提出的教育具有终身性特点的思想，从生活视角为成人学习、老年学习与终身学习提供了强大的理论支撑。

通过上述研究可以发现，成人不仅有能力接受不断的教育与学习，而且，成人也有必要坚持终身学习。同时，社会需要为人的终身学习提供各种评价与规范机制，帮助社会个体实现自己的终身学习目标。

二、老年学习的差异性与影响因素

探究老年学习，学者们关注到了老年学习者的学习能力、认知能力、想象力、人的认知差异性与学习目标动力等方面。通过研究，学者们发现老年人不仅拥有一定的学习能力，而且老年学习还受多种因素的影响。同时，不同的老年学习者之间也存在着学习的差异性。

1. 智力与认知的视角：老年人拥有一定的学习与认知能力

关于老年人的学习能力及学习效果，美国北卡罗来纳州立大学成人与社区教育学院金·康拉德·格拉斯(J. Conrad Glass)教授认为，人的智力是多元的。一方面老年人的智力不会随着年龄增长而发生显著改变，终身学习有助于老年人的智力由“流体智力”向“晶体智力”①转变与发展。另一方面，老年人的学习能力往往受自身健康状况、受教育程度和所处的社会环境等因素影响。同时，当身处学习情境中时，老年人比年轻人更有学习的欲望，抑或更容易被激发出学习行为，因为老年学习的性质与追求学习的动机是影响老人学习的重要因素，这也是对他们先前学习程度不高或学习效果不足的一种补偿。

关于老年人的学习与认知能力，美国教育社会学家杰姆斯·C·费舍(James C. Fisher)总结了20世纪80年代以来相关研究发现，尽管人的认知能力会随着年龄增长而有所下降，但并不是所有人的认知能力都会随着年龄增长而下降。学习是预防思维老化的有效方法，可以通过参与学习获得认知能力的维系与提升。对于老年学习者而言，作为自然规律的生理衰老现象是不可避免的，但心理认知能力却能通过不断学习得以巩固和提高②。

2. 心理学的视角：思维想象力与个体差异性同在

关于老年人的想象力和创造力，著名教育心理学家，美国克拉克大学首任校

---

① J. Conrad Glass, Factors Affecting Learning In Older Adults[J]. Educational Gerontology, 1996, 22 (4):359-372.

② James C. Fisher. Major Streams of Research Probing Older Adult Learning[J]. New Direction For Adult And Continuing Education, 1998, 77:27-37.

长，美国发展心理学、教育心理学先驱格兰维尔·斯坦利·霍尔（Granville Stanley Hall，1844—1924）研究发现，老年人尽管随着年龄的增长部分器官反应能力会有所下降，但是他们似乎“并未完全丧失最基本的认知能力”。传承了达尔文进化论的思想及影响，霍尔认为，儿童心理的发展很好地反映了人类思维的发展历程。在发展心理学领域研究过程中，他摆脱了人们长期坚守的实验法的束缚，采用了观察法与调查法进行资料搜集。通过把研究范围从儿童扩大到青年和老年，他提出了人类生命全程发展（life-span development）的发展心理学研究取向。因此，他认为老年人“依然具有一定的思维创造性与智力警觉性”①。

关于老年人个体差异性，专注于成人发展与老龄化研究的美国心理学家博尼斯·纽加顿（Bernice Neugarton）认为，老年人的人格特征并非一成不变的。随着年龄的增长，个体的社会差异性受其所处的社会经济地位及个人智力因素与其价值观的影响会越来越小，相反，老年人的个体差异性更易受到彼此间越来越相似的社会角色影响而变得更具有趋同性②。这种个性特征的演变正是老年人在社会生活中不断学习和社会化的发展产物。同时，在社会生活层面，纽加顿通过研究发现，老年人参加各种社会活动，不仅可以获得大量的社会信息，建立有意义的人际关系，还可以提升人生价值，获得社会尊敬。

3. 学习目标的视角：老年人存在不同层次的学习追求

关于老年人学习目标的不同层次及其特点，美国著名教育学家玛丽·A·沃尔夫（Mary Alice Wolfe）认为，随着老年人参与学习程度的不断加深，老年学习目标有三种不同层次的追求形式②。初级层次的学习目标是对学习知识的内涵理解。在这种学习目标的指引下，老年学习者通过学习可以不断丰富自身对学习的内涵理解。中层学习目标是老年学习者对自己原有知识的不断扬弃。通过这个阶段的学习，老年学习者不仅可以获取新知，而且还能把知识积极内化为自己的实践行动。深层次的学习目标是不断形成新的认知。在这个阶段，随着对新知的不断认识与实践，心理认知的紧张会促进老年学习者及时调节自我认知，并能更加有效地完善自身智力结构。

关于老年学习者的自信力，玛丽·A·沃尔夫发现大多数老年学习者的学习

---

① Rogers S & Luepniz R. Psychology of aging in America: A historical account of theortical development. Paper presented at the annual convention of the Southwest Psychological Association, Dalla, TX. (ERIC Document Reproduction Service No. ED229712), 1982.

② Roth Gibbons Lori Ann. Older Adults Learning Online Technologies: A Qualitative Case Study of the Experience and the Process[D]. Dissertation of Virginia Polytechnic Institute and State University, 2003.

自信心普遍较低，原因在于他们总会不断地与年轻人比较，或者与自己过去的学习经历或期望对比。然而，受老年学习者的学习需求自主性和学习行为自我决定性的影响，老年学习者能够轻松作出学习行为的决定，也能够实现从一种学习状态转换到另一种学习状态。

4. 影响因素的视角：需求与动机影响老年学习开展

关于老年学习的影响因素，美国心理学家桑代克指出，影响成年人学习效果的不是个人的智力因素，而是包括身体健康状况、学习兴趣和学习动机等在内的其他因素①。他在《成人学习》(1928)一文中论证了成年人具有的学习能力。他认为，尽管老年人生理与心理因素变化对其学习可能产生一定影响，但是成人学习能力不仅不会随着年龄的增长而完全丧失，相反，老年人在某些领域的学习能力还会随着年龄的增长而进一步增强，其学习效果也不逊色于年轻人。

一般情况下，老年人通常被认为是不适合学习的人。为了对 70 岁以上老人的学习实践有一个更全面的了解，更好地理解老年学习者的学习需求、学习障碍与学习能力，美国教育家诺拉·伯迪和吉莉安·布尔顿·刘易斯(Nola Purdie and Gillian Boulton Lewis)等人进行了两个专项研究②。在第一项研究中，他们采访了 17 名老年人，了解他们的学习需求，满足这些需求可能遇到的学习障碍，以及克服这些学习障碍的实际效果。他们使用这项研究结果设计了一份关于学习需求、学习障碍，以及学习效果的调查问卷，并要求由 160 名老年人来完成这一项调研。诺拉·伯迪和吉莉安·布尔顿·刘易斯的调研结果显示，老年人认为最不重要的学习需求是与技术操作有关的知识；最重要的学习需求涉及交通运输、健康生活和人身安全相关的知识。最大的学习障碍涉及身体的残疾或某些不适应的问题；最不会成为障碍的因素是与他人交往的能力方面。由此可以看出，老年人之所以可以保持体能上、精神上和社会活动参与方面的活力，一定程度上依赖于他们对学习和教育活动的持续参与。然而，对于成功解决那些与健康、安全、交通和休闲有关的学习需求方面，老年学习者大多都有信心；对于那些与技术有关的学习需求，老年学习者则大多表现得力不从心了。

关于学习过程中的互助与合作意识，玛丽·A·沃尔夫发现老年学习者能容忍事物的模糊性而不会轻易产生失落感。他们愿意在与不同年龄学习者的“代际学习与交往”过程中不断积累自身的学习体验和经历，并培养自身互

① 何光全. 国外成人及继续教育学者爱德华·李·桑代克[J]. 成人教育，2012(3).

② Nola Purdie, Gillian Boulton-Lewis. The Learning Needs Of Older Adults[J]. Educational Gerontology, 2003, 29:129-149.

动合作学习的意识和能力。这种合作学习更能帮助他们培育自尊与自信，并且建立更加广泛的社会交往系统[①]。尽管学习可以让老年人的学习愿望与生活追求得到部分满足，沃尔夫依然强调，任何年龄阶段的社会个体参与学习往往都受到学习动机、认知过程与个体发展等要素的综合影响。在沃尔夫的老年学习理论中人们可以发现，不论是对老年学习者的学习能力，还是对老年人知识与智力的发展性，她不仅秉持着积极肯定的态度，而且还深深蕴含着"老年人仍可发展"的终身学习与终身发展思想。

关于学习与社会生活及其价值判断，卜玉华在《班级生活与公共精神的养成》(2008)一书中提出，在多元价值共存的当今社会，人们往往会因价值相对主义的日益膨胀而对社会生活存在着诸多不确定性的认识。人们在感受价值选择的自由性的同时，却未必能真正享受到自由。参与学习，能让人们的生活经历更加丰富，并减少不必要的过失和顾虑。卢勤在《个人成长与社会化》(2010)一书中认为，不仅家庭和社会可以影响个人的成长，学校教育和学习实践更能为推动个体社会化提供重要的思想引领。

通过上述研究可以发现，年龄的增长无疑会对老年学习能力形成一定的冲击与影响。尽管如此，由于人的智力结构会随着学习活动的开展而发生转变，老年人依然拥有一定的学习能力与思维想象力。另外，学习目标设定的不同，以及不同的学习需求都可能让老年人产生不同的学习追求。这些都为老年学习的现实可行性提供了积极的信息保障。

第二节　老年生活的层次性与学习需求性

尽管年龄的增长使得老年人逐渐远离社会生活，但是，这种与社会渐行渐远的生活状态依然无法阻止他们对社会交往的渴望与努力。对丰富多彩的老年生活的追求依然是大多数老人的生活动力，也是他们对成功老龄化的积极体现。学习不仅实现了老年生活的多维度向往，而且也让他们在生活实践中体验到了生命的风采与力量。

① Roth Gibbons Lori Ann. Older Adults Learning Online Technologies: A Qualitative Case Study of the Experience and the Process[D]. Dissertation of Virginia Polytechnic Institute and State University, 2003.

一、老年生活的多维观察与成功老龄化

逐渐远离人类社会的生活现实必然冲击着老年人的生活视野，但是，老年生活涉及的领域依然比较宽泛。生活特点、生活方式、身心变化与积极老龄化等角度无疑构成了老年生活的多维视角。

关于老年生活与老年个性特点，美国心理学家博尼斯·纽加顿(Bernice Neugarton)等人按照老人个性的不同分为整合型、防御型、被动依赖型和不整合型四种。具有整合型个性的老年人对生活很满意，退休以后能适应生活环境变化，以新的老年活动方式来替代原有的生活方式。当然，即使有些老人不参加其他社会活动，他们也能自得其乐。具有防御型个性的老年人大多数都对老年生活满意，他们能够继续从事中年时期的工作。当然，由于担心遭受挫折，他们时常抱有戒备之心，谨慎处理生活事务，他们不求有功但求无过的心理意识比较明显。具有被动依赖型个性的老年人通常需要别人的帮助和支持，如果能满足生活要求，他们就会产生心理满足感。具有不整合型个性的老年人情绪不太稳定，遇到不顺心的事极易大动肝火或悲观失望，很容易受外在影响而失去控制能力。

纽加顿不仅对老年生活及其个性特征进行了分类，还对老年人生活方式的改变进行了探究。他认为，一方面人的个性类型基本是保持不变的，正如俗话所说的"江山易改，本性难移"。例如，具有被动依赖型个性的老人，他们在过去工作中被动的、常靠他人帮助才能完成任务的表现也会影响到他们退休以后的生活。他们退休以后不能主动培养新的兴趣，经常过着闲散的生活。另一方面，纽加顿根据行为矫正法则提出，通过进行各种方法的学习和训练，也可以使得具有被动依赖型个性的老年人的依赖行为明显减少，有的能实现生活自理，有的能对新的老年生活方式产生浓厚兴趣。由此，纽加顿提出，在对外在环境不断学习与适应的前提下，老年人原先那些即使是相对稳定的个性也会发生调整或改变。

美国学者 N. R. 霍曼和 H. A. 基亚克在《社会老年学——多学科展望》(1992)一书中提出了老年阶段的身体与心理的变化，以及老年生活及其社会适应性的思考。霍曼与基亚克认为，进入老年阶段以后，人的身体机能将逐渐呈下降趋势，各种身体疾病都可能随时影响老年人的身体健康和生活质量，"生物学上的衰老是指使诸如肺、心、循环系统等器官的功能下降的肉体变化"①。因此，老年人的心理也会随着身体机能的下降与疾病的逐渐增多而发生变化。"心理学上的衰老包括发

① ［美］N. R. 霍曼，H. A. 基亚克. 社会老年学——多学科展望［M］. 冯韵文，屠敏珠，译. 北京：社会科学文献出版社，1992：3.

生在感觉和知觉过程以及智能（如记忆力、学习能力和智力）、个性、精力和活动力方面的变化”①。同时，“社会学上的衰老是指一个人在社会结构——家庭和朋友、工作领域以及在诸如宗教团体和政治团体等组织中的角色和关系发生了变化”①，老年人会随着身体机能的下降与老年心理的变化而不得不对晚年生活方式做出调整，以适应老年阶段的生活现实与所处的社会环境要求。关于老年夫妻生活，霍曼与基亚克认为，“对于大多数老年人的生活来说，婚姻关系起着关键性的支撑作用”。② 因为，“夫妻在整个婚姻期间都要学会适应变化着的角色和期待”②。不过，从现实情况来看，大多数老年夫妻不适合于通过社会生活来应对各种压力。但是，他们比年轻夫妻更可能“把婚姻看成受义务支配的终身责任”③。在社会生活方面，老年夫妻的角色过渡能力，很大程度上取决于他们“原先的适应能力和对夫妻关系的满意程度”④。正是基于对人生老年阶段所表现出来的最直接、最明显的身体机能下降与疾病不断增多等现象的观察，霍曼与基亚克较合理地分析了老年人的个人生活、家庭生活与社会生活变化。

关于成功的老龄化生活，大多数人都会把是否患有疾病与健康问题作为成功老龄化的首要标准予以考虑。美国哥伦比亚大学社会工作学院梅陈玉婵教授认为这种分析过于狭隘，她认为，健康和丰富的思想能帮助一个老人成功应对疾病和生活改变。也就是说，只要能成功克服环境压力，有能力应对各种不幸，就可以把这个老人认定是健康的、有能力安享幸福晚年的人⑤。根据世界卫生组织关于健康“是人们的身体、心智和社交都处于良好状态下的个体生活环境，而不仅仅是没有疾病和伤残”⑥的定义也可以推衍出，成功健全的老龄化生活应当是身体、心理与社会意识都处于良好状态的生活境遇，而且，相对而言，尤其应以后两者为主。

通过梳理可以看出，老年学习与生活可以涉及老年人个性心理的发展变化类

---

① ［美］N. R. 霍曼，H. A. 基亚克. 社会老年学——多学科展望［M］. 冯韵文，屠敏珠，译. 北京：社会科学文献出版社，1992：3.

② ［美］N. R. 霍曼，H. A. 基亚克. 社会老年学——多学科展望［M］. 冯韵文，屠敏珠，译. 北京：社会科学文献出版社，1992：299.

③ ［美］N. R. 霍曼，H. A. 基亚克. 社会老年学——多学科展望［M］. 冯韵文，屠敏珠，译. 北京：社会科学文献出版社，1992：300.

④ ［美］N. R. 霍曼，H. A. 基亚克. 社会老年学——多学科展望［M］. 冯韵文，屠敏珠，译. 北京：社会科学文献出版社，1992：301.

⑤ 梅陈玉婵，齐铱，徐玲. 老年学理论与实践［M］. 北京：社会科学文献出版社，2004：31.

⑥ Butler R N，Lewis M I Sunderland T. Aging and mental health：Positive psychosocial and biomedical approaches（5th ed.）［M］. Boston，MA：Allyn and Bacon，1998.

型、外界环境对老年生活的综合作用、老年生活中人的身心在适应社会环境变化中所做的调适与改变、家庭生活、夫妻生活、社会生活与成功老龄化等方面。这些都为人们从生活的视角探究老年学习带来了积极的参考。

二、老年学习与老年生活的亚文化群现象

老年学习与老年生活相互作用的关系涉及学习对人格的发展作用、对家庭生活方式的转变作用，以及对社会生存方式的改善作用等角度。由老年学习引发的老年生活的这些变化更符合亚文化群现象。

1. 社会交往的视角：老年学习促进人格发展

美国心理学家博尼斯・纽加顿认为，既然通过研究发现老年人的人格是可以在一定程度上不断发展变化，因此，老年人也完全可以像年轻人那样进入各种学习场所。而且，参与老年学习反过来可以不断促进老年人自身的人格发展与价值观的升华。同时，那些坚持参与老年学习的人，解决社会生活中所遭遇的各种困难和问题的能力也相对较强。①

关于学习对老年家庭生活的影响，美国学者霍曼与基亚克提出了“知识作为一种权力来源”②的观点。他们认为，一方面，年长者希望（或者小辈们需要）传授人类已有的知识，从而可以实现小辈们更好地生产劳作，另一方面，小辈们也可能通过不断创新生产方式，而无需寄希望于长辈们相对陈旧、落后，甚至阻碍经济发展的生产思维。

关于学习对老年群体的影响，老年亚文化群理论的创始人美国学者罗斯・T・瑟理温(Rose Therese Sullivan)研究发现，一个领域内部成员之间交往程度会远远超过与其他领域的成员交往，这种现象就是人类的亚文化群现象。相比较其他年龄群体而言，老年人群体更符合亚文化群理论特征。也就是说老年亚文化群理论揭示出老年人群体不仅存在着彼此之间的交往，而且这种交往会随着人的年龄增长更加活跃与持久。瑟理温通过老年亚文化群理论既解释了老年群体的共同生活特征，也为老年群体积极参与老年学习、融入老年社会、构建学习型社会与促

---

① Roth Gibbons Lori Ann. Older Adults Learning Online Technologies: A Qualitative Case Study of the Experience and the Process[D]. Dissertation of Virginia Polytechnic Institute and State University, 2003.

② [美]N. R. 霍曼，H. A. 基亚克. 社会老年学——多学科展望[M]. 冯韵文，屠敏珠，译. 北京：社会科学文献出版社，1992：55.

进社会和谐发展提供了积极的分析视角。①

老年亚文化群理论认为，导致老年人群体共性的形成既有客观因素也有主观因素。从客观因素分析，一方面，法定退休制度既给年老体衰的人群提供了一种基本的生活和社会保障，而且也给老年人开始新的晚年生活提供了制度保障。另一方面，各种社会养老机构、老年社区和老年活动中心的兴建为老年人群体之间接触与交流提供了现实支持。同样，面对老龄化的社会现实，所有老年人口都应该关注自身的社会价值和作用发挥。这既是全社会关注老年人问题的重要原因，又是老年人提升全新的自我群体认识、塑造良好的群体形象的社会期盼。从主观因素分析，多年职场生活所形成的职业生活、工作经历、思想观念和生活习性，构成了老年群体相似或接近的社会背景；在逐渐远离社会的退休生活中，人身与财产安全、生活料理和精神寄托等生活需求对老年人参与学习、促进自身发展提出了全新的要求，使得老年人群体间可以通过老年学习活动促进彼此的交流与交往，并在学习与生活的交相辉映中塑造老年人亚文化群的特征。

关于老年人参与学习、参与社会活动对生活及对社会的影响，联合国第二届老龄人口问题世界大会通过的《政治宣言》②指出，对老年人本身的认可，以及对他们参与社会活动的有效促进是积极老龄化的重要表现内容。同时，不断挖掘老年人的潜力是促进未来社会发展的重要基础，依托老年人所掌握的操作技能、人生经验和生活智慧，不仅能有效促进他们自身条件的不断改善，而且还能推进人类社会生存与生活条件的不断改善。这次大会还积极倡导全社会都能积极实施老龄化社会策略，为老年人积极参与社会活动提供必要而有效的社会保障，从而不断提升包括老年人在内的所有人的生活质量。

老年人通过参与社会实践活动，可以拓展和提升自身的生活空间。美国社会活动理论学家阿诺德・罗(Arnold Luo)认为，老年人探寻参与包括老年学习在内的社会实践活动，可以在一定程度上实现老年人的经济提升、强身健体、心理慰藉与获取社会认同等需求，实现积极老龄化理论所强调的"社会活动作为自身社会实践"的基础要求。老年人应该有能力获得从事生产劳动、参与老年学习和终身学习的机会，以及从事经济、政治和社会志愿活动的条件③。这种认识也与第二届世界

① Rose Therese Sullivan. The Subculture of the Aging and Its Implications for Health and Nursing Care to the Elderly[D]. University of Washington, 1974.

② 联合国第二次老龄问题世界大会的报告[EB/OL]. http://www.un.org/chinese/esa/ageing/pdf/Aconf1979.pdf.

③ 孙晋富. 老年人参与社会的中日比较研究——以上海市嘉定区和日本山口县为例[D]. 上海：华东师范大学，人口研究所，2006：19.

老龄大会上所通过的《老年问题国际行动计划》中的倡议相呼应。

2. 教育实践的视角:教育即生活

“教育即生活”的教育理念是由美国著名哲学家、教育家,实用主义哲学创始人之一,功能心理学先驱,19 世纪末 20 世纪初欧美新教育运动与进步主义教育运动代表人物约翰·杜威(John Dewey)在其经典著作《民主主义与教育》中所述。该书全面阐述了实用主义教育思想,以及拥有民主教育的社会。

杜威不仅强调了教育的普惠性,即在教育实践中不应该存在着阶级差异,而且他还倡议教育应与社会结合,应积极关注社会生活与社会发展。同时,他还认为,教育要关注儿童身心发展规律,因而应积极倡导“教育无目的论”。他用“教育即生活”表达了教育要与生活结合,让儿童在生活中学会学习、学会知识与技能。某种意义上说,这也是杜威对教育目的的理性思考。换句话说,当儿童还没有形成自己的世界观时,他们对事物的规律性往往缺乏有效认知与理解,也无法实现对事物认识的思维再造。

这种教育思想不仅影响了人们对教育概念的理解,而且还在具体的教育教学中产生了积极的冲击作用。具体表现在以下几点。第一,对教学指导思想的影响。“从做中学”既是杜威新民主主义教育思想的集中体现,也反映了杜威的哲学认识论思想,即从客观事物中发现事物规律。第二,对教学方法的影响。“教育即生活”的教育哲学思想体现了向实践学习、向社会学习的教育与学习愿景。第三,对教学评价标准的影响。这里强调了任何教育教学实践活动都应紧紧围绕“是否符合事物发展规律”这一核心要求而开展。

应该说,杜威提出的“教育即生活”理念在人类教育教学实践中起到了积极的推动作用。当人们习惯于接受正规的学校教育之后,这种向实践学习、向社会学习的教育思想能帮助人们重新获取对个体、对社会的新认知。

依据上述相关研究,老年学习在促进人际交往、推动社会生活方式改变等方面都能发挥积极作用。老年学习对老年生活的积极转变作用体现了老年生活的亚文化群现象,也为对老年学习现象的解读带来了启迪。也就是说,学习实现了老年生活对人际交往与社会生活方式转变等方面的积极追求。

第三节 老年学习与老年生活研究的国际比较

对老年学习与老年生活相关研究成果的分析,既有助于人们了解老年学习的现实可行性与影响差异性,以及老年生活的体验层次性与学习需求性,也有助于人们在老年生活与老年学习的鲜活故事中，进一步了解老年学习在促进老年生活进步中的积极作用。

一、成人学习：必要性与学习权利差异性的关注

在探究成人学习方面，学者们关注到了学习活动产生的内在机理，即人的认知心理对学习实践的作用与影响。透过美国心理学家桑代克及其同事布雷格曼、蒂尔顿与伍德沃德等人所开展的行为主义心理学研究可以看出，国外学者对成人学习行为的关注点不仅在于学习实践活动的本身，还能够对学习者的内在动机加以分析，从而从学习者的内心世界分析与探究学习活动在促进成人发展中的适应性与有效性。同时，保罗·郎格朗把人格发展认定为通过人一生的努力来完成的科学论断，使得人们对于教育只停留在儿童期与青年期的现象有了更加清晰的分析和判断。“只要人还活着，就应该是继续的”，[①]更是向人类道明了终身学习作为人类社会永恒发展的主题追求。在此基础上，埃德加·富尔更是进一步诠释了“终身学习”理念的真谛。当每个人都在不断地接受教育、接受不断的教育时，已经不再仅仅是教育的对象，而更是学习的主体。他强调教育的重点应该是在教育与学习过程中努力培养人的“自学”能力。罗伯特·哈钦斯更是把“学习型社会”理念解读为，人类社会不仅要对所有成年人提供定制的教育，还需要结合人的成长及人格塑造制定相应的评价标准与考评制度。不仅促使每一个社会成员都能实现自身人格目标，而且更要建立一个能够帮助社会成员实现价值转换的学习型社会。从学习者的个体角度探究学习的价值与意义，可以更好地实现促进个体自身发展与进步的学习目标与人生追求。

通过比较分析能够发现，从精神世界的视角去探究老年学习与老年生活，既可以实现对现阶段我国老年学习现象的相对宏观把握，也可以有效避免简单地透过儿童的学习现象研究类推出对老年学习的认知，或者仅从理论视角分析老年学习的可能状态，从而确保在老年生活的现实状态中发现老年学习的自然规律与必然选择。

二、老年学习：可行性与学习需求差异性的关注

关于老年学习，已有研究涉及了老年人的学习能力、认知能力与想象力，以及老年人认知差异与学习动力等方面。美国北卡罗来纳州立大学成人与社区教育学院金·康拉德·格拉斯教授对于人的多元智力的理解，为老年学习实践的产生与

① 高志敏.终身教育、终身学习和学习化社会[M].上海：华东师范大学出版社，2005：5.

发展奠定了坚实的理论基础。根据人的“流体智力”与“晶体智力”①之间的转变理论，他强调了年龄的增长不会使老年人智力发生显著改变，而终身学习更有助于老年人的智力转变与发展。同时他认为，当老年人身处学习情境中时，会比年轻人拥有更加强烈的学习欲望，抑或更容易被激发出学习行为，这也是对老年学习性质与学习追求的全面理解。美国教育社会学家杰姆斯·C·费舍通过研究发现，并非所有人的认知能力都会随着年龄的增长而显著下降。学习可以成为预防思维老化的有效方法，可以成为认知能力维系与提升的重要途径。而且，生理衰老的自然规律对于任何人都无法避免，但是老年人可以通过学习不断巩固与提高自身的心理认知能力。美国心理学家博尼斯·纽加顿发现，不仅老年人所处的社会经济地位、个人智力与价值观等因素对个体社会差异性的影响越来越小，而且，参与老年学习还会使得老年人的个体差异性更具趋同性②。他认为，这种个性特征的演变正是老年人在学习过程中进一步社会化的发展产物。这也从一个侧面表明了老年学习对于老年生活的积极影响作用。美国著名教育学家玛丽·A·沃尔夫通过对老年学习行为的研究，把老年人的学习目标归纳为初级、中级和深层三种不同追求层次。而且，这三种不同层次的学习目标分别指向了对学习知识的内涵理解、对自己原有知识的不断扬弃、不断形成新的认知等方面。对老年学习目标的这种分层界定不仅有助于老年学习者明晰自身智力结构的完善程度，而且也有效展现了老年学习者的学习动力。桑代克经过研究发现，真正影响成年人学习效果的不是智力因素，而是包括身体健康状况、学习兴趣和学习动机等因素。他认为老年人在某些领域的学习能力不仅不会随着年龄的增长而完全丧失，反而还会得到进一步增强，其学习效果也不逊色于年轻人。玛丽·沃尔夫的老年学习理论认为，老年人可以在与不同年龄学习者的“代际学习与交往”过程中不断积累自身的学习体验和经历，并培养自身互动合作学习的意识和能力。通过学习可以让老年人对生活更加自信，建立更广泛的社会交往系统。

相对于国外学者对多元智能转变、认知能力培育、个性特征演变与社会交往能力提升等老年学习的积极作用方面的解读，国内学者对老年学习的关注主要涉及老年教育的技术支持、参与学习的个体意愿以及老年学习的课程设计等方面。相比较而言，国外学者更侧重于对老年学习者自身素质、认知能力与学习条件的探究

---

① J. Conrad Glass, JR. Factors Affecting Learning In Older Adults[J]. Educational Gerontology, 1996,22 (4):359-372.

② Roth Gibbons Lori Ann. Older Adults Learning Online Technologies: A Qualitative Case Study of the Experience and the Process[D]. Dissertation of Virginia Polytechnic Institute and State University, 2003.

与思考，而国内学者更侧重于老年教育的社会价值与功能发挥。

可以说，在老年学习的可行性研究基础上对老年学习的现实状态加以分析，不仅有利于对老年学习现象与本质的深入剖析，而且有利于进一步探究老年学习的生活意义。这既是对老年学习现实存在的有效表达，更是对老年学习的生活价值的有效体现。

三、老年生活：个性培育与健身保健差异性的关注

关于老年生活，国外学者除了开展老年身心发展变化规律的探究之外，还把视角关注到了老年生活与老年个性培育的角度。博尼斯·纽加顿等人认为，不同个性类型的老年生活方式之间存在着很大差异。他们把老年人个性生活划分为整合型、防御型、被动依赖型和不整合型等四种，分别表现为对生活很满意，能适应各种生活环境变化；大多数对生活满意，也会时常抱有戒备之心；需要别人帮助，并在得到帮助时会感到满意；情绪不太稳定，易受外在影响而失控等生活特点。这种分析为人们探究老年学习现象提供了一种可能的现实思考。

国内学者在探究老年生活时主要是以体育健身与生活方式为题材开展研究，多从外在的角度提出学习在实现人的生命完善中的价值与作用，其研究视角多以外在环境为主导。所提建议大多是通过学习型个人、学习型家庭、学习型组织、学习型社区与学习型政府建设等途径帮助人们接受终身学习愿景，此类研究所关注的领域多为外部驱动型。

通过比较可以发现，关于老年生活领域的研究，国外学者多以老年生活的内在结构为出发点与落脚点开展研究，并努力发现制约老年生活进步的影响因素。某种程度上说，结合老年生活的实际积极拓展生活内涵的丰富性及其对老年学习的积极影响与促进，将促使老年生活随着学习实践的深入而得到不断发展与提升。

四、老年学习与老年生活：人格发展与学习需求差异性的关注

关于老年学习对老年生活的相关性影响，国外学者的研究角度涉及了学习与人格的变化关系、学习与人际交往及个体社会化的关系等领域。博尼斯·纽加顿根据“老年人的人格可以在一定程度上不断发展变化”的观点认为，老年人不仅可以像年轻人那样进入各种学习场所，而且还可以不断促进老年人自身的人格发展与价值观的升华，以及增强他们解决社会生活中各种困难与问题的能力。[①] 罗

① Roth Gibbons Lori Ann. Older Adults Learning Online Technologies: A Qualitative Case Study of the Experience and the Process[D]. Virginia Polytechnic Institute and State University, 2003.

斯·T·瑟理温运用老年亚文化群理论不仅解释了老年群体的共同生活特征，也分析了老年群体积极参与老年学习、融入老年社会、构建学习型社会与促进社会和谐发展的现实可能性。[①] 联合国第二届老龄人口问题世界大会《政治宣言》[②]认为，对老年人本身的认可，以及促使他们参与社会活动是积极老龄化的重要内容。全社会都应积极实施老龄化社会策略，为老年人积极参与社会活动提供必要而有效的社会保障，从而不断提升包括老年人在内的所有人的生活质量。

另外，尽管美国教育哲学家杜威提出了"教育即生活"，即提倡向实践学习、向社会学习的教育思想，但是，"从实践中学习"的"教育即生活、生长与经验改造"思想主要针对于社会生活中易获取的感性认知。其理论依据源于人们的认知能力是有限的，是容易受到多种因素的干扰与影响的。而且，这种理论思考是以儿童作为参考对象建立起来的。也就是说，"教育即生活"的教育理念一方面更适用于低层次或初级阶段的学习，而对于高层次或高级阶段的学习更多依赖于人们的理性思考。另一方面，该理念所关注的还是以学习者的学习为主，对学习与社会实践之间互动关系的考察略显不足。对于老年人来说，他们的认知与思维加工能力已经明显强于儿童、更加成熟。而且，一方面，大量的社会知识都不是实践学习本身所能实现的，都是需要人们经过自己的思维加工去理解与判断，并最终形成科学规范的理性认知的。另一方面，对老年人参与学习活动的研究不仅要关注于老年学习让他们收获的知识，还应关注于学习对老年生活的作用与影响，这才是老年学习最真实的追求。因此，既重视老年学习者对老年生活感性认知的积极获取，又强调对老年学习与老年生活内涵的理性思考，将能有效促进学习对老年生活的积极推动。

有国内学者关注到了老年生活中的精神需求问题，并提出了情感需求、发展需求与价值需求等角度的精神需求及其层次关系[③]。有学者从成人学习动机与学习行为的角度对老年学习需求的满足方式进行了分析[④]。有学者关注到了成人学习动机、影响精神世界的成人转化学习与海派学习文化及其影响因素等视角[⑤]。从这些研究中能够发现，基于老年生活的视角见证了老年学习及其相互关系，可以引导人们深入探究学习的内在动力与生活价值。

---

① Rose Therese Sullivan. The Subculture of the Aging and Its Implications for Health and Nursing Care to the Elderly[D]. University of Washington, 1974.

② 联合国第二次老龄问题世界大会的报告[EB/OL]. http://www.un.org/chinese/esa/ageing/pdf/Aconf1979.pdf.

③ 王静. 老年学习的精神生活影响力研究[D]. 上海：华东师范大学，2010.

④ 应方淦. 基于生活世界视角的成人学习研究[D]. 上海：华东师范大学，2011.

⑤ 李洁. 海派学习文化研究——来自成人生活世界的考察与分析[D]. 上海：华东师范大学，2009.

另外，陶行知关于“生活即教育”的教育哲学从社会发展的角度对教育实践进行了分析与理解，这种观点更适合于低龄阶段的教育，某种程度上反映了教育的实用性思想。离开了职场生活的老年人，相对于促进社会发展的需要，他们参与老年学习更多是为了实现他们自身的愿望和追求。“生活即教育”思想充分肯定了教育与生活在时间维度上的相关性，体现了教育对于生活存在的价值与意义，较好地展示了教育者对教育与生活的分析与认知。如果从学习者，尤其是老年学习者的角度来认识与理解生活，人们可能发现，老年学习人数的多少、学习程度的大小，往往都是对学习态度和学习认知的真实反映，是对老年学习与老年个体生活之间必然联系的有机表达。

通过上述分析可以看出，尽管国外学者关注到了老年学习与老年人格的变化关系、与老年人际交往能力提升的互动关系、与积极健康的老龄化的互证关系等方面，国内学者关注到了老年精神生活结构关系对老年学习的影响，但是，人们更有必要积极获取老年生活世界与老年学习互证关系方面的合理认知，以此提升对老年学习与老年生活及其相关性的有效理解。

关于成人学习、老年学习、老年生活，以及老年学习与老年生活的相关性，国外学者关注到了老年学习与老年生活的内在表征，并据此提出了促进老年学习活动开展的策略；国内学者倾向于从老年学习与老年生活的外部环境要素入手，提出了改善与拓展外部环境以增强老年学习与老年生活的思考。有理由相信，以老年学习者的学习实践与内在追求为出发点，可以更好地了解他们的学习与生活的互动关系，必将成为走进老年学习者内心世界的一扇窗。

第二章

理论视角中的老年学习与老年生活

为全面观察老年生活中的学习现象，人们不仅需要借鉴国内外相关学者的实践探究成果，以帮助人们获得清晰地探究思路；还需要借助学习与生活的相关理论加以深入分析，从而获取对老年学习与老年生活相关性与互动性的合理认知。同时，还需要对学习与生活相关概念给予清晰界定，以帮助人们实现对老年学习与老年生活实践关系的科学解读。

第一节 老年学习与老年生活的理论视角

通过对国内外关于老年学习与老年生活相关研究的分析可以看出，对老年生活中的学习现象的全面解读，能够帮助人们进一步厘清老年学习与老年生活的相关性。在此过程中，人们可以借助对人的全面发展及其发展内容、人的社会适应性以及终身学习等相关理论的探究，以提升对老年学习与老年生活相关性的合理认知。

一、人的发展理论

1. 人的全面发展理论(Comprehensive Development Theory of Human Beings)

为了追求与推动人的全面发展，早在两千三百多年前，古希腊著名哲学家亚里士多德(Aristotle)就提出了开展“文雅教育”的思想。他把学科分为实用和文雅两种类型，实用学科知识的学习是为实际生活服务，具有一定的功利性；文雅学科知识的学习是专供闲暇和享受用的，是没有功利性的。亚里士多德能在那个年代就比较重视后者，由此可以看出他对高雅生活的追求。他认为，音乐是一种自由且高贵的学科①。音乐可以陶冶性情、使人心情愉悦，且能培养人的理性思考。除此之外，还可以开设专门的道德训练。实用和文雅两种学科知识的传授与学习就构成了他的“和谐教育”观。捷克民主主义教育家、西方近代教育理论奠基人扬·阿姆

① 苗力田，李艳辉，秦典华. 亚里士多德全集(第三卷)[M]. 北京：中国人民大学出版社，1991：3-39.

斯·夸美纽斯(Johann Amos Comenius)在其名著《大教学论》中提出了“把一切知识教给一切人们”的“泛智教育”[①]的理想,他希望所有的人都能接受到完善的、完美的教育,让每个人都能得到多方面发展,使得他们都能成为和谐发展的人。自然主义教育思想代表、法国启蒙思想家让·雅克·卢梭(Jean Jacques Rousseau)认为,教育必须顺应人的天性发展历程,“出自造物主之手的东西都是好的,而一到人的手里,就全变坏了”[②]。因此他指出,教育的目的与本质就是为了促进人的自然天性,即自由、理性与善良的全面发展。瑞士著名教育家约翰·亨里希·裴斯泰洛齐(Johann Heinrich Pestalozzi)认为,社会的腐败和道德的堕落,劳苦大众的贫困和悲惨的生活境遇,都是不合理与不平等的教育制度造成的。他主张建立一种全社会民主与平等的教育制度,不断提高劳动者及其子女的文化知识结构与水平,为他们提供实际生活中所需要的教育。同时,每个人都具有自然所赋予的一定的潜能,这些能力还具有一种不断发展的倾向,教育的目的就在于全面和谐地促进人的一切潜能发展。裴斯泰洛齐倡导教育“使人们在公民社会的轨道上受到良好的训练”[③],应该以善良的意志、充分的理性、适度的自由以及人的一切潜能的和谐发展为宗旨。

社会进步的日新月异不仅期盼并强化着社会成员的劳动能力不断提升,而且还有力推动了社会成员包括智力与技能、生活情趣与人生品质等在内的综合能力的全面发展。马克思主义认为,全面发展的人是精神与物质、个体性与社会性既紧密结合又能得到充分而自由发展的人。某种程度上说,人的发展方向、发展方式与发展程度往往取决于所处的社会条件。根据历史唯物主义观,人的发展受社会分工的影响和制约,而现代社会的高度发展既对社会个体提出了全面发展的要求,也提供了人的全面发展的可能条件。因此,马克思主义认为,所谓人的全面发展是指人的体力与智力得到充分、自由与和谐发展[④]。并从现实社会中的人和生产关系的视角提出了实现人的全面发展根本途径在于教育与社会生产劳动相结合。

根据人的全面发展理论的表述,从人类社会发展的角度来看,不论身处何种年龄阶段的人,促进自身的全面发展都是必要的。某种意义上说,对于已经离开了职场环境,逐渐远离社会关注视野的老年人来说,人的全面发展理论更有其存在的社会价值与指导意义。由此推断,老年学习的价值与功能将毫无疑问地存在于促进

① 单中惠.西方教育思想史[M].太原:山西人民出版社,1996:159.
② [法]卢梭.爱弥儿(上册)[M].李平沤,译.北京:商务印书馆,1978:5.
③ 裴斯泰洛齐.林哈德与葛笃德(下册)[M].北京编译社,译.北京:人民教育出版社,1984:297.
④ [德]马克思,恩格斯.马克思恩格斯选集[M].中共中央编译局,译.北京:人民出版社,1995:274.

老年人的全面发展的社会现实之中。

2. 人格发展阶段理论(Stage Theory of Personality)

以无意识为基础的人格理论研究，精神分析学派的创始人、奥地利精神病医生西格蒙德·弗洛伊德(Sigmund Freud)认为，人格理论是精神分析理论的核心。弗洛伊德人格理论是一个系统完整的理论体系，主要涉及人格结构、人格发展动力、人格适应与人格发展阶段等方面。

弗洛伊德认为，个体呈现给社会的人格是一个整体，其中包含着彼此关联且相互作用的组成部分。他把人的心理机制分为意识、前意识与潜意识三个组成部分。意识表现为人清醒知觉的思想与情绪，一种可以观察到的心理现象。前意识表现为没有浮现出来的一种心理现象，它是人们能够回忆起来的经验。潜意识表现为个体心理的深层基础和人类活动的内驱力，它决定着人的全部有意识的生活，人的言行无不受其影响。弗洛伊德后来又提出了“三部人格结构”说，即个体人格是由本我(伊底)、自我与超我三部分组成①。本我表现为一个原始的、与生俱来的且非组织性的人格结构，是人格中模糊不清且又不可及的部分，它既是与生俱来的，更是建立未来人格的基础。自我表现为通过后天的学习和对环境的接触而发展起来的意识结构部分。弗洛伊德认为，尽管无意识结构部分的本我不能直接接触现实世界，然而，促进个体与现实世界的交互作用必须通过自我。除此之外，人格中还存在着第三个结构部分，即“超我”。这种人格结构的职责是专司道德，有时也会使事情变得更加复杂。当然，弗洛伊德人格理论既包含着许多合理的成分，也有一些值得商榷之处。

关于人的自我意识的发展阶段研究，新精神分析派的代表人物、美国著名精神病医师埃里克·汉伯格·埃里克森(Erik Hamberger Erikson)认为，自我意识的发展持续人的一生，“人的发展是一个生物与社会事件所引起的进化过程，发展中包括成熟和偶然事件所带来的影响”②。他认为自我意识的形成与发展过程可以分为八个阶段，其顺序往往受遗传因素的影响，但是社会个体能否顺利度过每个阶段，来自外部环境的影响和制约因素更多。由于每个发展阶段都不能被忽视，因此，埃里克森的人格发展阶段理论也被称为“心理社会”阶段理论。

埃里克森认为，社会个体在解决了每一个心理社会发展阶段的核心问题之后，都可能产生一种既包括积极品质又包括消极品质，甚至是相互冲突的人格特质。他把人的一生根据年龄特点分为若干个阶段。其中，婴儿期(0～1.5岁)的孩子存

① [奥]弗洛伊德.精神分析引论[M].高觉敷，译.北京：商务印书馆，1988：285.

② 郑金洲.教育通论[M].上海：华东师范大学出版社，2008：105.

在基本信任与不信任的思想冲突；儿童期(1.5～3 岁)的孩子存在自主性倾向与害羞和怀疑之间的思想冲突；学龄初期(3～5 岁)的孩子存在实践主动性与内疚之间的思想冲突；学龄期(6～12 岁)的青少年存在勤奋刻苦与内心自卑的思想冲突；青春期(12～18 岁)的青少年存在自我同一性与角色意识混乱之间的思想冲突；成年早期(18～25 岁)的社会个体存在亲密无间与寂寞孤独之间的思想冲突；成年期(25～65 岁)的社会个体存在自我专注与家庭责任之间的思想冲突；成熟期(65 岁以上)的社会个体存在自我调整与人生绝望之间的冲突。

如果社会个体在某个阶段能保持一种积极的品质，就算完成了个体在这个阶段的发展任务，实现了这个阶段健全的人格。否则，个体就可能会产生一种心理社会危机，表现为情绪障碍，并导致一种不健全人格的形成。这种人格终生发展理论为不同年龄段的社会个体可以接受不同的教育提供了理论依据和教育内容。

根据人格发展阶段理论关于“不同年龄阶段的人格特征都存在一定差异”的认知，每个年龄段的人都需要根据不同的年龄特点不断完善自身的人格特征。对于这一点，老年人也不例外。通过开展老年学习以促进老年人格发展将是一条重要途径。

二、发展内容的相关理论

1. 需要层次理论(Maslow's Hierarchy theory of Needs)

关于社会成员个体行为的产生动机研究，人本主义心理学创立者、美国著名心理学家亚伯拉罕·哈儒·马斯洛(Abraham Harold Maslow)于 1943 年在《人类激励理论》中提出了“需要层次理论”。作为行为科学的重要理论之一，“需要层次理论”认为在社会生活中，个体行为产生的动机往往受个体的内在需要决定。正是社会成员这种不同时期、不同状态下不尽相同的需要，驱使着每位个体积极主动地开展相应的实践活动。而且，这种需要越是强烈，激发个体产生的行为动机与实践活动就会越有力，“在他们的基本需要已得到适当的满足以后，又受到更高层级的动机——‘超越性动机’的驱动”①。依照“需要层次理论”的界定，人类的需要由低到高依次分别为生理需要、安全需要、归属和爱的需要、尊重的需要与自我实现等五个层次的需要。

同时，马斯洛指出人类需要的满足是一个相对概念。也就是说，哪怕人的一种需要仅得到了某种程度的满足，而并没有得到百分之百的满足，随着个体追求和社会环境的改变也可能产生出新的、更高层次的需要。他认为人类需要层次的高低

① [美]马斯洛. 人的潜能和价值[M]. 林方，译. 北京：华夏出版社，1987：75.

在性质上具有差异性。低层次需要往往是更可感知，而且是更有限度的。高层次需要表现得并不是十分迫切，也不易被自身或他人觉察。一般来说，高层次需要的满足往往是在若干低层次需要得以满足的前提下才可能产生更明显的主观感受。这种主观感受可以表现为个体具有的宁静感、内心世界的丰富感和更深刻的人生幸福感。另外，相对于人的低层次需要来说，高层次需要更趋向于个体自我价值，以及更坚强、更真诚的个性。

根据对需要层次理论的解读与分析可以看出，对于老年学习者而言，其生理需要和安全需要都基本上得到了满足，而归属和爱、尊重与自我实现等三个高层次的需要无疑将成为推动老年人精神生活与社会生活发展的主要动力。为实现这些高层次需求，参与老年学习将成为他们实现人生目标的首要推动力量。

2. 边际需求理论(Theory of Margin)

由美国成人教育协会首任主席霍华德・耶拉・麦克拉斯基(Howard Yale McClusky)提出的边际需求理论①是建立在马斯洛的需求层次论、勒温的群体动力理论基础之上的一种理论认识，是社会个体参与成人学习实践活动的理论依据之一。他强调个体对刺激的理解与重视，并把个人参与的学习活动归因于个体的知觉认知过程。他认为个体参与学习活动的刺激来自于个体内部与外在环境的压力与刺激。同时，个体对于外在刺激所赋予的意义及反应视个体参与学习活动中的需求、意愿与情境而定。麦克拉斯基的边际需求理论包含了成人生活中的三个重要因素，即力量(power)、负载(load)与边际力量(margin of power)。这里“负载”指的是个体与社会所共同建立的个人需求(demands)；“力量”指的是各类资源(resources)，即个体在应对外部负载时能够利用的诸如能力、资产与地位等一切要素。这里所说的力量与负载的比值就是边际力量。用公式表达为“边际力量＝负载/力量”(margin of power＝ load/power，缩略为 M＝L/P)。在边际力量的压力函数中，负载和力量二者均包含了内在与外在的中介变量。

负载的“内在压力”主要来自个体对自身生活的期待，而“外在压力”主要来自于个人生活中的日常工作。同样，“内在力量”主要指的是个体能力、性格，以及各种心智能力等特质，而“外在力量”主要指的是包括个体经济条件及其他相关项目。因此，就内外在压力与刺激而言，边际需求理论认为可通过个体心理的生活空间(life space)诠释内外在刺激所引发的个体行为，也包括两种刺激交互作用所产生

① Roth Gibbons Lori Ann. Older Adults Learning Online Technologies: A Qualitative Case Study of the Experience and the Process[D]. Dissertation of Virginia Polytechnic Institute and State University, 2003.

的行为变化。当然，个体可以通过增加力量或减轻负载的方式适应各种社会生活。

在现实生活中，麦克拉斯基的边际需求理论具有一定的普适性，可用以解释社会成员参与的实践活动。他以边际力量的思维方式解释了个体在生活历程中包括学习行为在内的各种行为产生的动因，以及参与活动过程中可能存在的障碍。这一点，对于那些社会经济地位以及教育条件不占优势的成人与老年人表现得尤为明显。边际需求理论暗指了个体所处的边际力量将会影响着个体所参与的行为。如果个体的负载明显大于力量时，他将会减少对活动的参与。毕竟，每个个体的生活资源终究是有限的，参与学习活动往往需要他们投入一定的时间、精力与资源，因此，当负载超过个体力量时，个体必然会减少对活动的参与。也就是说，在现实生活中，时间、精力与资源都会成为个体参与行为的影响因素。

根据对边际需求理论的分析可以看出，对于大多数老年人来说，他们都将是逐渐丧失各种社会地位且在社会发展中逐渐远离优势地位的人，而社会对人类的期盼并会不因个体力量的减弱而减少负载。为适应社会的发展变化需求，老年人必须学会在社会负载与个体力量之间不断寻找新的平衡点，从而自我培育出适合于老年人的生活环境。因此，该理论既给老年学习者的人生发展提供了理论解释，同时又给老年人参与学习提供了坚定的理论指导。

3. 老年人共享社会发展成果理论(Theory of the Aged Sharing social development outcomes)

随着年龄的增长，人的生理机能、劳动能力与个体反应能力都会有所下降。因此，一般情况下，老年人群体会随着退休逐渐淡出职场，而不再继续直接从事社会生产活动，他们的晚年生活主要是由社会给予的他们在参与社会生产时期所创造与积累的物质财富的一种延期返还物与延期支付金形式予以保障。老年人这种分享社会物质财富的机制在中国已经实施了许多年，也被人们所理解与接受，更成为保障老年人晚年生活的重要力量。

为了让退休老人能安享健康生活与幸福晚年，社会在保障老年人基本生活的基础上，有必要提供和保障老年人拥有共享社会发展成果的权力和机会。社会发展成果主要包括知识形态的、物质形态的与价值形态等三种形式，这三种形式的社会发展成果分别表现为不断涌现出来的新知识、急剧增长的物质财富与不断推陈出新的思维意识等。因此，老年人共享社会发展成果理论可以有效提升老人的幸福晚年生活，增进代际和谐相处，是提高老年人生活质量、构建老年人完美人生的理论基石。

1999 年举办的第一届“国际老年人年”确立了“建立不分年龄人人共享社会”的主题，其实质是为提高世界各国老年人的社会地位与生活质量确立了理论基础与行动纲领。老年人共享社会发展成果理论确保了社会对老年人应有权利的延期返还与延期回报，是任何年龄阶段的劳动者在人生老年阶段都可以享有的公平权利，也是人类自身顺应社会发展的必然需求①。

根据对老年人共享社会发展成果理论的分析，老年人分享社会发展成果，至少可以包含两层意思。一方面，他们是人类社会历史发展的缔造者，社会的发展离不开他们当年的积极贡献。另一方面，他们是社会发展成果的见证者，社会的发展也需要得到包括老年人在内的所有人的认同与感悟。参与老年学习是老年学习者的自身权益，因而理应得到认可与支持。同时，参与老年学习也是社会为他们提供的一种福利与保障，因而理应得到理解与尊重。

三、人的社会适应性理论

1. 社会化理论(Theory of Socialization)

关于教育的社会功能方面的研究，美国著名教育经济与哲学家萨缪·鲍尔斯(Samuel Bowles)和赫伯特·金迪斯(Herbert Gintis)开创了社会化理论。该理论指出，教育之所以可以产生经济价值，归因于它的社会功能。萨缪·鲍尔斯和赫伯特·金迪斯认为，教育的社会功能远比通过接受教育，提高受教育者认知技能对经济发展的影响和促进作用重要。"学校教育在功绩主义的掩盖下，成为一个再生产社会阶级的工具"②，该理论还从结构与功能相关性的角度分析了美国教育对于维系美国资本主义制度存在的社会功能，诠释了教育与社会经济之间的互动关系。

在论及教育的经济价值时，该理论认为教育可以满足社会生产的结构要求，赋予学生种种非认知性的个性特征，从而有效促进了教育社会功能的实现。该理论以美国社会等级化与分工化的生产结构所需要的不同个性特征为基础，一方面探究了教育在促进学习者不断社会化过程中的积极作用，同时也探究了为适应经济结构的需要，教育培育社会个体不同个性特征的可能性与有效性。通过多样化的教育结构形式、积极的教育决策作用、门类繁多的教育课程，不同阶段的学习者能够接受到不同形式和不同素质要求的教育活动，使得他们的个性特征可以向不同的社会方向发展。

可以说，学习者在教育活动中实现社会化的过程具有明显差异性的特征，这也是学习活动促进个体社会化的重要表现。根据对社会化理论的分析，老年学习者

---

① 张广利. 社会保障理论教程[M]. 上海：华东理工大学出版社，2008：421-422.

② Bowles S. Gintis. H. Schooling in Cap italistAmerica：educational reform and the contradictions of economic life[M]. New York：Basic Books，1977：296.

参与学习的过程，也是他们在因退休而逐渐远离社会组织的同时，进一步得以社会化发展的过程。

2. 交往合理性理论（Theory of Communicative Rationality）

把不同主体之间的交往规定为彼此之间以语言为媒介的相互理解活动，并在重新建构合理性概念的基础上探索了人类交往合理性得以实现的条件，这就是德国当代最重要的哲学家之一、被公认为“当代最有影响力的思想家”的尤尔根·哈贝马斯（Jürgen Habermas）所创立的交往合理性理论。

近代启蒙理性思想包含着理性与进步两个彼此关联的基本观念。其中，理性观念是指人类社会存在着普遍、客观且统一的理性标准，也就是所谓的绝对真理，人类可以通过各种实践活动认识这个标准。进步观念是指人类社会处于一种不断进步的环境中，这种环境也将推进社会个体最终达到自身的绝对自由、平等与正义。然而，当黑格尔把理性上升到“绝对理性”的认识高度时，严峻的思想认识危机也鞭策着人们不断反省对启蒙理性的思考。

“哲学的基本论题就是讨论理性的问题”①，哈贝马斯指出，“哲学上所谓的合理性很少涉及知识的具体内容，而主要涉及具有语言能力与行为能力的行为主体获得与运用这些知识的途径问题”②。据此，哈贝马斯认为，合理性应当分为以知识作为适应与支配外部世界的工具支配合理性，以及社会个体通过人际交往实现彼此间相互理解的交往合理性等两大类型。而且，在现实生活中，前者应当服务于后者。因为，社会个体之间只有通过彼此的交往，才能使得各自见解的主观性趋于一致，并以社会群体间有效合作的方式实现对客观世界的改造与支配。根据哈贝马斯的分析，人类社会通过彼此的交往可以理解社会交往合理性的真实内涵。应当说，社会成员在考察彼此间的交往活动时只有坚持了理性思考的原则，才能对交往的形式和内容加以反思，才能真正超越传统哲学对理性的概念界定，也才能形成对传统哲学理性概念的批判与扬弃。

哈贝马斯认为，人与人交往的主导形式是语言交往。语言既是人们交往的媒介，更是沟通自然与理性的枢纽。可以说，对交往合理性的探究，既是对人类交往活动过程中的言语能力和言语活动的分析，更是对理想的交流情境和正当的交流手段及目标的科学认定。因此，实现人类交往合理性的条件至少包括以

---

① [德]哈贝马斯. 交往行动理论第1卷　行动的合理性和社会的合理化[M]. 洪佩郁、蔺青，译. 重庆：重庆出版社，1994：14.

② [德]哈贝马斯. 交往行动理论第1卷——行动的合理性和社会的合理化[M]. 洪佩郁、蔺青，译. 重庆：重庆出版社，1994：22.

下四点：

（1）交往主体应当是具有语言能力和行为能力的社会个体

合理性就是“社会个体所具有的语言能力与行为能力等综合素养的一种展现”①。换言之，理想的相互交往者应当是具有一定语言能力，能有效表达与科学理解正常的交流语言。在彼此交往过程中遇到障碍时，能够根据语言规则对自己的表达进行及时有效地反思与调整，实现社会个体间的交流活动的顺利开展。

（2）交往合理性的实现需要创建理想的交流情境

根据哈贝马斯的观点，交往合理性应当是一种不受任何外在因素制约的主观交流活动。这里强调的是交流活动的自由与公平。也就是说，人类的交往活动应当是一种未被扭曲的、个体间平等享有的对话机会。包括经济条件在内的任何因素以及外在的行政指令都不能对个体交流行为产生侵扰与影响。社会个体在不受任何外在束缚的制约下，在平等、轻松的氛围中通过言语表达形成思维的一致性，从而实现交往合理性。

（3）交往的合理性必须与语言交流的有效性紧密结合

哈贝马斯认为，交往合理性的终极目标就是要形成一种通过有效的语言交流促使交往活动成功实现。而成功的交流活动要以彼此合理的理解力为基础。也就是说，一方面，彼此的交流要符合社会交往的表达规范，在彼此可以相互理解的前提下开展与推进。另一方面，彼此间的交流要真实有效，交流的客体应当脱离交流主体的主观认识而现实存在。同时，交流活动要顺应社会潮流，交流主体的语言交往应当符合所处的社会规范。另外，交流活动过程要体现彼此的真诚，主体间的语言交流应当是彼此内心世界的真诚表述。对语言交流的这些有效性要求的满足，是社会个体交往活动相互理解，达到交往合理性的重要前提与基础，二者应当紧密结合。

（4）交往的合理性强调以整体性的交流环节促使交流共识的达成

近代启蒙理性思想强调了对绝对真理的追求，也就是要不断追求人类社会存在的普遍、客观并且统一的理性标准。但是，交往合理性所追求的并不是那些根本无法实现的绝对真理，而应该是交往主体在平等相待的前提下，从交往主体自身的思维视角出发，以彼此坚守的信念为基础展开交流与论证，以达成说服对方、形成一致意见的交流活动。另外，交往的合理性所形成的交流共识并不是永恒不变的，而仅是交往主体在一定时期的社会认知及其反应。因此，这种认知不应该是故步

① ［德］哈贝马斯．交往行动理论第1卷——行动的合理性和社会的合理化［M］．洪佩郁，蔺青，译．重庆：重庆出版社，1994：40.

自封的，而应是开放包容的，同时也应该允许一定程度上的认知偏差与认知重塑。

对交往合理性的理论及其基本条件的阐释，尽管表达了理论创立者对西方社会管控与压制社会个体交往自由与思维共识的理性抨击，但是，这种理念也在一定程度上为社会个体开展合理性交往提供了理论基础和思维空间，也成为推动新理性思想发展的重要力量，为社会成员实现彼此之间对共性问题形成合理共识奠定了理论的可预见性。

交往合理性理论为老年人在参与学习的过程中积极融入社区生活与社会生活提供了理论指导与技术支撑。在老年学习实践中，既需要所有学习者共同参与学习，以培育老年学习氛围与环境，也需要所有学习者在学习过程中始终坚持以合理的学习心态与角色意识融入社会交往活动中，在进一步完善个体社会化的过程中实现自身的全面发展。

3. 社会参与理论(Theory of Social Participation)

一直以来社会治理或社会实践活动的主体多以政府组织或市场力量为主导，而随着社会参与理论的兴起，这种格局也正悄悄地发生着转变。由美国著名政治学家、美国公共选择学派的创始人之一的诺贝尔经济学家埃莉诺·林·奥斯特罗姆(Elinor Lin Ostrom)提出的社会参与理论[①]认为，社会治理或社会实践应当从政府或市场主导的、相对单一主体参与的实践模式，转变为由政府、市场与民众等更多群体或组织共同主导的多元参与模式。

对于社会实践活动中的“参与性”，人们可以从不同的角度加以理解。就社区事务的发展角度而言，参与性包括了对社区事务的实践决策、项目实施、利益分享与发展评估等诸多领域。参与性还涉及对社区资源的有效组织与强化、积极控制与调整，还包括社区民众对社会实践的参与意识。社区参与强调的是一个行动过程，通过对这个行动过程的参与，社区活动的受益者不仅能积极影响社区项目的发展方向与进程，而且还能促进居民社区福利的增加、获得对自身精神世界的陶冶与熏陶，从而促进社区居民的终身发展。同理，正是由于社区居民的广泛参与，社会实践为社区，乃至社会的和谐发展也增添了主观能动性。

可以说，社会参与理论凝聚了社会民众在参与社会发展进程中表现出来的以下特征：①在社会发展中的决策角色。广大民众的积极参与不仅推动了社会实践的发展，更成为社会发展中的关键环节与决定力量。②在实践项目中的平等受益权。民众的广泛参与构筑了社会实践活动的主导力量，又成为实践成果的普遍受

① 吕丽娜. 公共事物治理的第三条路径——埃莉诺·奥斯特罗姆的自主治理理论评介[J]. 湖北经济学院学报，2011(1).

益者。③增强了实践因素对社会发展的积极贡献。社会发展既受制于自身的运行规律，也会因民众的积极参与而产生显著变化与进步。④自愿奉献与有效控制的有机结合。民众积极参与社会实践活动，不仅体现了民众对社会发展的关注与投入，同时，也体现了民众在社会发展进程中的控制地位与主体角色。因此，社会参与理论强调了社会成员以某种方式介入、干预或参与国家政治经济生活、社会文化生活，以及社区公共事务活动，从而影响社会整体发展的实践活动。

根据对社会参与理论的分析可以看出，该理论不仅强调了社会民众对于社会参与的重要性，同样也为老年学习实践活动的开展提供了强大的理论指导。老年人参与学习不仅是个体融入学习的实践活动，也是对社会实践活动的积极参与和认同。老年人参与学习的过程也是不断丰富自身的老年生活内容，提升自身的老年生活品质，同时也是积极感知社会发展给予老年生活的支持与保障的过程。

四、终身学习的相关理论

老年人参与学习不仅是为了满足个体对获取社会认知与情感共鸣的渴望，也是个体为融入终身学习实践、推动社会和谐发展所做的积极努力。多元智力理论改变了传统思维中关于老年人的身体、心理与智能都会随着年龄的增长而普遍下降的认知，为个体，尤其是老年人参与终身学习提供了智力支撑。学习动机理论强调了个体参与学习的各种行为动机及其影响因素。成人学习理论主要是从成人与青少年比较的角度强调了成人学习的可行性。而终身学习理念则是对个体的学习实践提出了终身参与的理论要求。

1. 多元智力理论(Theory of Multiple Intelligences)

在传统的思维中，人们把智力理解为人类的认知结构是一元的、个体智能是单一的。在19世纪80年代，英国著名生物学家高尔顿(Galton)开展了智力测量实验。20世纪初，法国心理学家比奈(Binet)与西蒙(Simon)让智力有缺陷的儿童接受特殊教育，并在给他们进行智力鉴别的基础上编制了智力测验量表，从而使得智力测试成为人们检测智力的一种方式。与此同时，人们对智力测试中“一元智力结构”与“单一的智能水平”这种思维局限性的批判也从未停止。

著名教育心理学家，被誉为“多元智能理论”之父的美国哈佛大学教授霍华德·加德纳(Howard Gardner)在《智力的结构》(1983)中把“智力”界定为“是在某种社会或文化环境的价值标准下，个体用以解决自己遇到的真正的难题或生产及创造出有效产品所需要的能力”。也就是说，由于涉及人类社会生活的能力要素涵盖语言交流、数理推理与健身娱乐等方面，每位社会个体都需要具备语言表述、数理推理逻辑、空间体能、人际交往与自我认知等方面智力。加上后来又增添的自然主义与存在主义智力，这一理论被称为“多元智力理论”，也被称为“多元智能理论”。该理论包含如下具体含义：

（1）每位社会个体的智能各有特点

加德纳在多元智能理论中认为，每位社会个体都可能同时拥有相对独立的多项智能，“每个人身上都具有形成掌握型、开创型、内省型和影响型等这四种杰出头脑的基本成分”①。但是，这并不意味着每个个体的多项智能之间是孤立存在的，相反，个体的多项智能之间往往是按照不同的方式和不同的程度进行的有机组合。正是由于不同智能在不同个体身上的不同组合方式，因而每个个体的智能都是各有特点的。

（2）个体智能的存在与发展受所处环境的影响与制约

依据多元智能理论，社会成员的智能存在与发展往往受到包括社会、自然与教育程度等条件的影响与制约，并表现出各自的差异性。尽管不同的社会个体都可能存在于某个相似的环境中，但是环境的影响程度不同，其智能存在与发展的程度会有着明显的差异。

（3）智能追求的是解决实际问题、创造社会所需产品的能力

传统智能理论一般只强调语言交流能力和逻辑推理能力，而现代社会的发展，智能被赋予了包括语言能力和逻辑推理能力在内的个体综合发展能力。加德纳在多元智能理论中提出，个体智能不仅强调个体解决实际问题的能力，而且还强调个体创造社会所需产品的能力。

（4）多元智能理论强调了理解智能问题的多维视角

加德纳认为，个体智能是由多种能力组成，而不是由一两种核心能力构成。而且，这些能力对于个体而言都是同等重要的。同时，构成个体智能的这些能力都是以多维度、相对独立的状态呈现出来，而不是以简单整合的方式呈现，这也是多元智能理论关于智能结构论述的本质所在。

根据对多元智力理论的分析可以发现，该理论不仅为人的思维水平与智力结构的差异寻找到了合理的解释依据，也为人们开展不同类型的实践活动提供了理论构想。相对于其他年龄阶段的人群而言，老年人的记忆能力与思维反应能力大多会有所下降与变缓。由此，有人甚至怀疑老年人是否具有学习能力。在现实生活中，老年人的记忆能力的下降是不争的事实。但是，根据多元智力理论的解释，老年人对问题的思考和把握以及实践操作等方面的能力并不会因为年龄的增长而明显下降。毫无疑问，该理论在一定程度上回应了人们对老年学习者参与学习过

---

① 霍华德·加德纳.杰出的头脑[M].乐文卿，王莉，译.北京：中国友谊出版社，2000:2.

程可能存在智力水平不足的疑问。

多元智力理论强调了智力是多元的而不是一元的，是一组能力的综合而不是单一能力的表现，其结构形式也是多元共生的。基于这种解释，人类的教育实践应当坚守促进包括老年人在内的社会个体一生中的各种智力拓展，实现其综合素养的充分发展与完善的使命要求。

2. 学习动机理论(Theory of Learning Motivation)

在社会生活中，人们总会试图分析自己或他人的行为，并解释其中的原因，心理学把这种现象界定为动机分析（motive analysis）。动机往往指的是引发并维持某项活动的倾向，涉及行为的起因、达成的目的、行为维持的原因等方面①。

学习动机理论认为，学习动机主要指的是直接推动学习者开展学习的内部动力，是激励与指引学习者进行学习的一种需要，往往受学习者的知识价值观、学习兴趣、学习能力感与成就归因等方面影响。

1）动机与需要、诱因的关系

当个体的某种需要没有得到及时满足时，就会推动人们去寻找满足需要的对象，这就形成了人们活动的动机。而作为激发有机体的特殊定向行为，并能够满足某种需要的外部条件或刺激物的诱因，也是动机产生的重要条件。一般来说，需要往往是内在的、隐蔽的，是支配实践主体行为的内部原因。而诱因是激发个体产生需要的外在刺激物，它诱导实践主体的活动，并使个体的需要得以满足成为可能。

2）学习动机与学习的关系

学习动机与学习之间存在着辨证的关联性。学习能让学习者产生动机，而动机又能推动学习的深入。二者之间是相辅相成的，而不是单向的推动与被推动关系。动机可以提升行为意识以促进学习，而通过学习活动的开展又可以反作用于学习动机的增强。

有研究指出，人类生活中大量学习行为的发生既不是靠动机给予的力量，也不是靠学习者内驱力的满足来增强，而完全可以在没有学习意向的前提下偶然发生。当然，这种对动机与学习相关性的理解，需要根据学习的类型区别对待。对于那些没有精密组织与设计、短期项目式的学习行为而言，动机的作用可能确实并不必要。但是，对于那些长期有意义的学习而言，动机的作用就是非常有必要了。因此，对于学习行为来说，动机不会直接涉及人们对事物的认知过程，也不会简单地对人们的思想产生同化作用。而是通过增强人们的追求意识、精神毅力以及对学习行为的执着投入激发与强化学习者对学习作用与效果的认知。

---

① 范晓玲.教育统计学与SPSS[M].长沙：湖南师范大学出版社，2005：99.

3）学习动机理论的构成

受到学习动机多样化的影响，人们对学习动机的理解也存在着多样性，并由此派生出各种侧重点不同的学习动机理论。

以桑代克为代表的行为主义学习理论认为，学习行为的产生，往往是学习者在受到的内部或外部刺激作用下，有机体根据自身的经验或习惯所确定的行为与方向[①]。而以皮亚杰和布鲁纳为代表的认知派学习理论却有着相反的观点，他们认为，人们的学习行为并不是只对内外部刺激作出的一种反应，而是对这些刺激的理解所作的反应。学习行为不是简单地因为受到奖赏或惩罚等刺激以及生理需要所作出的决定，而是由人们的思维决定的，是内部动机的作用，“学习的内在推动是对成就的追求力量”[②]。相对而言，班杜拉学派创立的社会学习理论是对上述两种学习动力思想的有机融合，该理论既考虑了学习行为的结果，又考虑了个人信念等影响因素[③]。正如期望理论所强调的，个体对达到目标的期望以及所定目标对于个体的价值，都将成为学习者产生学习行为的动力因素。

4）学习动机形成的影响因素

从学习者实际学习行为的视角来看，学习动机的形成往往受内部与外部两大类因素的影响与制约。

（1）内部因素

学习动机是客观的学习需求对学习者的思维影响，属于学习行为的内部动因。因此，影响学习动机形成的内部因素往往是至关重要的。

第一，学习者自身的学习需要与学习目标。在社会生活中，每位社会个体彼此不同的人生经历形成了个体独特的社会需求与认知方式，以及个体社会需求的不同强度与水平。而不同的社会需求与认知风格就可能形成不同的学习动机，这也导致了学习动机的强度与水平的差异性。学习动机的差异性也将影响着不同的学习目标的形成，并最终反作用于学习者的学习动机与学习效果。

第二，学习者的年龄状态与社会阅历。年龄不同、社会阅历不同的人，对事物的理解、分析与要求是不尽相同的。通过对各种动机表象的分析可以发现，年龄相对较小与社会阅历较浅的人对于各种社会影响因素的反映差异性相对较大。一般来说，儿童对于自身生理需求的关注较多，而成人对于社会认知的需求较多。同

① Schunk Dale H. Learning theories: an educational perspective, Englewood Cliffs[M]. N. J.: Merill, 1996, 284.

② 邵瑞珍. 教育心理学[M]. 上海：上海教育出版社，1996：290.

③ R. W. Lundin. Theories and systems of psychology [M]. Lexington, Mass: D. C. Heath and Company, 1991: 277.

样，年龄较小与社会阅历不足的人更会关注事物的外部特征，而年龄较长与社会阅历相对丰富的人更会关注社会事物的本质追求。

第三，学习者的个性特征与差异。学习者的兴趣爱好与个性品质会影响到学习动机的形成。不同的兴趣爱好会产生不同的思维与神经兴奋点，从而使得学习者对于不同的事物产生不同的追求动机。另外，处事的成败经历对学习者也会产生不同的作用，并成为个体的反映差异性。有的人能在失败中总结经验，有的人只能被动接受失败的打击。有的人会及时总结成功的经验，有的人往往会在成功中迷失了方向。

第四，学习者的个人意愿与人生价值观。个体的学习动机往往与个人的追求意愿紧密联系，而且，也会受到个体的人生观的影响，并将直接反映到个体的学习动机与学习目标的构成。一般来说，个体的意愿越强，人生价值观就越理性，个体的学习动机就会越强。

第五，学习者的压力大小与焦虑程度。心理学认为，个体的学习焦虑是指学习者在忧虑自己难以获得成功时所产生的心理不适、精神紧张等感觉。焦虑的程度不仅影响到学习者的学习动机，还会影响到学习者的学习毅力与学习效果。当然，学习焦虑程度相对过高或相对过低都有可能会对学业任务的完成造成不良影响，只有中度的学习焦虑才可能对学习活动产生一定的积极影响。

（2）外部因素

第一，家庭环境的榜样作用。不同的家庭条件会让学习者产生不同的学习要求，并激发学习者产生不同的学习动机。尤其是不同家庭的文化背景、家庭成员的精神面貌都对学习者的学习动机起到极其重要的影响作用。在学习动机的形成过程中，如果家庭成员十分关注学习，学习者受其影响并产生积极的学习动机的可能性就会大大增加。

第二，学习氛围的熏陶作用。动机对于周围的人是会产生感染力的。心理学研究表明，家庭、学校与社会的学习氛围对于学习动机的形成与维系有着强烈的引导作用。身边的人、学校教师与社会楷模的影响与熏陶对于学习者来说都能形成强有力的学习动机。当身边有一个治学严谨、诲人不倦，并能以较高的工作热情和浓厚的学习兴趣从事着自身专业教学的教师，就会给学习者留下极其深刻的印象和深远的影响。反之，如果教师对自身工作表现出了冷淡，甚至厌恶的情绪时，这种氛围不仅会降低学习者的学习情绪，更可能会影响到学习者的未来人生发展。同样，学校教师对学习者学习期望的不同也会影响到学习者的学习动机与学习成效。

学习动机理论不仅强调了学习者参与学习与自身需求以及外部诱因的影响关

系，而且还深入剖析了学习者产生学习动机的诸多内外部因素，该理论还可以帮助人们理解老年人积极参与学习活动的诸多原因。在老年学习实践活动中，老年学习者不仅会受到老年生活自身的内在要素的积极影响，也一定会受到来自家庭生活、社区生活与社会生活等各种外部因素的有效推动。

3. 成人学习理论(Theory of Adults Learning)

由于成人学习者在个人身份、学习层次、学习环境与学习追求目标上的差异性，导致了成人学习具有多样性的特点以及更相对务实的学习状态，也为成人学习理论的构建既带来了机遇又迎来了挑战。要建立一种能囊括如此宽泛的成人学习现象的成人学习理论，其难度也非同小可。正是有如此多的学习现象，更应当有相对规范的成人学习理论加以引导。某种意义上说，成人学习理论是描述与解释成人学习现象、指导与改进成人学习实践的理论架构。具体而言，成人学习理论回应了成人为什么学习、成人学什么与成人如何学习的问题，以促进社会对成人学习现象及规律的了解，进而把握成人学习的原则要求，科学提升成人学习的实践效果。

对人类学习现象的早期研究主要集中体现在对儿童与青少年方面，对成人学习的研究相对较少、较晚。随着以美国成人教育学会(The American Association for Adult Education)为代表的一批研究机构的成立，对成人学习现象的研究主要分为科学性与艺术性两大类，并逐渐得到了迅速发展。

关于成人学习能力的科学研究，美国教育学家、心理学家桑代克通过研究发现成人的可教育性依然很大，“在25岁之后仍可继续学习”①。他指出，成人在20岁以后的学习能力尽管会减弱，但这种减弱缓慢而轻微，并非像人们所夸大的那样明显。

关于成人学习经验与学习动机，美国成人教育哲学家林德曼(Eduard C. Lindeman)在其著作《成人教育的意义》(*The Meaning of Adult Education*)一书中做了详细介绍，同时，他还对生活中的成人学习取向、自我导向的成人学习需要以及成人学习的个性差异进行了全面分析和说明。

关于成人学习与生活，美国当代最著名的成人教育家马尔科姆·诺尔斯(Malcolm. S. Knowls)提出了四个方面的理解：第一，随着知识社会与教育机会均等化思潮的发展，传统的“学习活动就是为了获取知识”的概念已经不能适应时代发展的要求。成人学习应当是为了培育一个有能力的人，能够把知识运用到所处环境的人。同时，帮助人们形成正确的、积极的人生观、价值观与世界观。第二，成人学习是一个由过去重视“教”转为重视“学”的过程，“教育是一个帮助人们学会

① [美]桑代克.成人的学习[M].杜佐周，朱君毅，译.北京：商务印书馆，1928：3.

自学的过程"①。第三，终身教育是各类教育实践的发展原则。人类社会的快速发展，呼唤着学习者要向独立的思考者、探索者不断前进。第四，成人学习要不断获取合理的学习方法，从而实现个体终身全面发展目标。

关于成人学习实践的艺术性，主要涉及以下几个方面。第一，对学习活动的概念化理解过程，以便人们能够持续开展相关研究活动。第二，坚持以具体的学习情境入手，并努力实现学习者与教育者之间、学习者与学习者之间的有效互动。第三，通过与其他教育活动比对，总结成人学习理论，构建具有独特性的成人学习实践。

关于成人学习的特征表现，美国学者帕特丽夏·K. 克罗斯(Patricia K. Cross)提出的成人学习特征模型的探究意义主要在于区别成人学习现象与青少年学习现象的特征差异。克罗斯从生理学、心理学与社会文化学的角度分析了人的生理变化规律、个性心理的发展阶段规律与人生发展阶段规律等个体发展特征对成人学习的影响程度与影响效果②。并从业余学习与全日制学习、主动学习与被动学习的角度分析了社会情景特征对成人学习的相关影响。在此基础上克罗斯等人提出，影响成人学习的因素主要涉及所处环境、教育机构、信息沟通与个性心理等方面。

关于成人学习的行为表现，美国成人教育学家诺克斯(A. B. Knox)提出了"熟练理论"(Proficiency theory)③。他认为在成人生活中，成人学习既是一种个体内在的、不断发展的变化过程，又是一种与外界社会紧密联系的事务性活动。也就是说，成人的发展过程是在个体与周围环境相互作用的基础上，成人自我意识不断发展，并逐渐形成自身的社会角色认知、责任与义务认知的过程。个体渐进的成熟过程既是成人的发展结果，也是成人的发展目标。成人的社会角色与周围环境促使其努力缩小自身熟练程度与预期熟练水平的差距。随着个体熟练水平的提高，其社会角色与周围环境也会对个体提出更高水平的熟练要求，个体依然需要努力实现这种新要求。为实现更高程度的熟练水平而努力提高自身素质的要求就是成人学习的主要动力。

从上述分析可以看出，熟练理论是把研究的视角置身于生活情境理论框架体系之中的，是把成人学习活动置身于成人生活情境中加以考察的。同时，熟练理论描述的成人生活价值多与应对成人社会生活的能力有关，是成人生活能力的体现。可以说，成人学习动机大多产生于成人对现实的自我价值与预期价值之间的差距

① [美]马尔科姆·诺尔斯. 现代成人教育实践[M]. 蔺延梓，译. 北京：人民教育出版社，1989：11.

② 黄健. 成人教育课程开发的理论与技术[M]. 上海：上海教育出版社，2002：38.

③ 宋尚桂. 当代西方成人学习理论述评[J]. 济南大学学报，1998(8).

消除的强烈愿望。无疑，作为成人群体中年长者的老年学习动机也适用于该理论。

4. 终身学习理念

不断发展的人类社会给全体社会成员带来了文明与进步，当然，这种发展与进步也离不开全体社会成员的不懈努力与追求，离不开人们对过去生活经验的总结与思考，离不开对前人积淀下来的社会知识与人类文明的传承与发扬。人类社会的发展与人类文明的延续需要社会不断提升每一个成员的自身综合素养，这更需要用终身学习的理念支撑和推进每一个个体的成长。

1）终身教育理念

随着终身教育实践在现实社会中得到人们越来越广泛的关注与重视，越来越多的中外成人教育与终身教育研究者也在不断丰富这个领域的理论研究成果。1965年，法国著名成人教育家，联合国教科文组织成人教育局局长保罗·郎格朗第一次提出了“终身教育”(lifelong education)的概念。

应该把终身教育理解为学校教育和学校毕业后教育与培训的统合，不仅包括正规教育、非正规教育形式，也包含通过社区生活实现最大限度的文化及教育方面获益的非正式教育等形式，是一种全新的教育理念。也就是说，不应该把人的一生简单划分为学习期与工作期，青少年阶段被视为为了个体的未来生活所设定的准备时期，主要用于为了接受教育而学习；成年阶段为了生活而工作与活动。保罗·郎格朗认为把人的一生按照青少年阶段与成人阶段进行这种简单的区分是没有科学根据的。人格的发展要通过人的一生来完成，教育不能只停留在儿童期与青年期。只要人还活着，教育就应该是继续的①。社会应该把所有的教育机会与教育机构有机统一起来，形成一个能够随时随地向人们提供不同教育的一体化组织。

2）终身学习理念

当终身教育理念得到了人们的关注、终身教育实践得以不断推进之际，对于终身教育的服务对象与受益者，即学习者的学习行为的关注也逐渐进入了人们的研究视野，终身学习理念很快成为推动社会成员积极参与终身学习活动的重要理论动力。20世纪70年代，原法国总理、联合国教科文组织国际教育委员会主席埃德加·富尔(Edgard Faure)提出了“终身学习”(lifelong learning or learning through life)的概念。

终身学习理念认为学习是个体对一生中所需要的知识、技术，包括学习态度等方面进行不断开发和运用的过程，是实现个体生活方式转变和提升的重要基础与

① 高志敏. 终身教育、终身学习和学习化社会[M]. 上海：华东师范大学出版社，2005：5.

途径。虽然社会个体在不断接受各种教育，但是他越来越不应该仅成为教育对象，而越来越应该成为教育实践的主体。因此，教育实践活动的重点应该放在教育与学习过程中学习者的“自学”原则上①。也就是说，新的教育精神使个人成为他自己文化进步的主人和创造者，每个人必须终身不断地学习。

3）学习型社会理念

当全体社会成员都能以不断接受各种教育、积极参与各种学习活动作为个体融入社会生活的重要组成部分时，这种社会将呈现出人人参与学习、时时存在学习与处处可以学习的良好氛围。成人教育与终身教育研究者在此基础之上提出了学习型社会的概念。

1968年，美国新理性主义教育家、古典人文主义成人教育倡导者，芝加哥大学校长罗伯特·哈钦斯(R. M. Hutchins)在其著作《学习社会》(*learning society*)中提出了“不断学习的社会”的观点。学习社会应当是一个以终身教育体系为载体，以拥有学习型的个人、家庭、组织、社区、政府与网络等社会现实为基础，坚持以学习者为中心，人人均能终身学习的理想社会。在这种社会制度中，学习者的基本学习权利能够得到保障，教育机会得到公平提供，社会与个人都能得到全面发展。对于全社会所有成年人，仅对他们提供定时制的成人教育是不够的，还应以人的成长及人格塑造为目的，制定相应标准与制度，促其实现人格目标，从而建立一个能够成功进行价值转换的社会②。

4）三大理念的倡导与传承

(1) 倡导:《学会生存——教育世界的今天和明天》

随着人类社会对终身教育、终身学习与学习型社会的重视与实践，作为促进教育、科学与文化方面的国际合作，推进各国人民之间相互了解，维护世界和平的国际组织，联合国教科文组织于1972年出版发行了传世之作《学会生存——教育世界的今天和明天》。联合国教科文组织认为，由于学校学习对于社会个体的成长已经不能构成一个明确的知识“整体”，因此现行的教育体系必须重新加以全面考虑。如果学习包括一个人的整个一生(既包括个体成长的不同时期，也包括个体知识的不同层面)，而且也包括全部的社会环境(即个体所处的教育资源与社会经济资源等环境)，不仅要对教育体系进行必要的检修，更要让学习实践继续前进，达到一个完整的学习化社会境界③。因此，每个人必须终身不断地参与学习。

---

① 高志敏. 终身教育、终身学习和学习化社会[M]. 上海：华东师范大学出版社，2005：5.

② 高志敏. 终身教育、终身学习和学习化社会[M]. 上海：华东师范大学出版社，2005：6.

③ 联合国教科文组织. 学会生存——教育世界的今天和明天[M]. 北京：教育科学出版社，1996：16.

（2）推进："回归丰富的成人生活世界，走进缤纷的成人精神家园"

学者们对于终身教育与终身学习领域的关注是持久而深远的，他们不仅及时总结发现了相关研究成果的核心思想，更能结合成人教育与终身教育实践进行深入思考，并提出科学合理的教育理念。

我国成人教育学专业著名学者高志敏教授在深入探究国外终身教育、终身学习与学习型社会研究的基础上，通过《终身教育、终身学习与学习化社会》(2005)一书向人们全面解读了三大理念的哲理要义。他认为，终身教育理念不仅提出了教育可以贯穿人的一生、覆盖人的发展的全部，而且也是对现行教育制度的超越与升华。终身学习理念是一种全新的生存方式，是对教育实践的主体转移，是以学习者自主性实践为基础的终身、全面发展过程。这种终身学习实践不仅无所不在，而且更有利于建立学习者的自信与能力，从而更好地适应社会发展与变化的要求。关于学习型社会理念，他认为学习应当是每个社会成员的基本权利，社会就应当建立终身教育体系和终身教育制度，让教育实践活动超越于传统的学校教育范畴之外，让全社会共同参与教育实践。社会应该坚持以学习者为中心，满足学习者不同的学习需求。同时，既要有社会成员个体对学习活动的参与，还要有群体和社会组织对学习活动的融入。学习型社会不仅有利于社会成员个体的发展，而且还将有助于全社会的发展与进步。

为了更好地探究成人学习的真实世界与发展境界，"回归丰富的成人生活世界，走进缤纷的成人精神家园"的成人教育研究新理念希望通过回归成人的丰富生活故事，了解成人学习相关故事，从成人的精神追求角度出发，帮助人们更好地理解和把握成人学习①。这种新型的研究视野与研究理念，可以为人们深入开展相关研究提供一种新的分析思路与研究路径。

通过对人的全面发展、发展内容、人的社会适应性以及与终身学习相关的理论分析可以看出，既然人的全面发展理论适用于一般意义上的社会个体，当然也会对老年生活形成积极的指导意义，并将促进老年人格的发展与完善。发展需要理论则强调了归属和爱、尊重与自我实现等需要将成为推动老年人精神生活与社会生活发展的主要动力与人生追求。与此同时，参与老年学习也成为退休之后远离社会组织的老年人得以进一步社会化的重要途径。而终身学习相关理论不仅从智能发展的角度揭示了老年人参与终身学习的可能性，也提出了终身学习是包括老年人在内的所有社会个体应有的生活态度。

---

① 高志敏. 成人教育研究的反思与前瞻[J]. 教育研究，2006(9).

第二节 老年学习与老年生活的概念界定

为了深入探究老年学习与老年生活，不仅需要了解相关理论，还需要对相关概念予以界定。通过明确老年、老年学习与老年生活等概念，可以帮助人们理解老年生活的实际以及老年学习的特点，并在此基础上形成对老年学习与老年生活富有说服力的关系认知。

一、老年

为了获取对老年学习探究的有效性与全面性，首先需要关注作为学习行为主体的老年群体。有效把握老年群体特征及行为规律，无疑将成为研究得以深入推进的首要条件。

1. 何谓“老年”

关于老年，不同的生活环境与文化背景可以有不同的理解。老年用英语可以表达为“old age”“older”或“the old”等，是指人的正常生命历程的最后阶段。也有人把老年比作为 yellow leaf，即把生命的晚年比作为秋天里的树叶，已是行将落叶归根的时节了。根据《晋书·何曾传》所述，“曾以老年屡乞逊位”表明了老年有“老迈之年”的理解。

从文字角度可以看出我国对老年人富含褒义的传统称谓。60 岁被称为耆[qí]艾、下寿，又称耳顺之年、花甲之年。70 岁被称为耄[mào]年(也有中寿一说)，又称从心之年、古稀之年、悬车之年、杖国之年。77 岁被称为喜寿。80 岁被称为耋[dié]年(也被称为中寿，此概念说法不一)，又称朝枚之年、朝枝之年、耄耋之年、伞寿。还有一些戏称，如:88 岁称为米寿。90 岁称为上寿。99 岁称为白寿，有“百少一”的意思。100 岁称为期颐。108 岁称为茶寿，意为:茶字上面是“廿”，下面是“八十八”，是二者相加正好 108 岁。

根据生物学的发展理念，老年一般是指生物到了生命周期的最后一个阶段，即从人的中年到死亡的这段时间。正是由于人的生命周期是一个渐变过程，因而在中年与老年之间的分界线往往是模糊不清的。有人从家庭辈分的角度加以界定，他们认为只要人们在家庭里做了祖父母，就算进入了老年时期。也有的人认为从社会职场上退休应该算作个体进入老年的重要标志。

在《人口老龄化及其经济社会影响》(1956)这部人口老龄化专著中，联合国提出了“人口老龄化”是指“老年”人口的比重增加过程。这里强调了人口老龄化的动态概念，是指全社会老年人口的比重增长的动态过程①。世界卫生组织（WHO）和部分西方发达国家认为，65 周岁以上的人群才可以被称为老年人，联合国把老年人口的起点年龄确定为 60 岁。

我国古代曾经把人到 50 岁作为划分界线。当然，那个年代是按照劳动强度与工作艰辛度来划分和理解的。新中国成立以后，我国政府规定 60 周岁算作老年人，尤其是随着我国《老年人权益保障法》的颁布实施，该法第二条规定了“本法所称的老年人是指年满 60 周岁及以上的公民”，再次用法律的形式规定了老年人的年龄依据。

从人的生理变化角度来说，人的生理机能与身体条件会随着年龄的增长逐渐下降，年轻人可以轻松从事多种社会工作，而老年人却会因年龄增长、身体机能下降而无法继续适应工作要求。因此，我国对于工作了一定年限、达到一定年龄的人实施退休制度。

根据《国务院关于安置老弱病残干部的暂行办法》和《国务院关于工人退休、退职的暂行办法》（国发〔1978〕104 号，以下简称《暂行办法》）的文件规定，我国全民所有制企业、事业单位和党政机关、群众团体的工人法定退休年龄按照三类人员情况予以认定。第一，一般情况下的退休人员，年满 60 周岁的男性，年满 50 周岁的女工人，年满 55 周岁的女干部。第二，从事井下、高温、高空与特繁重的体力劳动或对身体健康有害工作的退休人员，年满 55 周岁的男性，年满 45 周岁的女性；第三，因病或非因工致残，由医院出具证明并经相关劳动鉴定委员会认定完全丧失劳动能力的退休人员，年满 50 周岁的男性，年满 45 周岁的女性。根据这两部《暂行办法》的规定，凡是达到退休年龄的人员，尽管他们还能继续从事一些轻微劳动，但是理论上说他们都已被界定为年龄上的老年人，或者被界定为身体机能上的老年人。

为了全面了解老年生活中的学习故事，所有有时间参与学习的老人都可以成为人们关注的行为主体，因此，可以把老年人限定为达到我国法定退休年龄规定中的所有人。尽管他们可能在退休以后还从事着一些轻微工作，但是，他们毕竟已经从正规制度中的工作岗位上退了下来。一方面，他们的身份已经从社会管理人转为了自我控制人，能够从事可以自由支配的事情。另一方面，他们也有充足的时间和精力参与老年学习。而且，相对于基础教育阶段学生学习的强制性、高等教育阶段学生学习较强的社会适用性甚至功利性，老年人所参与的学习更能体现他们学习的自主性与休闲性等特点。这种学习不仅能体现老年人的学习兴趣，而且也是

① 彭亮. 上海高龄独居老人研究[D]. 上海：华东师范大学人口研究所，2011：20.

他们老年生活中的一种选择。这样的年龄界定能帮助人们全面探究老年学习的真实性与有效性。

2. 老年人的行为规律

相对于其他年龄阶段的人来说，老年人可以自由支配的时间更多，而与生理变化紧密联系的行为规律也发生了一定的改变。主要涉及以下几个方面：

（1）更有规律的生活起居

老年人一般都习惯于早睡早起，他们比较喜欢清闲，偶尔也会找老朋友一起聊聊天，或者自己在庭院里赏鱼、种花。老年人行为举止有时常表现得像小孩子一样，有些人也会变得更加固执与多疑。

（2）感知觉功能的下降

老年人的感觉系统会出现退行性改变，他们对外界刺激的反应敏锐度会下降，感知外界刺激的时间会延长。老年人的视觉能力下降明显，到60岁以后视力水平急剧衰退。近距离视力比远距离视力减退得更为明显，很多老人都会出现“老花眼”现象。听力衰退明显，对高音听力的衰退比低音听力更显著，对声音的辨别能力也会减弱。老人对酸、甜、苦、辣、咸等五种味觉敏感度也会减退，嗅觉功能的衰退会让他们抱怨食物的无味。老年人触觉也逐渐老化。他们对流眼泪或流鼻涕往往毫无察觉，当他人给予提醒时才可能知晓。

（3）记忆衰退的非整体性现象

老年人记忆力衰退并非记忆力的全面衰退，而仅是部分衰退。相对来说，他们的长时记忆、机械记忆与再现记忆能力衰退得会较快一些。这种记忆力减退主要表现为信息提取过程与信息再现能力的减弱，相反，老年人所识记的信息依然可以在大脑中保持或储存很久。愿意经常回忆往事的老人，其记忆力衰退的速度会相对较慢。

3. 老年人的智力变化

智力是大脑功能的一种展现方式，是人们认识与改造客观世界的智慧源泉，体现在人们的注意力、观察力、思维力、操作与适应能力等方面。智力是具有稳定性的心理特征，既是人们有效开展社会认知与实践活动的思维保证，又展现在人们的具体行为实践活动中。

传统观念认为，进入老年阶段，人的智力水平也同身体状况一样开始全面退化。然而事实上，只有那些与大脑、神经系统、感觉和运动器官生理结构相关的，涉及记忆力、注意力与思维反应的敏捷性等方面的液态智力，会随着年龄增长、脑细胞的减少而减退较早、较快。尽管老年人的脑功能会逐渐衰退，但是部分脑细胞所具有的代偿功能依然可以发挥作用，可以帮助老年人拥有正常的智力水平。尤其是对于“晶态智力”[①]而言，他们大多都是后天获得的，涉及人的理解力等方面，与人的社会知识、所处文化背景、个体经验的积累以及对事物的领悟能力有关，这种智力往往更会长久保持。因此，并不能简单地说老年人的智力水平随年龄的增长而减退。事实上，阅历广博、经验丰富的老年人更加充满智慧，他们对问题的判断与分析能力更具精细化，尤其是对于复杂事物更具有高度的洞察力。

一般来说，跟人的生活阅历与社会实践关系密切的领域（即晶态智力方面）都会在一定时期内随着年龄的增长而增强。也就是说，老年人的智力水平不仅不会大幅度降低，而且在某些方面更具有可塑性与提升空间。因此，“活到老、学到老”已经成为增进老人智力水平的重要口号。持之以恒地学习、实践与积累可以让老年人的智力水平发挥得更加充分、高效。

4. 老年人的兴趣改变

兴趣是人们对事物表现出来的一种热情，一种探究的心理倾向。尽管老年人经历丰富、见多识广，但是，机体高级神经活动反应随着年龄的增长而不断减弱的现象使得老年人对事物的兴趣会发生明显变化。这种变化主要表现为对事物态度的冷淡、关注面的变窄，对新鲜事物的激情不足等方面，这也成为影响老年人生活质量的重要限制因素。

5. 老年人的情感变化

心理学认为，情感是人们对客观事物能否满足个体需要的态度与体验。人对社会客观事物的态度往往是以喜、怒、哀、乐等某种特殊的主观体验形式表现出来。随着老年人的生理机能老化所带来的健康状况衰退，以及离退休后离开工作岗位，子女成家立业之后与老人生活距离的增大，老年人的身体状况、社会角色与生活环境都会发生较大改变。老年人的情感也会因此发生调整或改变。

（1）对自身健康状况的关注度增大

年龄的增长使得人的健康状况会每况愈下，到了老年阶段，人的各种器官机能都明显下降。因此，老年人会更加关注自己身体的健康问题，遇到身患重大疾病时则更为明显。另外，老年人还会出现自己可能患病的怀疑和忧虑。

（2）对情绪表达与情感流露的刻意控制

人与人之间正常的交流与交往可以促进人们彼此之间的情感传递与转化。而老年人由于逐渐远离社会，子女会因工作忙碌而疏于与长辈进行情感沟通，导致老

① J. Conrad Glass, JR. Factors Affecting Learning In Older Adults[J]. Educational Gerontology, 1996, 22 (4): 359-372.

年人常常会在子女和亲人面前掩饰自己的真实情感。即使遇到开心或不开心的事情，他们也会尽量抑制自己喜悦或悲伤的心情，不向外界表露出来。

（3）悲观消极情绪日益严重

随着身体素质的下降，与家庭成员沟通的减少，以及与社会脱离程度的日益加剧，老年人很容易产生消极悲观的情绪。

首先，失落感是老人最大的困惑①。老年人的生活环境由原先的工作单位转到了各自家庭，各种社会关系逐渐疏远，成年子女逐渐成家立业远离父母，先前轻松、热闹的生存氛围渐行渐远。这种若有所失与遭人冷漠的心理感受会让他们的思维变得相对固执，而他们以这种思维习惯面对新的生活环境与生活规律时往往很难及时调整与适应，这种心理感受时常会影响老年人的生活与心情。

其次，孤独感成为老年人的主要心理障碍。子女成家后的独立生活，自身退休后的远离社会，年龄增长引起的身体素质下降，同为年长者的亲友交往逐渐减少，多年来养成的人际交往定式都会让老年人的人际关系圈逐渐缩小。种种因素所导致的老年人心理封闭状态会让老年人产生寂寞感和孤独感。

再次，疑虑感也成为老年人的消极情绪。老年人的见多识广常常会让他们觉得自己经验丰富，而满腹才华的他们在离开社会之后"英雄无用武之地"的自尊心受挫现象会使得他们产生空虚感、寂寞感与受冷落感，其自身价值很难得以发挥等因素极易导致他们产生不断低估自己的自卑感。表现为整天忧心忡忡，焦虑地生活在每一天里，甚至产生抑郁感。尤其当他们在现实生活中遭受挫折，遇到家庭内部出现矛盾、子女在升学就业和婚姻不顺、自己身体衰落和疾病缠身等不如意的事情时，很多老人就会表现出烦躁不安、情绪低落，甚至郁郁寡欢的现象，这些都会严重影响到老年人的生活质量。

老年人还会产生莫名的恐惧感。年龄的增长与身体的衰老，会使得老年人更加担心生病。他们既担心自己的生病会成为家庭累赘，给家人带来麻烦；他们又担心一旦生病，尤其是生重病，似乎就离死神更近。这些都会让老年人对衰老、疾病和死亡产生莫名的恐惧感。

6. 老年人的需求改变

马斯洛把人的需要按层级分为生理需要、安全需要、归属需要、尊重需要和自我实现需要。而这五个层级的需要又可以归并为自身生物性的需要与社会性的需要两大类。一般来说，老年人对包括衣食住行在内的生物性的需要会大大降低，相反，他们对社会性的需要则会明显提升。

---

① 穆光宗.独生子女家庭非经济养老风险及其保障[J].浙江学刊，2007(3).

首先是养老的需要。出自《论语》的“老者安之，朋友信之，少者怀之”已经被越来越多的人所接受。“老者安之”也就是说让老人能过上安定生活、老有所养。既无衣食之忧、又无住行之忧，生活上能够得到照顾与扶助，这是老年人最基本的生活需求底线。

其次是家庭和睦的愿望。在中国，儿孙满堂常被认为是家庭幸福和睦的象征。随着老人年龄的增长，越是接近老年，他们的这种愿望就会越强烈。很多老人还会特别关注对孙辈的教育与培养，他们会在退休后甘为照顾孙辈而担当起家庭保姆和家庭教师的角色。即使操劳辛苦，他们也会深感乐在其中。他们不仅希望能把自身的知识与经验都传递给儿孙，给儿孙最好的照顾与教育，更希望儿孙能在和睦的家庭氛围中健康成长。他们也希望这种和睦的家庭氛围能给自己带走精神上的寂寞与孤独，最大程度实现他们发挥余热的奉献精神。

再者是他们对爱的需求。爱是人与人之间和谐关系的重要表现，是人们的一种精神追求。老年人不仅需要爱情的存在，更希望能得到家庭成员之间的关爱。对于爱情，他们会用老年人特有的方式表达自己更深沉的依恋，他们会夫妻相敬如宾、相互照顾。而子女给予的关爱可以驱散老人特有的孤独感与失落感，让他们尽享天伦之乐，获得亲情与拥有幸福。

至关重要的是能得到理解与尊重，几乎所有的老年人都希望能得到他人的尊重。他们不仅希望自身的能力与业绩能得到他人的认同，更希望有人能听取他们根据自身经验所提出的意见与建议。日常生活的礼仪可能并不是他们真正的需要，而他们更看好的是透过这些礼仪所表现出来的受人尊重的心理需要。

根据上述对老年的概念界定，可以把老年学习者界定为依照国家法定退休制度退休、具有参与学习活动所需的基本能力的人。这种年龄范围的划定可以实现对老年学习者的学习与生活故事探究的全面性与有效性。通过对老年人的生理特征与行为规律的分析，以及对老年人的智力变化、兴趣改变、情感变化、需求改变等方面的关注，可以在全面而清晰地把握与理解老年生活现实状况的基础上，从老年学习者生活世界和精神世界的角度去感受他们的学习，去获取他们参与的老年学习与他们的老年生活之间相关性的感知。

二、老年学习

人类社会的发展既有各种现代事务的积极推进，也离不开人们对前人生活实践经验的总结与汲取。而人们从事这些社会实践的过程，既是向实践学习的过程，也是向前人学习的过程。为了探究老年学习者的学习行为，需要把与学习相关的概念做出基本界定。

1. 学习

《论语》中的“学而时习之，不亦乐乎”是把学习理解为只要坚持下去并经常温习，就能让人感受到学习行为的快乐。《史记·秦始皇本纪》中的“士则学习法令辟禁”是把学习理解为读书人的使命与责任，也就是要认真研习国家法令，铭记各种法令所禁止的事项。《毛积夫墓志铭》中“稍长，亲师友，学习今古”是把学习理解为当人们到了可以获取知识的年龄，就应该亲近于老师朋友，向他们获取过去的和现在的知识。毛泽东在《中国革命战争的战略问题》中提到的“读书是学习，使用也是学习”是强调了学习的途径之一就是读书，而且还要坚持在实践中检验所学知识。

美国教育心理学家罗伯特·米尔斯·加涅(Robert Mills Gagne) 把学习界定为并非单纯归因于生长过程的持久性的倾向变化或能力变化。他认为，学习对人类的发展极为重要，是人的成长与学习两大因素及其相互作用的结果①。他同时强调，影响人的成长(生长)的因素很大程度上受学习活动决定，而学习的影响因素主要是个体的生活环境。学习活动由学习者、刺激情境、记忆内容与学习行动等四个要素构成。学习活动的制约条件主要涉及学习者以前习得的知识、技能与学习能力等内部因素，以及外界输入的刺激的结构形式、不同的学习能力需要与学习内容需要等外部条件。

加涅认为复杂多样的人类学习是有层次性的，学习是一种由简单的、低级的实践活动向复杂的、高级的实践活动递进的过程。他把学习分为信号学习、刺激—反应学习、连锁学习、言语联结学习、辨别学习、概念学习、原理(规则)学习与解决问题学习等八个层次。在此基础之上，他把学习又归并为联结与连锁、辨别、概念、规则与高级规则学习等五个层次。他把学习过程归纳为动机、领会、获得、保持、回忆、概括、操作、反馈等八个阶段。把学习结果归纳为言语信息、智力技能、认知策略、运动技能与态度等五个方面，也就是后来他所总结的认知、态度与动作技能等三大维度。

美国心理学家桑代克给学习下的定义是“学习即联结”，而构成这个联结系统的是人的内心。他提出了形成情境与反应之间相联结的准备律、练习律和效果律等三大定律。他认为刺激与反应所形成的联结会在得以应用之后而增强，如果未得到应用则会减弱②。美国实验心理学家高尔顿·H·鲍尔(Gordon H. Bower) 把学习理解为主体由非规定情境下的重复经验引起的、对特定情境产生的行为或

---

① [美]罗伯特·米·加涅. 学习的条件和教学论[M]. 皮连生，译. 上海：华东师范大学出版社，1999：24.

② [美]爱德华·桑代克. 人类的学习[M]. 李维，译. 杭州：浙江教育出版社，1999：25.

潜在行为的变化。他在《学习与动机心理学》(1991)一书探究了通过记忆、表象、组织策略与主题学习等活动增强个体记忆的问题。美国成人教育家马尔科姆·谢伯德·诺尔斯(Malcolm. Shepherd. Knowles)把学习界定为"是一个人改变、形成或控制行为的过程"①,是指通过学习,个体达成形成、调整以及控制自身社会行为的目的与效果的过程。

通过对部分中外学者关于学习概念的分析可以归纳得出,学习是人们获取知识与掌握技能的体验过程,不仅可以包括通过正规教育与训练实现,而且还可以通过日常生活与社会实践积累自身的知识与经验(《中国大百科全书·简明版》)。学习是一种通过接受教育或参与体验,从阅读、倾听、实践与研究中获得个体知识与技能、态度与价值的实践过程与可量度的行为的稳定变化,也包含对个体新的精神结构的构建过程。人们对事物从不了解到了解的过程就是一种学习的过程。在社会生活中,对于包括人类在内的一切活着的有机体而言,在适应环境的过程中都要以学习作为重要的手段。通过学习,人们不仅能适应环境,还能不断地改造环境。具体到人类的教育情境中,学习是学习者以前人的社会经验为基础,根据一定的教育与学习目标所发生的持久的行为变化。面对不断进步的现代科技以及日新月异的信息时代,学习的重要性更加明显。

2. 成人学习

作为成人群体中的高龄人群,老年人也可以被理解为成人群体中的特殊群体。为探究老年学习的内容与特点,有必要简单了解成人学习的概念、内容与特点。

依据马尔科姆·诺尔斯的观点,成人学习者具有通过学习让成人从依赖型人格转变为独立的人,丰富的人生经验可能成为自身重要的学习资源,学习计划与社会职责紧密联系,学习可以促进人类对知识加以有效运用等认知。成人学习是一种"以个体发展为导向、能够满足不同群体的需求"②的实践体验。联合国教科文组织提出的21世纪世界教育"四大支柱"也给成人学习提供的方向指导③。学会认知是指通过学习使学习者掌握有效的学习策略、学习方法与技巧,以适应在各种未知情境下的学习活动,帮助学习者学会获得新知的方法与手段。学会做事是指通过学习使成人能用更独立的姿态、更具批判的眼光去实践自己的行动,以达到与

---

① [美]罗伯特·M·史密斯. 学会如何学习——成人的应用理论[M]. 朱丽华,译. 北京:中国劳动出版社,1986:25.

② Malcolm. S. Knowles. the Adults Learner: Neglected Species (4th ed.)[M]. Houston: Gulf Publishing Company,1990:54.

③ 联合国教科文组织. 教育——财富蕴藏其中[M]. 联合国教科文组织总部中文科,译. 北京:教育科学出版社,1996:76.

社会发展要求相一致的行为，使得成人学习者拥有能以现有知识为基础，努力发现新问题、解决新问题的能力。学会共同生活是指学习使人们能在平等的氛围中学会理解他人，与他人相处的能力。通过成人学习，使得每一位成人都懂得关心包括自身、他人与社会在内的一切客观存在的事物。学会生存是指成人通过学习可以增强行动的自主性、判断力与责任感，使自身得到无限发展。

根据上述观点，可以把成人学习界定为成人为了生存与发展而积极主动参与学习的行为，学习内容包括对新知的获取，对操作技能的掌握，对自我、对生活、对与人相处等社会交往能力的获取。结合美国成人教育学家梅里安教授在《成人学习理论的新进展》(2006)中对成人学习的描述，可以把成人学习方式归纳为包括自我导向学习、经验学习、组织学习、网络学习等所有正规、非正规或非正式学习实践。因此，成人学习一般具有独立性与自律性、受内驱力影响、多以自身经验为基础、与其自身社会角色及发展任务关联、以解决实际问题为主要目的、以个体认知与理解为途径等特点。

3. 老年学习

根据成人学习的概念界定，结合老年人作为已经离开了职业生活的高龄成人群体，可以给老年学习界定为，为了让晚年生活更有价值与意义而积极参与学习的行为现象。学习内容主要包括对向往已久的或特殊的知识与技能的了解与掌握、对休闲娱乐的认识与融入以及对人生的重新感悟等方面。

广义的老年学习可以包括老年生活中的一切实践活动。尽管经历了几十年社会实践活动的老年人大多都拥有一定的社会阅历，但是，对于老年生活来说，他们同样会感到陌生、甚至是恐惧。所以，作为一种全新而重要的生存概念，老年学习指老年人坚持以积极、主动的姿态开展老年学习活动，获得老年生活所需的知识、技能与人生价值理解等信息，从而能让老年人在面对各种新情况、新环境和新生活时充满信心、轻松愉悦地驾驭自身晚年生活的过程。

老年学习的特征可以解读为以下几个方面：

(1) 老年学习是一种生活方式。老年学习既可以看成是一种教育范畴的活动，更可以看成是一个属于生活范畴的活动。

(2) 老年学习强调了学习活动的主体性意识。对于老年学习者而言，社会发展与竞争的压力已经不是他们首要的考量。作为已经离开了职业生活的老人，他们参与学习更多发自自身主体意识的驱动，是一种基于个体自发的意愿与行为。

(3) 老年学习行为将持续终身。当老年学习者能够积极融入学习实践时，表现了老年学习者强烈的学习意愿和追求，尽管学习过程中他们可能会遇到诸多困难与挫折，他们一般都会把学习终身坚持下去。

(4) 老年学习是一项全面展开、全方位实施的实践活动。他们会把老年学习活动从学校延伸到家庭、社区及社会生活等人类实践活动的所有空间里。

(5) 老年学习的目的在于延展能力、重塑自信与实现自我价值。老年学习的过程是一个对知识、技能与社会情感的积累与再认知的过程。年龄增长带给老年人的心理焦虑会使老年人丧失自信,而参与老年学习、融入更多人的学习实践活动中,可以使老年人在身处急剧变化的社会与行将老去的年龄困惑中找回自信,轻松愉快地面对老年生活。从而可以更好地把老年人自身丰富的经验优势发挥出来,为人人参与的学习型社会与和谐社会建设提供重要的榜样宣传与思想引导工作。

老年人参与学习还可以使老人们保持健康的身体、灵活的大脑和敏捷的反应力,让他们继续保持大脑的活跃性。当然,老年学习也要避免在学习过程中产生过大的心理压力,采用适度的学习方式,丰富学习内容,将能有效提升老年人的学习效率与生活品味。

三、老年生活

对老年学习及其现象的了解,能够帮助人们理解老年学习的内涵。在此基础上对老年生活及其现象的了解,将能更好地帮忙人们把握老年学习在老年生活中的积极作用及相互关系。

1. 生活与生活世界

不同时期的人们对生活有不同的解读。《孟子·尽心上》里"民非水火不生活"表明了生活即生存的意思。《文子·道德》引老子之言"自天子以下,至于庶人,各自生活,然其活有厚薄",指出生活即人们为了生存与发展而开展各种活动。宋杨万里《春晓》诗云"一年生活是三春,二月春光尽十分",指出生活即美好的时光。尽管不同时期人们对生活的理解略有差异,但是这些概念都很好地表达了生活的基本内涵,即生活是人类的生存,或为了生存而开展的各种活动,以及社会实践留给人们记忆中的美好时光。

德国哲学家、20 世纪现象学学派创始人埃德蒙德·胡塞尔(Edmund Husserl)对生活现象进行分析之后提出了关于生活世界的哲学思考,"随着人们对认识实践与认识对象之间关系反思的深入,人们的思维会出现深不可测的困境"①,也就是"如何能够确定人们的认识与被认识客体的一致性,并让认识超越自身局限以准确切中认识客体?"②因此,胡塞尔提出了"向内"的,即从人的意识角度探究问题的方

① [德]胡塞尔. 现象学的观念[M]. 倪梁康,译. 上海:上海译文出版社,1986:21.

② [德]胡塞尔. 现象学的观念[M]. 倪梁康,译. 上海:上海译文出版社,1986:22.

式，这种方式与自然科学“向外”的方式（以“普遍的实证科学”为特征的传统哲学思维）不同，是以探讨意识现象为出发点与落脚点，这种思维也许能获得更加客观的思维结论，同时也能有效避免“理性世界不是被认识的，而是事物的有序表现能力”①。据此，胡塞尔所提出的“生活世界”概念包含源于文化意义的一切实践真理，具有广阔而深厚的基础。这种界定让生活世界蕴含了极为丰富的实践意义，张扬人文主义精神的存在。可以说，生活世界是一种“对人生有意义，且个体生在其中，是人生过程中的心物统一的世界”②。这种观点也为本书从老年生活视角开展关于老年学习的研究提供了一种哲学思考与思维基础。

根据上述分析，可以把生活理解为人们为了生存与发展所进行的所有日常活动与实践体验的总和。这里是泛指包括学习、工作、休闲与社交等人们日常生活中的各种活动，可以从个人生活、家庭生活、职业生活与社会生活等角度来理解。生活概念中所包含的人们对生活的领悟，可以通过生活态度、生活追求与生活价值体现出来。

人们一般会认为环境对人生的影响很大，其实相对于环境而言，人们对待生活的态度对人生的影响更大。不论是在顺境还是困境中，人们对待生活的态度都将直接影响着人们的社会实践与人生发展。个体对生活的心态也会决定着人们的生活追求目标。具体来说，拥有积极、乐观生活态度的人，其人生目标必然会更高远，也必然会为之努力。相反，如果个体的人生态度是消极的、悲观的，必将影响到其生活的追求目标，也将通过其消极的生活实践表现出来。

2. 老年生活世界

唐朝诗人钱起在《蓝上茅茨期王维补阙》一诗云：“老年疏世事，幽性乐天和”，表达了诗人对老年生活的美好向往，即人到老年之后，可以适当减少对社会事务的关注，轻松悠闲地安享祥和的晚年幸福生活。

现代社会可以把老年生活理解为老年个体或群体在特定的社会条件与价值观念影响下所形成的、满足生存需要的活动形式与行为特征总和。因此，在现实生活中，老年生活可能主要涉及退休后个体物质生活、精神生活、家庭生活、社会生活、职场与人生经历等方面。

年龄的增长使得老年人的生理与心理都会产生老化现象，形成各种不同于其他年龄群体的特殊需求，从而影响其生活模式的改变，也构成了具有老年特点的生

① Claire Colebrook. Philosophy and Post-Structuralist Theory: From Kant to Deleuze [M]. Edinburgh University Press, 2005,38.

② 郭元祥. 课程观的转向[J]. 课程·教材·教法，2001(6).

活方式：

（1）逐渐淡出职场生活。年龄的增长和体能的下降使得老年人逐渐退出职业活动，从而需要依靠个人资产或退休金、养老保险金与社会救济等经费保障老年人的晚年生活需要，也会在一定程度上限制了老年人的消费能力。

（2）社会政治活动逐渐减少。随着社会活动的减少，与社会接触以及人际交往的机会都会明显降低，甚至出现与社会脱离的现象。因此，老年人很容易产生孤独感与失落感。

（3）精神文化生活会发生明显改变。为了扩大自身的社会交往机会，老年人会积极融入各种可能的学习活动中。其学习目的主要是为了满足自己的兴趣和爱好，增进与社会的交往。另外，职场生活与社会政治活动的减少使老年人拥有更多的闲暇时间，也可以进一步培养他们各种兴趣爱好。

（4）家庭生活成为老年生活的主要内容与形式。家庭是老年生活的主要场所，家庭成员是老年生活的重要伙伴，相对狭小的生活空间使得老年人的社会生活能力与水平明显下降。

通过相关概念的梳理，可以帮助人们对老年、老年学习与老年生活形成相对清晰的认知，也为人们理解老年学习与老年生活提供了重要的规范依据。

通过对人的全面发展、发展内容、人的社会适应性以及与终身学习相关的理论分析可以看出，学习对于个体知识结构调整与完善的作用，已经被越来越多的人所接受。学习可以改变和提升学习者的知识结构和认知能力，让学习者能够更好地适应社会生活与社会发展的变化要求。然而，正如心理学的相关研究表明，人的个性性格具有相对自主性与稳定性等特点，一般很难被外在因素影响或改变。尤其对于拥有职场生活中长期积淀下来的各种丰富阅历的老年人来说，参与学习能否影响他们的老年生活、能否对他们的个性心理与精神世界产生积极影响或改变，依然有待人们的深入探究。

中　篇

老年生活中的学习故事

上篇介绍了理论视角中的老年学习与老年生活。人们不仅可以从中感受到老年学习的可行性与可能性，还能发现学习实践对于老年生活的现实意义。

中篇将用老年生活中的学习故事真实回应上述问题。透过这些故事，人们既可以感知相关研究的合理性存在与否，还可以获悉思维认知是否具有提升空间，以及老年学习与老年生活的互动性相关与否。

为了让人们真实感受老年受访者真实的学习故事，将尽可能保持访谈信息的原貌。

第三章

退休的工程师：学习是对人生的理解

受访者姓嵇，退休前是一位女工程师。嵇工的名字中原本有个“莹”字，这个字也表现了人们希望女孩子能够晶莹靓丽，遗憾的是当年户口核查时误把“莹”写成了“英”。按照嵇工本人的说法，改成了“英”这个字后，也多多少少改变了她的性格，甚至是塑造了今天这位做事干练果断的知识女性形象。这，也许正是对“人如其名”说法的回应吧……

第一节 学习延续了人生经历

一、学习指明了生活方向

您以前的工作跟学习有关系吗？

当然有关系啦。我是做 IT 的。

“哦，IT 行业的工作专业性还是很强的。今天跟您交流就是想了解您退休后所参加的学习活动中让您难忘的故事。”

1. 在下乡插队与读书之间我选择了读书

“我当年读书的时候，属于七零届的，当时正处于红小兵时代。不像比我们大几岁的人，他们被称为‘老三届’，赶上的是红卫兵时代，大多参加过上山下乡运动。我们可以下乡插队，也可以去读书，我选择了去读书。”

“现在看来，您当年也算是抓住了机遇的一批人啦。”

“我是 1983 年读的北邮(北京邮电大学)。”

“哦，那也是‘文化大革命’后恢复高考的早期大学生啊。”

“是的。那时候，学的还是通讯格式、通讯电路，当时还是模拟电路。我国的计算机技术还属于刚开始发展阶段，还是晶体管的。我学的是二进制的程序，用色带打出来的。后来我又去进修过 JAC20，后来学了模块 380，480，C 语言，DEBAS3，计算机用的是 COMPAD。”

“那时的国内计算机普及率还是很低的，学习起来难度不小吧？”

“当时我们的学习还是非常累的。课程是全英文的，白天上课，晚上还得背诵记忆。课堂上老师给了一些简单的电脑概念，回去后自己还得去编程。当时上课时，有点像听天书一样。后来自己亲手操作了，感觉还能接受。现在我在社区学校学习这些软件制作感觉很开心。”

2. 在个人事业与家庭生活之间我选择了家庭

“华为、中兴是我国最大的两家通讯业的民营企业。当年，华为公司老总特意从中国科技大学少年班聘请了十名毕业生。他们都为华为的发展做出了很大的努力和贡献。后来，公司也邀请我们全家去香港(公司总部)参观。回来后，我老公不想在那(香港)工作。”

“为什么回去了？什么原因？”

“因为我们是国内第一批操作使用程控交换机的技术人员，他们也很信赖我们，就邀请我在香港工作，负责技术操作与程序设计等方面工作。不过，我的孩子当时才上初中，我们要关心他的学习。考虑到孩子的学习和未来发展问题，后来，我们还是明确表示了放弃那个机会。”

“所以有时候，不同的选择往往会给人带来不同的生活收获。”

“是的。给我们成人一点动力，我们可能会再向前发展50厘米，或者100厘米，但是，如果这些动力给了孩子，他们就可能获得5米、10米、100米，甚至上千米的发展势头。这就是我们当年作出取舍选择的出发点。”

3. 退休在家清闲的生活让我倍感失落

“您现在是几个人一起生活?”

“我们夫妻俩和孩子一同生活，他还没有成家。”

“您先生退休了吗?”

“我们是同龄人，他还要两年才退休。现在我退休了，那些与自己工作生活了几十年的同事、朋友，那些自己每天都历历在目的生活中的事情仿佛一下子都退到了身后，成为供自己回忆的过去了。当我刚从岗位上退下来的时候，一下子就有一种不适应的感觉。就觉得与社会脱离了，觉得社会无情地把我们抛弃了。也就是人们常所说的‘失落感’。”

4. 学习让我找回了生活的信心

“我以前从事的是一种有科技含量的工作，而且，我在单位还是技术骨干，遇到一些关键的问题还是需要我们这批技术骨干才能解决。从工作了一辈子的岗位上退下来的时候，整个人都有一种失落感，有一种被社会撇开、抛弃的感觉。”

(也许这就是人们离开社会生活的一种普遍感受吧。)

“后来我决定要走出去。不能因为退休而让自己完全被封闭在家庭那个狭小的生活空间里面。因为我在上班期间是搞技术的，后来还做了单位的管理工作。所以，我想我得学一些技术性较强的知识与技能。也正是参与了老年学习让我又找回了生活的信心。”

5. 参与老年学习让我的生活与退休前衔接了起来

“我居住在闸北区，离这所学校还是有一段距离的。退休后，为了学习电脑软件的操作知识，我向很多人去打听，最终才了解到这里老师的电脑课教得很好，我也就慕名而来了。我出来学习，可以说是风雨无阻。不管是天晴还是刮风下雨，哪怕是冬天下雪，我都会准时赶到学校。尽管这所学校的校舍环境与教学设施等方面都是一般，属于条件不是很好的那种（当然，我并不是对学校的这些方面刻意关注）。但是老师上课的教态与教学内容的设计、对学员的关心都是很到位的。学员有不清楚的地方，老师也会不厌其烦地给予解释。”

“您到这里来学习，路上要花多少时间？乘坐什么交通工具？”

“大约半小时左右吧。上学的时间正好也是城市的交通高峰，乘公交车和骑自行车的时间都差不多。只要天气相对风凉一点，我都会骑车过来的。”

（不仅能做到风雨无阻地参加老年学习，而且每次半个小时的自行车程也会坚持下来。可以看出，为了获取日常生活中所需的知识，嵇工程师对待学习还是非常执著的。）

“学习让我感到内心很充实，平时吃饭都觉得很香。我所学的知识，算是有一定的技术含量的。相对而言，也要求学员要有一定的知识和技能底蕴。我已经学会了两个关于摄影软件的知识和操作技巧。而且，我所学的这些知识与技巧不仅多多少少和我以前的工作有一点联系，还都是能在日常生活中派上用场的。”

二、学习回应了生活呼唤

1. 为了生活中的“逢场作戏”我学了唱歌和跳舞

“我先学习了唱歌，但是我学得并不深入。我想，我不是学声乐的，也不需要学得那么专业。所以，我只学唱了一个学期。让我能做到张开嘴巴，到 KTV 唱歌时，我能跟着音乐唱出来就够了，这就是我学唱歌的目标吧。”

“接下来，我又学了跳舞。当然，我把跳舞比作为生活中能‘逢场作戏’的游戏，尽管这种比喻不是很恰当，但我觉得很形象。我原来是在三资企业工作的。那时，一些外国员工在工作之余都会举办一些 party(舞会)。我曾经历过一件让我很尴尬的事。一次，我去北京开会，会议主办方在开会之余举办了一次 party。看到我是从上海来的女孩，人也很文静端庄(开心地笑着说)，就有人请我进舞池跳舞。我因为不会跳就回应说‘我不会跳舞’。我觉得说这话也是很正常的，所以我就继续坐在边上看别人跳舞。结果，那位请我跳舞的人就钻到了桌子下面。被别人拉出来后，他很礼貌地再次走到我面前说，‘嵇工，请你陪我跳一曲吧。’原来，他以为我是不愿意跟他跳舞才说‘不会跳’的。没有办法，我只得应付性地跟他跳了一会。过了一会，他又来找我跳舞。还说，‘我差在哪里？你为什么不愿意跟我跳舞？’他的心里可能还有一种想法，就是‘是不是你们上海人看不起我们啊’？当时，他喝了一点酒。所以，我也没有责怪他。第二天，等他酒醒了之后，我跟他打招呼说，‘我真的不会跳舞。其实，我还是很愿意观赏别人的舞蹈的，只是平常工作很忙，回去还要做家务，没有时间学跳舞。是我不好，有点失礼’。这件事情对我很有冲击，我觉得像跳舞这样日常生活中的基本活动还是要学一点的，哪怕是掌握一些基本的动作或技能也行。所以，退休之后，我就把学跳舞作为一项学习内容。我学跳的是国标舞。”

“好像国标舞的动作和舞步很有讲究的。您学了多久？”

“是的。我就把学跳国标舞作为锻炼身体的一种方式。我学习了三个月。不过，跟学唱歌一样，我学跳舞也不是为了达到多么专业的程度。我既不想参与什么舞蹈大赛，也不愿意到街头那种非常喧嚣的环境中去跳舞。我的思想还是很守旧的。”

“也许这就是我学跳舞的原因吧，只要我能做到‘逢场作戏’，简单应付一般的跳舞活动就够了。我不会刻意强求自己。像小区里的纳凉舞会，我是不参加的。当然，这种思维也许不是最好的。”

应该说，这种思维体现的是不同的人对待唱歌和跳舞的看法。不存在所谓“好与不好”的说法，只是个人态度不同而已。

“现在单位开年会或者家庭朋友聚会时，我就能基本应付了跳舞的需要。我能做到参与进去，就不会把自己跟他人割裂开来，给人一种拒人千里的感觉了。大家也都会觉得开心，可以避免一些不必要的尴尬了。这就是我学习跳舞的感受，或者说是学习跳舞的故事。”

2. 为了留住美好的晚年生活我学习了摄影软件操作

“除了跳舞之外，我还要把摄影软件操作技术学好，我觉得这是功能性的技术。尽管我用的是卡片机，但是通过学习，我不仅知道了里面很多的技术参数，而且我还学会了如何使用‘白平衡’、如何做到正确‘聚焦’等技术性操作。现在，包括拍照、摄影和后期制作等照相技术，我基本上都掌握了。”

“学到了这些摄影方面的新知识和技能，我的眼界也进一步打开了，也让我的生活价值进一步提升了。别人拍照就是为了拍到照片，而我在拍照时，不仅关注所拍摄的照片，我更关心照片中人物的表情是否体现了人物的内心想法与追求。到家后，我还可以把我所学到的照片处理技巧运用出来，对这些照片进行编辑处理，形成一个连续的、动态的、栩栩如生的生活片段，非常有意思。”

“看到有人把自己的婚礼场景制作成VCR在电视上让亲友观赏，我就有一种冲动，我能不能制作出类似的画面和效果呢？正是这种冲动，让自己充满了学习的信心和希望。”

“看着电视台专业制作的VCR时，我们可能没有什么特别的感觉。而一旦看到电视里播放了自己根据所学的操作软件制作出来的VCR，那种快乐的感觉、那种学以致用的感受，真的无以言表。哪怕制作的层次并不是很高，自己也很有成就感。甚至希望自己能把以往所拍摄的照片都制作成VCR，尽管这些照片现在看来那么青涩，那么不成熟，却都是我们成长的记录和回忆。还包括当年结婚照，尽管还不是数码照片，但是通过翻拍的方式制作成VCR，自己就可以尽情地回忆那美好的过去时光。”

（参与老年学习，不仅学到了自己想学的知识，还能给自己的晚年生活带来许多美好的回忆。这种学习是无价的。）

3. 为了“下得了厨房”我学习了烹饪

“接下来，我想再进一步拓宽我的学习内容，（她笑着说）也就是人们常说的‘要下得了厨房’，我想学习烹饪。”

“您准备到哪里去学烹饪？有开设‘烹饪班’的地方吗？”

“有的。我打听过了。有一所职业学校有烹饪专业，他们有相关的设施和专业的设备。我们所在的社区学校特意向这所职业学校借用了他们的教学场地，为老年学员开展烹饪课程提供了便利的条件。可以说，如果没有这些设施和设备，这个专业是无法开启的。”

“学了吗？学得怎么样啦？”

“还没有开始，我已经报名参加这个班级了，今年秋季开班。那里的教学条件非常齐备。作为烹饪专业，锅碗瓢盆样样齐全，这样就能为我们学员的学习提供了很大的便捷。要知道，我们当年作为上班族，大多数人每天都不可能有充裕的时间去好好地做一顿像样的饭菜。”

“有时候，家里来了客人，想到如何做菜就感到非常着急。不知道怎样做菜来招待客人。做得不好的话，自己也会感到很难堪的。食材也买回来了，如果做得不好，不仅钱花了，可能还会被客人误解。他还以为你（主人）是为了省钱还是什么原因，而不愿意把好吃的做出来呢。”

“也许有人会说，来客人的话，就请客人到饭店去吃嘛。我们都知道，随着生活水平的提高，饭店的（消费）价格已经越来越高了。当然，并不是说自己舍不得出钱请客人去饭店吃饭。更糟糕的是，现在饭店里制作的很多菜，都会添加各种各样的添加剂、防腐剂，这些东西从营养的角度来说，并没有什么特别的营养，只不过会满足不同人的口味需要罢了。”

4. 电子琴让我离“淑女形象”又近了一步

“我还学习了大约一个多学期的电子琴演奏。”

“哦，您还学了电子琴啊？是怎么想到要学电子琴的？”

“还是我刚才说的‘琴棋书画’的要求。我想，对于乐器演奏，我总得学一样吧。我也不想成为什么‘家’，只要拿到电子琴，我能把音乐演奏出来就行了。我就想到生活世界的各个角落里转一圈，了解一下里面的基本操作就满足了。”

（正如嵇工程师所说，生活中的事物千千万，如果人们强求自己对所有的事物都去了解，还要做到精益求精的话，这样的要求就显得有点苛刻了。那种过高要求甚至是对人的兴趣与乐趣的一种禁锢，会让人觉得是一项负担。嵇工程师的认识就很好，至少她没有给自己提出那么高的要求。）

5. 遛狗让我捡来了一项健身运动

“如果把学跳舞作为一项健身活动的话，除此之外，您退休以后还参加了别的什么活动吗？”

（不好意思地笑着说）“我还有一项锻炼身体的方式。我家里有一条狗，当然，这条狗也不是我成心想养的。几年前刚买好房子搬过来住的时候，孩子在读大学，老公经常出差不在家。楼下群租的现象还是有点严重，感觉就我一个女同志在家有点不太安全。”

“看来，您对社会治安问题的关注度也是比较高的。”

“这条狗是流浪狗，我看到后就把它带了回来。现在呢，我每天晚上就带着那条狗出去遛一遛，带着狗一起跑步。”

“这也是一种很好的锻炼身体的方式啊。是您一个人出去跑步，还是和老公、孩子一起出去锻炼？”

（有点尴尬地笑着说）“是我一个人，他们上班都很忙。每天晚上我跑好、遛好以后，回到家把晚饭做好，等他们下班回来一起吃饭。”

第二节 学习充实了老年生活

一、家庭生活的和谐

1. 参与学习也是家人的期望

“除了刚才您说的想学烹饪，提升自己的家庭烹饪技巧。您的家庭生活对您参与老年学习有什么影响作用吗?"

"其实,我家的另两名成员他们也有自己的想法。如果我整天呆在家里,一方面人的精神可能会很空虚,另一方面也可能会啰啰嗦嗦跟他们说个不停,婆婆妈妈的。"

"也就是说,他们不希望您整天精神萎靡、迂迂叨叨、没完没了的。"

"是的,尽管我现在退休了,他们还是希望我能像平时上班那样生活有节奏、有规律,包括要有一定的个人追求。"

2. 学习了音乐的我成了家里的点歌台

"您参与老年学习,有没有给老公的家庭生活带来什么样的影响呢?"

"负面的影响肯定没有。有时还能给他带来一些开心。"

(腼腆地笑着说)"我当初刚参加学习时就曾跟我老公说,当年我没有机会学成大家闺秀,现在老了,我还是想学一点琴棋书画之类的东西。比如说学弹琴,尽管我学得不是很好,有时可能还会跑调,我还是会跟他们说,不管我弹得好不好听,反正你们就当作帮我指导吧。"

"他们听了我弹琴之后,往往都会说,'弹得可以嘛,很好啊'之类调侃的话语,我听了之后也很开心。"

(家庭成员之间的这种调侃、诙谐的语言,往往能让家庭生活增添一些和谐的气氛。)

"他们有时还会特意跑到我跟前,指名要我弹奏诸如像《雪莲花》这样节奏欢快的民歌名曲,他们也愿意享受音乐给人带来的精神振奋和心情愉悦。"

3. 学习让我们学会宽容待人

"看到我每天要接触很多人,尤其是看到我对以前单位里的年轻同事就像妈妈对待孩子一样,我老公也很支持,对他们也很好,这一点让我很感激。要是放在我三四十岁时,看到我老公对我的同事不够热情,我就会说'你怎么对我的同事这么不热情啦'。现在,随着退休后参与老年学习,以及跟越来越多的同学交往,我逐渐学会了宽容。我原先的火爆脾气改变了很多,也宽容了很多。除非实在是看不下去的,才会说一两句,一般情况下我不会说他的。"

"我老公在待人接物方面,跟以前相比变化很大。不论是我接待的客人,还是来向我学习的学生,他都能热情招待,这一点也让我蛮感动的。"

4. 老公还没有退休,不能夫唱妇随

"家人有没有流露出跟你一道参与老年学习的想法?"

"目前还没有听我老公说起此事。因为他还有两年才退休,现在工作很忙,没有更多的时间投入到这上来。当然,等他也退休了,我会建议他也参与到我们的学习活动中来的。”

二、社区生活的丰富

1. 良好的社区学习环境值得珍惜

“社会为市民的终身学习提供了大量的条件、作出了积极的努力。您觉得，作为身处其中的一位学习者，这些条件与努力在多大程度上满足了您的学习需求？”

“凭良心讲，我们的社会确实为我们学习者提供了大量的条件。对于退休人员来说，工作岗位已经不再是我们的主要生活舞台了。我们大多数时间只得呆在家里。类似社区学校这样的公共服务场所，也为我们这些退休老人提供了可以去的地方。”

“您在这几年的学习过程中，有没有结识一些关系比较‘铁’的同学或者姐妹们？”

“……”（在沉思中，没有立刻给予回答）

“可能也不好说‘铁’，也就是说，在几年的学习过程中，有没有认识一些同学，自己愿意和他们倾心交谈，类似于无话不谈的意思。有这样的同学吗？”

“可能有几个，不过，好像不太多。以学跳舞为例吧。很多人对于跳舞有两种不同的看法。有的人持鄙视的态度。”

“为什么呢？跳舞不是能强身健体的吗？”

“客观地说，有人认为，跳舞的时候，两个人近距离地搂在一起，觉得不是很雅观，很有点那个……”（流露出腼腆的表情）

2. 社区学习让我与高雅人士为伴

“我觉得社区学校为我们学习跳舞搭建了一个很好的环境。这里的学员基本素质相对较高，远远不同于外面舞厅里的人，也不同于那些跳广场舞的人（也不好简单地把所有去跳广场舞的人都归并为不好的人群——笔者注）。我没有鄙视他们的意思。只是强调来这里学跳舞的人的素质相对更高。当然，对我来说，太沉溺、太迷恋的活动，我一般都不会热衷的。我学跳舞，前面提到的，只是想学会基本舞步和动作而已。追求过高，不仅会增加学习的难度，还会增大学习的心理压力，会让我迷失学习的方向和动力的，那不是我的追求。”

“社区学校，作为一个公共场所，为我们老年学习者提供了非常高雅的学习环境。能够来这里跳舞的女士、男士，我觉得他们都是很彬彬有礼的。而且，他们以前的职业也都是很‘正派’的。”

“比如，我遇到了一位学习者，他以前是普陀区宜川中学的校长，我儿子以前在那里上过学。他看到我了，还主动跟我打招呼。还有其他几位，有的是单位的高级工程师,有的是技术员。人的举止大多都很优雅,人的仪表也大多都很端庄。都能看得出来的。跟这些人打交道,既让人放心,又让人开心。”

3. 同学之间的彬彬有礼也感染了我

“同学的彬彬有礼,也会影响我、感染我,使得我在日常交流与行为举止上也有所顾及,不会出现失态或者不雅的行为。我觉得这也是通过学习活动培育自我修养的重要结果。”

“身边的人都表现得非常有礼貌,自己不文明的言语或行为即使有,也不好意思表现出来。时间久了,也一定会影响着自己的人生观、世界观与价值观的改造的。”

“也许这就是‘物以类聚,人以群分’的原因吧。”

“是的。应该说这一点打破了我原有的想法。我原来以为,跳舞,尤其是跟不认识的人跳舞,这成什么样子了?到了社区学校学了跳舞以后,我完全改变了自己原先的观点。我觉得,在这里学跳舞,是非常开心的一件事。既学会了舞蹈,又锻炼了身体,还结识了一些朋友,这种学习多好啊。”

“比如,有时我们舞蹈班的同学中有人因为家庭有事耽误了,上课要迟到一会,他就会来个短信告诉一声。我觉得,尽管就来了一个短信,这就是同学之间相互尊重的一种体现。有时我要是有事情不能准时到,我也会发个短信跟同学说一声。在舞蹈班的学习,让我学会了如何与人相处,与人打交道,这也是我学习舞蹈的额外收获吧。”

“在单位上班时,如果迟到了,要被单位扣钱的。这是单位的考勤管理制度,人们无法回避。而退休了,闲暇时光出来学跳舞,大家都是很轻松的,再也没有‘迟到了就要被扣钱’的管理制度的约束了。但是,同学之间还能做到万一迟到了,互相发个短信招呼一声。这种联系和沟通完全是发自内心的,来自对对方尊重的感受。这种行为真的很让我感动。”

“是的,包括您的这种认识都是发自内心的,我能看出来。”

“不过,如果让我单独和某个同学跳舞的话,可能我又会感到有点拘束了。(笑着说)你不要笑话我,在我身上可能还是能看出一点保守思想的影子的。”

三、退休生活的充实

1. 退休生活离不开老年学习

“也许是您一贯严谨的风格对自己的行为产生影响的原因吧。当年您刚退休时,可能有种空虚感、失落感。您想过‘参与学习就是为了打发时光’吗?”

“退休以后,属于自己的时间是多了。但是,忽然间发现身边没有人了,感觉空落落的。参加老年学习让我慢慢地能走出家门，和身边的同学一起学着自己想学的东西，心情也开朗了许多。当初确实有种'学习是为了打发时光'的感觉，几年的老年学习下来，已经没有了这种感觉。我已经把学习看作为我生活的一部分，尽管有时一段时间学下来也会感到身体很疲惫。"

"您前面提到，'很多东西当年都想学习，或者是没有时间，或者是没有条件而只能放弃了'。您现在参与老年学习，就是为了实现当年的学习愿望吗？"

（腼腆地笑着说）"古人心目中的优秀女孩形象，一般都要求女孩子'琴棋书画'样样精通。只有知书达理，才能被人们理解为'淑女'。我也是用这个原则来要求自己的。我以前是搞技术性工作的，整天坐在电脑前面，看着数据在运行，头脑在思考这些数据的信息。每天都是这样的状态，根本没有时间去完成我心目中'淑女'形象对自己的要求。现在退休后可以自由支配自己的时间了，我确实在实现着当年的各种梦想。可以说，像一般的唱歌、跳舞等需要'逢场作戏'的活动我都能应付了。"

"退休后，再次像中小学生那样走进学校去学习，你的感觉是什么？"

"作为已经退休了的人，再次走进教室，真有一种'能够有机会来学习、来听课，感到很兴奋'的感觉。说真话，当我退休之后能够有机会重新走进学校，坐到教室里，学习自己非常想学的知识的时候，那种激动的心情还是非常明显的。自己的思绪仿佛又回到了当年大学时代。"

2. 学习让弱女子变得坚强

"我是一个女人，我希望自己在工作领域，我一定要做到不亚于一个男生，甚至我还要超过男生。"

"说实话，也许是因为我们聊得很投缘，所以，关起门来跟你说点内心话。站起来的话，我比别的女生长的矮，但是，我的内心是很强大的。我要让我的工作和我的事业一定不比别人差。也许有人可能把我的想法理解为是一种'野心'，不过，我不这么看，我认为这是我的追求。到超市买一袋米，我没有想过我背不动它，我把它绑在自行车上，照样骑回去，并且自己把它扛上楼。我爱人块头很大，我儿子也是个大男孩，但是像买米这样的体力活，我不要家人帮忙的，都是我自己一个人弄回去。"

"像我家装修时买电视机，我就对照着说明书自己看，是买软屏的还是硬屏的，尺寸大小等，都是我自己去琢磨、去思考。我先把说明书中各项数据和指标仔细研究，读懂以后，我就去电器商店听营业员介绍。看他们介绍的是花的东西（机器的表面知识），还是点子上的东西（机器的内在功能）。看好问好之后，我就会决定买某个品牌、某个款式。回去后，跟家人说今天我买了一台电视机，他们都很支持我的。在价格方面、在功能方面，我都会通过了解作出最合适的选择。”

“现在退休了，有更多时间来思考如何把小家庭打理得更好一点。”

“我有时跟我爱人说，‘我现在很开心，很多事情我不需要求人就能自己解决了’。通过学习，我不仅掌握了照相机使用操作的一般原理，我甚至还能教别人如何把握曝光点、如何做到更合理地取景与构图。我能很轻松地拍到让自己、让家人满意的照片了，我的照片拍摄技术要比一般人好许多。这些都是我学习后的收获与成就。也让我感觉到，现在的生活(退休后的生活、老年生活、晚年生活——笔者注)真的是越来越幸福。”

(退休以后参加了各种老年学习，嵇工程师可以在家庭生活、人际交往等很多方面都能做到轻松应对了。)

第三节　生活提供了学习标准

一、学习有了生活标准的评判

1. 音乐水平不高是自身功底不好

“我知道自己的音乐功底不是很好，所以我不以自己的学习状态来评价老师，我会以全班的整体水平来分析课堂教学。我觉得只要班级里大多数老年学员都能有所收获，都能张开嘴、唱出心中的歌，这就是一种成功。”

“这里的教师水平整体很高，估计也和校长的管理有关系。校长能有效调动全体老师的工作积极性，并针对每个教师的实际长处给他们安排合适的工作岗位，让他们都能发挥自身的特长，用人所长。不但挖掘了教师的潜能，也最大限度地提升了学校的整体工作能力和水平。我也遇到一些对我们这些老年学员简单应付的老师或工作人员，从他们那里，我们很难获得我们想要的信息和服务，这也是我在学习过程中对学校管理的一种感受。”

2. 同学间的学习差异有其自身因素影响

“您对您身边同学的学习，有什么建议吗?”

“……”(沉默中)

“或者说，当您你看到身边同学不合理的学习方式时，您愿意跟他们明说吗?”

“应该说，我们作为老年学员，各自的知识功底不同，各自的生活阅历不同，各自的工作环境不同，各自的接受能力不同，所以，同样在一个班级里学习，肯定会出现参差不齐的现象。”

“同学遇到不会的，或者没有听懂的地方，问老师的次数多了他们也觉得不好意思，就会向同学请教。每当他们问到我的时候，我都会热情地跟他们解释。我想，帮助身边同学解决一些学习中的困难，既是帮他们解围，让他们能够跟得上全班的学习进度，不至于掉队，甚至出现溜号，保持班级人数的稳定；也是我们这个班级可以持续下去的一个很重要的因素。同时，给别人帮助的时候，一方面也是对自身学习的检验。只有自己对这个知识做到了非常了解，才可能向同学解释清楚。所以，帮助同学的过程也是检验自身学习状态的过程。另一方面，在向同学作出讲解和帮助的同时，也能发现同学身上的一些优点和长处，可以取长补短共同提高，也许这就是班级学习、群体学习的一大特点和优点吧。”

3. 矜持的个性影响了我对待师生的态度

“不过，总的来说，我还是很矜持的。我想自己既不是班长，也不是音乐和乐理知识学得最好的，所以，一般情况下，我是不会在公共场所发表观点的。”

“应该说，学校请的老师大多数都是蛮好的，他们对待学生、对待教学内容都很认真。可以说，用‘认真’二字来形容他们一点都不为过。毕竟面对着不同的老年学员，往往会有一种‘众口难调’的感觉。给老年学员上课的时候，老师需要适应各种不同层次的学员学习需求，不花功夫研究是很难完成一门课程的讲解任务的。”

4. 参与学习也需要家人的支持

“您的家人，包括您的丈夫和孩子，他们怎么看待您的学习？”

“他们都很支持的。我们的家务活中最主要的可能就是做饭了。我们的早餐都是到店里去买的，中午他们（孩子上班，老公目前也在工作）都不回来吃中饭。他们晚上下班回来得也很晚。这样的话，我参加学习至少不会影响到家庭做饭这件事。”

“另外，只要他们知道了我某一天要出来学习，他们就不会安排我做其他额外的事情。尽管我的孩子年龄还小，做事情有点拖拖拉拉，但是像今天早晨，他知道我要来接受访谈，就催促我早点出发，还关照我不要迟到。”

“也许这就是家庭成员之间的默契和相互关照。”

“您觉得，经常外出参与学习对你们夫妻关系有什么影响吗？”

“我觉得我们每个人在做任何事情时都要有个度。比如我就把在社区学校的时光理解为是来学习的，可能有的人把到社区学校来比作为来消遣的，来玩的。这里就是每个人对这个‘度’的把握问题。只要能把这个‘度’把握好，也许就不会产生各种家庭矛盾、夫妻关系矛盾了。”

5. 学习中的风雨无阻是我生活态度的体现

“刮风下雨您都来学校吗？”

“是的，只要有课，不论天气多么恶劣，我都会风雨无阻地赶到学校的。这一点也可以从老师的课堂考勤上看到的，我是满勤的。”

“可以看出，您对学习的态度是非常端正的。”

“我觉得这是个人信念、生活态度和个人追求问题。哪怕今天我感冒了，我吃点药之后，我也要赶过来的。”

“为了学习图片编辑软件，我找了很多教育机构，都没有找到这类班级。直到我到社区学校以后，我了解到他们开设了这门课，我有种如获至宝的感觉。说实话，没有这种真实体验的人可能很难想象我当时的快乐感受。”

“我托了很多人帮我了解，都没有得到开设这门课程的消息。此前我听说区社区学院好像也开了类似的课程，只是，那里离我家很远，每次赶过去要很长时间，而且，早高峰时道路还十分拥堵，车上人也很多。我试过一次，我乘七号线，再换四号线，再换十一号线，人很累的，来来回回实在不方便。不仅要花费很多时间，而且还会影响学习心情。后来我就自己到处打听，居然被我找到了，而且就在家门口找到了我想学的课程，你说我能不开心吗？”

二、“老”是人生的自然规律

1. 生理上可以老了，但精神不能老

“您怎样看待人生中的‘老’？怎样理解‘年老’的问题？”

“从我的身体，我的精神状态上来看，我觉得你们不应该把55岁的女性，60岁的男性简单地视为老年人。我有位朋友，住在台湾，今年已经80多岁了，但是，他说‘我要活到120岁’，他说话时精神抖擞、底气十足，他要努力朝着这个目标去生活。跟这种生活和年龄目标相比，55岁或者60岁的人是不应该被理解为老年人的。反过来我想，他作为80多岁的人说话时精神矍铄，我们刚刚退休没有几年的人为什么不努力提高我们的精神面貌。”

“当然，客观上说，社会已经让我们退休了，把我们划定为老年人了，我们必须要接受这个社会现实。从工作的角度，我们已经被社会‘退休’了。但是，我觉得一个人不应该在精神上把自己看作老年人，只不过是正在经历着另一种人生方式而已。而不要产生‘我老了，我不能动了’、‘这件衣服我不能穿了’等类似的想法和说法。也就是说，不要把自己想象得太老。”

每个人都要端正心态，不要把年龄问题理解为限制自己发展的制约因素。

“对于我们进入退休年龄的人来说，生理年龄上的‘年老’已经是无法改变的事实，对此，我们应该正确认识、积极面对。但是在心理年龄上，我们不应该落后于年轻人，应该积极跟上社会和时代发展的脚步。一些生活中的趣事，我们也应该有所

了解，这样可以让我们的思想和心理不会轻易被社会所淘汰。”

这就告诉我们要努力做到“人老心不老”，学习永无止境。

“包括像中日关系、中菲领海之争、美国‘棱镜门’泄密事件等这样的国内、国际大事，国家经济、金融大事等信息我也很关注。”

“您对外部世界的了解过程，也是让自己的思维不停止，心态更端正、思想更年轻的过程。”

“当家人从各自的工作单位回来，他们所说的东西我都能融洽进来，都能参与进去，他们也感到很惊讶，‘老婆虽然退休了，跟外界打交道的情况不多了，怎么还是知道的这么多?’、‘老妈不得了啊，人退休了，内心却一点没有老啊，还是这么地年轻’。因为是自家人，他们没有必要过分恭维我，所以，听到他们对我的评价，我觉得这就是一种‘开心’。”

2. 日常生活提供了学习机会

“一般在家闲下来的时候，看电视吗? 都看什么样的电视节目呢?”

“除了早晨看电视新闻之外，晚上有时间的话，我一般也会看一看新闻联播，本市新闻。这里也成了我了解外面世界的一个窗口。除了历史剧外，其他的电视连续剧我一般都不看。《天天饮食》《养生三六五》等电视节目也是我的爱好。”

“当然，那些跟生活有关的连续剧我也会看一点。我看到电视里面‘婆媳关系’的冲突和调和，对我的思想也会有所启迪。但是，我不会把自己沉溺于连续剧中，毕竟有些电视情节和现实生活还是有差距的。”

“简单地说，看电视能让我知道一些故事，懂得一些社会常识，了解社会发展的最新潮流，这是我看电视的追求。对于一般的连续剧，我只是在电视机上随意翻翻台、浏览浏览而已。有句话叫‘看戏掉眼泪——替古人担心’，尽管我退休了，我不想被编导们设计的、可能并不真实的故事浪费我的时间。我可以把时间留下来做我想做的事情。”

“不过，每当有一些国内，或者国外大片问世，并被传说为票房很好时，我也会加以关注。我倒想看看是什么原因导致这部电影或者这个大片那么广受欢迎，票房那么好。我觉得我需要了解这些新生事物，不仅了解它的存在，还要了解它存在的真实理由和现实价值。”

3. 学习让我的人生没有遗憾

“退休后您参与了老年学习，也获得了很多知识。您对自己的过去有没有感到遗憾的地方呢?”

“退休后，我有充足的时间去了解更多的东西，也学到了很多新知识。不过，反观我工作时期的生活，也不存在遗憾的事情。我现在经常跟孩子说，我说‘我当年很勤奋'，'我也没有遗漏掉什么东西'。因为，只要有可能我就抓住机会去学习，去提高自己。"

三、"上得了厅堂，下得了厨房"

1. 生活中的美需要我们观察和思考

"刚才我到学校的时候，孙校长请我带一个西瓜到会议室，并且说着就拿起刀把西瓜切开了。我一边感谢她，一边看着她用刀切西瓜。我忽然发现，孙校长切西瓜的方式很特别，她不仅把西瓜切开了，而且还切得非常美观、非常精致。我想这就是孙校长在切西瓜这么一个简单至极的生活片段中所演绎出来的美。这种美，不仅需要人们去设计，更需要人们去观察、去发现、去欣赏。"

2. 学习让我的退休生活有了规律

"退下来之后，关于自己过去的生活体验、关于自己的未来人生我也思考了很多，我要走出去，为自己找一个空间。所以，当我把外面的兼职也推掉以后，我就到处打听有没有什么地方能够为我们提供休闲、充电的地方。后来有人告诉我可以到社区学校，这里有各种各样的活动、班级可以参加，我就来了。来了之后我发现，社区学校真的让自己很开心，我不仅能够学到以前没有机会、没有条件学习的知识和技能，还能结识一些有品位、高雅的人士，让我受益匪浅。"

"参加学习，我感觉对我的身体也是有好处的。因为我要上课，我早晨不会睡懒觉，做事情不会像没事干那样拖拉。我会很有条理地安排我的时间、处理家务事情。我觉得现在的学习生活可能比我以前上班的时候还要有规律，还要能协调好生活中的各种关系。"

"您每天的睡眠好吗？"

"我每天晚上大约十一点、十二点睡觉，早晨六点半起床。七点钟叫醒他们（老公和孩子），从七点到八点看电视新闻。"

"您一般看什么新闻？"

"上海东方电视台、新闻综合频道的新闻，等等。我会把每天发生的我认为重要的事情在头脑里梳理一下的。"

"看电视新闻的习惯，应该是退休以后养成的吧？"

"是的。退休以前，整个人，或者说我们全家人都忙得不得了。根本就没有时间坐下来，慢慢地欣赏着电视节目。充其量看看时间、看看天气预报。"

"现在，每天早晨看新闻已经成为我生活中规律性的事情。中午我会看一会国际新闻，我晚上遛狗的时候，我会把一份晚报看完。（笑着说）我不浪费时间，我会利用可能的时间读书、看报、看新闻。"

“关于到学校学习，一个星期我总会选择两个时间段参加老年学习。这两次学习时间，我是会全力保证的，我不会放掉任何一次课，也不会无缘无故请假的。”

3. “贤妻良母”型生活是我的学习追求

“从目前来看，您希望自己能学成什么样子？”

“对于今后的学习，我想，首先我会继续学习下去的。毕竟，学习让我了解了很多原先我不知道的信息，以及我以前想了解却没有时间或条件了解的知识。接下来的话，我想我会每学期关注社区学校的课程信息，学习那些让我感兴趣的。有句话叫‘上得了厅堂，下得了厨房’，所以，包括子女教育、孙辈抚养等家庭生活方面的知识与技能我也想学。”

“我儿子要考注册经济师，他上班很忙，没有时间去打听到哪里报名、到哪里培训、到哪里购买辅导书等一系列事情。我就上网查询，把具体的信息下载下来，整理成文档。我跟他说，‘你哪里也别去，外围的事情我帮你做，你就一门心思复习吧’。后来，他一次就通过了考试。我想这也算是我的学习给家人带来的积极作用吧。”

“我希望我的一部分生活在社区学校度过，我觉得在这里很有意义。不管课程知识的深与浅，只要让我开心，让我有收获，我都愿意学习。娱乐性的、技术性的、功能性的知识我都会感兴趣的。”

“当然，对于我不感兴趣的知识，我不会反对其他学员去学习。毕竟有些知识可能对我来说是不适合的，但是对其他学员来说却是适合的。像声乐提高班我就不学了，一个原因是这门课程放在周日上，我未必有时间来学习，周末总得做做家务，陪陪老公、孩子，走走亲戚、会会朋友什么的。另一个原因是我可能也到不了提高班的那个层次，毕竟自己的声乐基础和功底摆在那。还有就是我也不奢望自己在某个方面有那么高的追求，毕竟参加老年学习就是一种放松、一种寄托，如果为了某个更高的目标而让自己的精神高度紧张、压力过大的话，既不是我来学习的目的，又不符合我的个人学习追求。”

“我已经学习了摄影软件与影像制作等内容，我会再仔细观察，如果有些内容能激发我的兴趣，而且是我的努力所能触及的，我也会考虑选择学习的。”

轻声细语之间，嵇工程师向人们描绘了她的老年学习故事。通过这些故事可以看到，其实她退休后参与老年学习，不仅是她最初“打发时光”的一种想法，也是她对终生融入学习的一种延续。不论是在“上山下乡”时期选择了学习，还是在大学时代的认真苦读，抑或是步入社会以后对生活事物的把握，都很好地表达了她对生活的热爱、理解与响应。尤其是她退休后所参与的各种学习活动，更是她把对老年生活的理解推向极致的一种表现。这就是嵇工程师的老年学习故事。

第四章

退休的设计师：学习与生活兴趣同行

这是一位姓刘的受访者，退休前的职业是机械设计师。面前的他给人留下的是一位身板硬朗、腰杆挺直、说话语速适中又底气十足的老年学习者形象。如果不是他自己说出年龄，仅从他的外表和长相来看，人们很难把他和一位75岁高龄的长者结合起来。他说自己已经退休15年了，也一直坚持学习了十多年。他现在拥有健康的身体，但是以前的他曾患过多种疾病。他对学习很执著，也取得了很多收获……

第一节　偶遇学习收获颇丰

一、公园散步偶遇合唱队

1. 没有赶上以事业单位身份退休的末班车

"您退休多长时间了?"

"我是1998年，60岁时退休的。"

"您现在已经70多岁了，您的身体很好啊。您以前是做什么工作的?"

"我是做技术工作的。纺织局下属的纺织公司工作，专门生产纺织机械的。我是搞纺织机械设计的。"

"哦，您属于专业技术岗位啊。现在，公司还在吗?"

"现在已经解体了。我原先的工作性质等同于机关。后来，大约是1996年，机关就改成了企业单位了，我也就变成了企业职工了，所以，我退休时也没有享受到事业单位退休人员的待遇了。应该说，在退休的问题上，我是比较吃亏的一批人啦。改制是1997年到位的，我是1998年退休的。要是早一年退休也就赶上了事业单位人员的退休待遇了。"

"好像最近几年来，退休人员的工资增加得也是比较多的。"

"我是高级职称，所以我的退休工资增加得还是比较多的。现在看来，跟事业单位的退休人员相差大约在七八百块钱吧。当年有种说法叫企业高级职称的技术人员的收入可能还不及事业单位清洁工，现在想想，那种模式是不太合理。”

2. 哥哥的抗战宣传画培养了我的美术爱好

“您1998年退休以后，是什么时候想到要参与老年学习的？”

“我现在参与的学习，跟我小时候的爱好是一致的、一脉相承的，小时候的我深受我哥哥的影响。好像在1951年或者1952年抗美援朝的时候，为宣传抗美援朝的事迹，我父亲单位需要能画宣传画的人。单位里没有人会画，我哥哥比较喜欢美术，就让他去画。天天看着他画画，受他的影响，我也喜欢上了画画。”

“那时，您好像才十三四岁的年纪。”

“是的，那时还很小呢，还在上初中。所以，我感觉现在老年人的一些爱好，很大程度上会跟他幼小时候的爱好有着一定的关系。当然，也有些人是完全从头开始来学习的，这种情况也有的。像我这种情况，我觉得还是受小时候的爱好影响。”

3. 公园散步偶遇合唱队让我学了钢琴与素描

“我1998年退休之后，被单位留了三年，续聘了三年。主要是搞全行业的技术管理，不再做具体的设计了，属于管理工作。到2001年彻底退下来后，整个人反倒觉得很无聊了。我家住在徐汇区，没事的时候我就到复兴公园散步。每次看到很多人在唱歌，我也慢慢地喜欢上了音乐，就跟着大家一起学唱歌，后来还被推荐参加了卢湾区工人俱乐部组织的工人合唱队，直到现在我还是这个合唱队的成员。十来年唱下来，也培养了我的这个爱好。另外，大约在2003年，受到一位合唱队队员的影响，我还学了钢琴。”

“还学了钢琴？”

“是的。而且，我2003年还买了钢琴，自学弹钢琴，到现在从未间断练习过。从2010年起，我来到了社区学校学习素描，一直坚持到现在。另外，我从退休时就坚持在空余时间打羽毛球，打得也比较好。”

“一般跟谁一块打羽毛球啊？”

“就是在公园里玩的那些人，只要他们在打球，我就能跟他们一起打。尽管三年前我家搬到了东兴路，打羽毛球这项运动还是坚持了下来，每天早上从六点到七点打球一个小时。可以说，我的爱好还是较广泛的，体育、音乐、美术等方面，我都愿意学习和参与，而且一直坚持到现在。我觉得既然自己的爱好产生了，就如同琴键上的一根弦被拨动了起来，就应该让它坚持‘响’下去。另外，我还有一个客观的有利条件，我外孙，我家的第三代不在我身边，他在国外，平时就我们老夫妻俩在家，我有更多的时间参与学习活动。对我来说，我觉得学习是一种享受，因为我喜欢这些方面。而且，也算是学有所成吧。”

“钢琴方面，有没有参加过什么比赛呢？”

“前几年，上海组织了一次退休老人钢琴比赛。我报名了，不过，我的钢琴水平还有待提高，成绩也不是很好。我钢琴学了几年，都是自学的。我听说，钢琴有八级和十级，像钢琴八级的曲目，我都会弹了。”

“您挺厉害的。”

“弹得不好，总归是弹下来了。人家总是说‘老刘，钢琴弹了那么好，为什么不去考级呢’，我想我为什么非要去考级呢？这是我个人一种爱好，一种享受嘛。”

也许这就是一种至高无上的心境吧。

“如果算下来的话，我们合唱团总共有十几个人学弹琴。但是，能够坚持下来的，也就三四个人。我们几个人平时只要聚在一起。不论是在我家还是在别人家，只要家里有钢琴，大家就会相互交流与切磋。”

4. 学习只是为了培育老年生活的兴趣

“那时，全区老年合唱队的总数量不多，我们觉得自己的水平还是不错的。随着老年教育事业的发展，老年合唱队越来越多，我们就感到自己的队伍有点跟不上了。由于我们合唱队没有经济收入，所以，所有成员都是得不到任何经济回报的，完全是我们的个人爱好，这也是我们合唱队的特点。我们每个队员，每年仅交十几块的队费，就是用于复印一些歌谱。交这点钱，跟我们的生活水平相比，等于没有交钱。我们每次出去比赛，主办方会提供点经费，队里就把这些钱存起来，留作日后的活动支出。”

“如果从物质条件、物质利益的角度来看，我们这个合唱队是没有什么吸引力的，队员得不到经济回报，纯粹是为了培育老年生活的兴趣而来的。这也在某种程度上限制了合唱队的发展，唱歌好的人不进来，如果不是很超脱的人是不会来的，有的人参与活动就是冲着经济利益的。队里如果希望提高我们的艺术水平的话，感觉是有点困难的。正因为这个原因，我感觉我们合唱队队员的素质差异还是比较大的，个人的文化素养也参差不齐。像我这样的人的文化底蕴和综合素养可能相对算高的，而当年的一线员工，在合唱队里还是比较多的。”

5. 学艺术需要天赋

“合唱的时候，身边的队友有没有唱歌跑调的现象？”

“肯定有。不是我自吹，我的歌唱功底和素养还是很受老师器重的。其他一些唱歌水平高的人，对身边队友的唱功有时候会很失望，甚至都有打退堂鼓、要退出合唱队的想法。尽管有些人一直在唱，但是总感觉他们提高得不是很快，甚至太慢了。”

“在合唱队里，有没有像您这样，唱功比较好，整体素质比较好，而且还愿意去帮助那些功底不好的人？”

“要想提高自己，一方面，得要有强烈的不断提高自身水平的愿望和追求，另一个方面，学习音乐和学习美术一样，都是要有天赋的。音准很重要的，而音准主要是靠听出来的。那些唱功不好、乐感不好的人，往往分辨不出哪个音该高，哪个音该低，而这个也是很难把握的。另外，有些人家里没有琴，完全靠每周一次的合唱练习，是远远不够的。学的时候掌握了，回去以后没有条件和机会训练，一周后会全忘光的。特别是外国的音乐，里面的半音很多。像‘咪’‘发’是半音。有时会‘升发、降嗖’，要是听不出来，就根本唱不好的。”

外国歌曲的升降音特别多，这就是说，如果想提高，不是一件很简单的事情。如果音准把握不住，就是一天练两个小时，天天练，尽管可能会有些提高，但是也不一定会很理想。

“他们(唱功不好的人)有没有一种强烈地向诸如您这样唱功比较好的学员去学习的念头呢?”

“也是有的。当然，有的是捣糨糊，有的是想好好地唱，想把歌唱好，这类人也是有的。甚至有些老年人说‘那么认真干什么？我们来就是唱唱玩玩的，不要太认真’。”

6. 选择了学习就应当认真对待

“既然有的人这么定位自己的老年学习，您怎么定位您的唱歌和钢琴学习活动?”

“这是个人的追求问题。我看到复旦大学周国平教授提到的‘做人的追求问题，以及对客观事物的态度问题’。不同的人可能存在着不同的追求，我的个人追求是‘能做好的一定要想方设法做好’，这是我的立身之本，尽可能要把事情做到最好。我想，做人总是不要让别人说自己不好，或者不努力吧，这也是做人的底线吧。不管你年龄再大，这点要求总要做到。”

二、实现了年轻时的追求

1. 学习让曾经出过大毛病的我健康了

“您以前身体怎么样?”

“我的身体以前出过毛病的，在1987年我患过胃大出血，就是胃溃疡，在纺织医院做了手术。那时候人很消瘦，体重最轻的时候只有105斤。胃不好了以后，我就特别注意身体了。当然，我几乎没有什么不良的嗜好，不吸烟，不喝酒。”

“退休后，您觉得身体情况有什么变化吗?”

“我很喜欢运动。所以，最近这几年我觉得身体反而好了许多，人的精神也蛮好的。我几乎每天都去普陀公园打羽毛球，球打得也算比较好的。我还没有出现过‘不想动，没有精神’的感觉。我的血压、血糖、血脂都很正常。身体也没什么大的病。”

2. 动静结合往往是精神愉悦的关键

“您每天在家画画、弹琴，大约要花多少时间？”

“一般来说，每天两个小时，弹琴很花时间的。”

“我有一种观点，一个人要动静结合，太静了、太动了，都不好，要动静结合。另外，要有一种‘重在参与’的认知，不要计较得失。‘画得好，又能干什么呢，总不至于拿去卖吧’。我觉得关键是精神上的愉悦，这一点对于老年人来说可能是最为重要的。其实，不管是70岁、50岁或者20岁的人，大家的机会都是一样的，都可以做到动静结合。”

“自己平时唱唱歌，弹弹琴，画画画，也可以欣赏一下别人的作品与成果，感觉蛮好的。”

3. 学习实现了自己年轻时的追求

“您参与老年学习，与年轻时的经历有关系吗？”

“我年轻的时候，对于弹钢琴，是想都不敢想的事。对于画画，闲在家里时，我还能学着画一点。现在，素描和水彩我都在画，我还是班级里画得最好的学员，这可能也跟有点功底和基础有关吧。我觉得，对于老年生活来说，人的精神追求是最重要的。”

4. 学习让我对人生的思考比同龄人深远

“以前，我跟同学们每年都要聚会一次的。但是，慢慢地我就有点不想去了。有些同学，特别是女同学，见面问得最多的话就是‘你现在退休工资加多少钱了’。我觉得问这些话题特别无聊啊。”

“退休工资方面，终归有人高，有人低。如果大家拿退休工资来比较，高的话，会很开心；低的话，就会很懊恼，这种懊恼的心情对自己的影响，往往很难在一天、两天内消除掉。”

“工资收入也不是不可以谈论，尤其是女同胞喜欢谈这个。只不过，不能整个聚会都在谈论这件事，那就没有意思了。所以，我跟他们说，‘假如每次聚会都谈这个话题，下次我就不来了’。如果大家谈一些自己这一年的收获，那多么有意思啊。”

“有些人还算有一丁点艺术追求，有的也能唱唱歌，唱唱沪剧等戏曲。但是，我发现，在聚会的男同学中，像我这样拥有广泛的兴趣爱好的人并不多。能像我这样兴趣广泛深入而且愿意积极投入的，好像还没有。所以，我参与我们同学聚会的次数就越来越少了。”

“像您这样有着如此广泛且深入爱好的老年人，可能还是很少的。”

5. 我喜欢能陶冶情操的古典知识

“您在学习的内容方面，还有什么追求与选择吗？”

“我觉得老年人对学习内容的选择应该是有讲究的。就我本人而言，对于音乐，我比较喜欢古典音乐；对于画画，我比较喜欢现实风格。对于超现实的，印象派的，我与其他人在思维理解上可能还是存在差异的。这是我在学习内容上的爱好和选择。”

“今后，有没有再学点其他方面内容的想法呢？比如，自己在合唱团里已经学了很多年，钢琴班也学了很多年，素描班也学习了三四年了，有没有想过，往别的方面、别的领域再进一步拓展一下自己？”

“现在还没有。”

6. 我喜欢摄影，但是我支付不起

“您喜欢摄影吗？”

“摄影我是喜欢的。因为摄影和美术中的构图思路是一致的，我认为自己是有一定的欣赏能力的，但是我没去做。摄影是要投入的，摄影器材的价格一般都是很贵的。”

“一般来说，要想培养自己的摄影兴趣与爱好，最好使用单反相机。不是说不可以用卡片机，但是卡片机远不如单反相机的成像效果好。”

“另外，爱好摄影的人，还要走出去，要外出采风。对于我们老年人，尤其是70岁以上的老人，一天到晚外出的话，身体也是吃不消的。”

“和老伴一道出去嘛，这样也能增进老年夫妻之间的感情交流。她不愿意出去吗？”

“我老伴的身体不太好。记得有一年我们要去印度尼西亚探亲，我女儿和外孙住在那里。当时机票、护照等相关资料都办好了，后来还是都退掉了，走不了了。因为我老伴身体不是很好，她患有血液病，身体不好。她以前还是乒乓球运动员，但是，现在不能运动了。”

“另外，拿我来讲，我有些朋友以前对摄影也很喜欢的，现在也不搞了。摄影活动是一定要走出去的，到自然界去选景。不出去是不行的，还包括后期的摄影制作，这也是很重要的。所以，我虽然喜欢摄影，但是我还是以欣赏摄影照片为主。”

现在的摄影技术和摄影要求比以前好多了，以往要把所有的照片都冲洗出来，要花很多钱的。而且，只有把照片制作出来以后才能欣赏。现在嘛，通过电脑把照片从相机中导出来，就可以在电脑上欣赏了。

第二节　学习得到了亲友的认可

一、家人给了不同方式的支持

1. 老婆不打搅就是对我学习的支持

“您跟儿子住在一起吗？爱人（家人）支持您买钢琴、学习钢琴吗？”

“我儿子不跟我住在一起，我们住在同一个小区里。我是2003年买了钢琴。我爱人有个特点，音乐、美术她都不喜欢，她不像我有这么多兴趣爱好。应该说，对于我的学习，她给予的是一种默默的支持。她不反对，也不关心我的爱好。只要我不打扰她，就是说在她嫌烦的时候我不弹琴就行了。我弹琴的时候，她会到另外一个房间里，不干预我。我想这就是她对我的默默支持。她不评价我的爱好，比如，琴弹得好与不好，正面或负面的，她都不说，也没有意见。”

“不关心，不反对，这就是默默地支持，挺好的。”

“比如，我画画的时候，如果她需要我帮忙，她就会叫我一声‘霖霖啊，帮我把这个东西弄一下’。我也很识相，马上就停下来，过去帮她把事情处理好。平常她从来没有干扰过我的学习，也没有反对过我。”

“是您提出买钢琴的吗？”

“是的。8 800元的价格还是蛮贵的。但是，她也没反对。她从来没问过一句话，能看出来她是在默默地支持我。”

“这样也挺好。有没有这样的情况呢，当您把某个乐曲弹得非常顺手或者画了一幅自我感觉非常好的画的时候，会不会叫她过来欣赏一下呢？”

“弹琴的时候，我从来不叫她的。画画的时候，我倒是叫过她。有时我会画我小外孙的画像或者画一张水彩、素描，我也会让她过来‘你来看看，这张画好不好’。她也会说出她的看法，哪张好一点，哪张的哪里还有点不像，她也会说的。”

2. 女儿受家庭熏陶也喜欢绘画

“我家还有一个情况，我女儿的爱好跟我很像。她对音乐和美术都非常喜欢，也非常好。有时她从美国回来，会把她画的油画带回来给我看。我就把她的这些油画挂在客厅里给大家观赏。受我的影响，到现在为止她一直在画，也画水彩。她还会把从香港买回来的水彩、颜料和水彩画本送给我，我也把我买的书送给她。”

艺术创作有时也是有影响力、有感染力的。

3. 学习让家庭生活很有节律

“您觉得，在生活中，比如，在饮食方面，在家庭生活方面，包括在延年益寿等方面，跟学习有没有什么关系呢？”

“应该有关系的。一个人，首先要有精力。我常年坚持运动，我感觉对身体很有好处。以我画画为例，一坐就是半天，没有足够的精力和体力是不行的。另外，我们老年人本身与社会接触的机会就越来越少了，我们一定要培养自身广泛的兴趣。当然，这种兴趣应该要从多方面、多角度来理解。那样的话，我们的精神状况才可能更好，我们的老年生活才可能更有意义。我曾患过胃病，所以，关于如何养胃和保胃方面的知识我都会关注。像烟酒这类东西我都是不沾的，可以说，学习这些知识也让我可以一直保持良好的身体状况。如果一个老人没有了好的身体，其他活动都免谈了。我的观点是，对于很多事情，我们老年人都不需要太过讲究。当然，这还要跟每个人的具体身体状况相联系。比如，血压高、血脂高的人，他们对生活饮食就要有一定限制。养身，不能要求太高，可能还是随意一点比较好。”

二、朋友羡慕我的学习

1. 我会把学习成果与朋友分享

“我的同伴和朋友中也有一批喜欢美术、喜欢音乐的，我会到他们家去画国画，画各种各样的市民形象。我会把我画的素描带给他们看，我也会在大家聚餐时，把我画的素描拍到手机里带给他们看。”

2. 身边同龄人都很羡慕我的学习

“您的学习，对身边的同龄人有没有什么影响？”

“我发觉，在我的同龄人中，像我这样有这么多爱好的人很少。我住的是高层，一层有八户人家。尽管我们彼此之间的交流和联系并不多，但是，那些认识我的邻居看见我拿着画板、画纸，都会说‘你很厉害的，爱好这么多啊’。”

“有没有人问过您‘哪天有时间的话，我也跟你一道去社区学校学习’？”

“好像有人问起过。我在普陀公园打球时，有人听说我在学画画也会问‘你在什么地方学画画、学唱歌啊’。不过，问的人不多。”

3. 我们会组织一些小型学习活动

“您跟要好的朋友聚会时有没有搞一些小规模的学习活动？”

“我们会组织一些小型聚会活动的。前不久我们就到苏州搞了聚会活动，我也把自己的作品带过去给他们欣赏。有些同学家或老师家有钢琴的，我们也会在一起演奏，互相切磋和交流一下。我们这些人都是比较要好的，关系也比较近。”

“我最近接到个电话，有个同学在天目山去旅游，碰到了一个浙江大学老年合唱队的退休教师，他们邀请我们去浙江参与老年聚会与合唱活动。这既能丰富我们的老年生活，也是一次很好的学习交流机会。”

第三节　学习赋予了生活感悟

一、生活态度的反映

1. 我对学习的定位犹如我的人生态度——“像样子”就行

“对于老年学习者来说，可能受身体和年龄等原因的影响，在学习过程中难免会遇到各种困惑。您的学习目的明确吗？”

“我的学习目的还是很明确的，我没什么奢望，也不想成‘大家’。（笑着说）就是自己看着比较像样子就好了。另外，只要自我感觉有进步、有提高，（开心地笑着）再能得到老师的肯定，我就感到满足了。这也是我对生活的态度。”

能达到自我的心理预期，以及能得到老师的认可，应该说这就是一种非常难能可贵的学习目标。

2. 我喜欢人与人之间的面对面交流

“您喜欢上网学习吗？”

“网上学习，主要是看些资料。因为它有对画的讲解，包括对音乐史的介绍，这也是学习内容的重要组成部分。音乐也是可以在网络上学习的，网上会有一些关于音乐演示的视频资料。”

“对于网上学习和面对面学习，你们同学们更喜欢哪种？”

“我还是喜欢师生之间、朋友之间面对面地交流。有时候我也会打电话给队友、同学、老师，跟他们交流学习。我们同学之间互相交流学习的情况也是有的。我觉得面对面地学习，既可以理解为是一种学习活动，也可以把它理解为是我们老年人之间的一种互相鼓励与支持。这种交流比简单地学一点知识也许更有价值。”

3. 学习有点打发时间的感觉

“您有过‘学习也是为了打发时间’的念头吗？”

“多少会有一点的。有时感觉没事情做太无聊，可能有些老人不一定有像我这样比较广泛的兴趣爱好。每个人的兴趣都是不一样的，他可能不一定要去弹琴，也不一定要花几个小时一动不动地去画画。一个人可能不一定要有自己的兴趣，但是，他却可以去欣赏书画，去听音乐，也不会占用很多时间。”

“有句古话叫‘哀大莫过于心死’。当一个人什么心情都没有的时候，就等于心死了，那太麻烦了。一个人可能不一定有时间，花两个小时去素描，两个小时去弹琴，但是人的兴趣要有，要有一种向往，那是很重要的。否则，人活着就太无聊了。而且，身体也会出毛病的。”

4. 学习源于对兴趣的尊重与培养

“您怎么看老年学习？”

“老年人参与学习，最重要的方面是兴趣问题。如果一个人有兴趣来参与学习的话，社区学校可以提供条件，给予一定的指导。不过，一般情况下，老年学习的水准可能还是比较普通的。对于很多老年学员来说，达到艺术的更高境界的难度还是很大的。我觉得，社区学校毕竟是大众性的教育教学机构，艺术水平和层次还是比较低的。当然，社区学校也有其存在的必要性。对于初学者来说，掌握艺术的初级水平还是很有必要的，属于基础阶段。至于更高层次的学习，还需要到区级层面、市级层面的学校去学习了。”

“我想，‘老年人参与学习’的目标究竟该怎么设定呢？也就是我们今天的老年学习，最终希望老年学习走向何方、达到什么层次和高度的问题。其实，真正学得出类拔萃的老年人，占总学员数的比例可能并不是很大。这里就可以看出，老年学习到底要培养什么样人才的问题。”

这里涉及的是对学习者发散性思维、创造性思维的教育与引导等问题。

二、老年生活的收获

1. 参与学习让我获得了人生成就感

“您对于这么多年来参与各种学习和运动，总体感觉怎么样？”

“我感觉，(稍作停顿)就是有一点自豪。我在我的朋友、同学面前，他们都说‘你很厉害，画得很好、羽毛球打得很好、钢琴也弹得很好’，对于这一点，我感觉还是很自豪的，很有一种成就感的，这也是实事求是地说。但是，我不傲，我不会让人产生‘一看到我就感到烦，就要离我三尺远’的样子。我在合唱队学唱歌的时候，他们很希望我能发挥作用，对我也很尊重。我在学画画的时候，老师对我的感觉也很好，认为我还是可以的。所以，我还是有种‘学有成就’的感觉的。”

2. 固定的生活环境提升了我的学习

“您除了到社区学校来学习，刚才说了，还去过复兴公园学合唱，其他的学习还有吗？”

“我不大喜欢报太多的课程，也不愿意去过多的地方。这里的环境也都习惯了，和队员也能有一点心理的默契。”

“在这么多合唱队员中，我跟有些人能处得比较好，而跟有些人就相对疏远一些，这也和大家彼此的兴趣爱好与为人处事的风格有关系。我跟一些学员还是能保持很好的同学关系的，有男生，也有女生。毕竟，我在合唱团已经十多年了，感情很好，经常还会有些聚餐活动。当然，关系相对好一些的人也就十来个吧。大家可以在一起交流彼此的收获与不足，以及以后的发展方向等问题。”

3. 坚守兴趣让我觉得自己没有变老

“您对“年老”的理解是什么？您是1998年正式退休的，就您个人的情况来看，您那时是怎么看待年老的问题？参与了多年的老年学习，今天您又怎么看待“老”的问题？”

“拿我个人来讲，我觉得自己的变化并不是很大。以前的兴趣，我现在还在维持着。我钢琴学习从来没有间断过，已经十几年了。所以，我的一些朋友很佩服我，他们会说‘老刘，是什么力量让你(学习钢琴)一直坚持到现在’？”

“能够坚持下去的动力是什么？在学的过程中有没有遇到过困难？如何克服的？”

“是兴趣。(很肯定地说)‘困难有啊，弹不下去啊’。我的困难就是没有人教。教钢琴的学校很多，但是学费很贵，甚至贵得惊人。我最大希望是，当我遇到问题的时候，我有地方去请教，有人帮我指点一下怎么操作。我想，如果那样的话，我就真的很开心了。”

三、生活信念的传承

1. 人生的不懈追求可以体现在学习上

“在您参与老年学习过程中，给您支撑的动力是什么？”

“自我精神，这个是很重要的。首先，一个人要有这方面的追求，没有追求就不能获得进步。当然，这种追求也应当适度化，不能过高。毕竟年龄已经大了，过高了人就会太累。也不能太低，太低了人就没有了发展的压力和动力。”

好像有位名人说过，“每个人的潜质都是一座金矿，看人们怎么去开发”。

“我们不能要求每个人都成为数学家、物理学家、画家，但是每个人都应该有自己的特长，这就有待于自己和社会共同去开发。对于群众性的活动，社会应当启发他们积极参与。对于原先没有形成的兴趣，看了别人行动起来之后，也许能够调动起自身的内在潜质，甚至还能把自己培养成这方面的人才。所以，对于老年学员来说，参与群众性的学习活动是非常重要的。”

2. 自我努力是获取成功的重要途径

“遇到学习中的困难，您是怎么挺过的？”

“我就完全靠自我努力啊。对于那些很生僻的、弹不下去的、操作要求很高的曲子，我弹不下去了，换一个曲子再练。当然，那些比较难的，只要是我喜欢的曲子，哪怕有难度，我还是会继续练下去的，希望能把它拿下来。”

“除了自学以外，还有其他途径吗？可以利用网上的视频来学吗？”

（沉思了一下说）“帮助不大。最好去问人，问老师。我有时会去问合唱团的老师，他的钢琴功底很好的。但是，他也很忙，不可能长时间给你指导。有时候遇到‘啃’不下去的曲子，也要硬‘啃’，这也是很令人头痛的。当然，我还是有一些自学能力的。学画画也是这样。以自学为主，没人指导有时也是很苦恼的。老师不可能始终给某个人单独指导的。”

“可能不同的人所遇到的困难、困难的程度也是不一样的。”

“我每次上课时，都会向老师请教一些问题。老师也能帮我解决一两个问题，回去以后我会再练习。这也是我的人生体现。”

3. 76 岁的我还是认为“坚持就是好的”

“您以后还会继续学习吗？准备怎么学？”

“我的学习兴趣和方向已经基本上确定了。毕竟自己的岁数也很大了，我也不想再拓展了。只是希望能否再进一步深入下去，把自己生活中的想法通过我的艺术作品呈现出来。”

“有些事物，我觉得‘坚持就是好的’。有时我会问我的朋友‘你现在还在弹琴吗’他说‘是的’，我就跟他说‘好，坚持就是好的，坚持就是胜利’。”

4. 坚持学习增添了一份教育孩子的资本

“您觉得，坚持了这么多年的老年学习，给家庭生活带来什么影响了吗？”

“影响是有的。一方面，当家里来了亲戚朋友时，他们可以欣赏我的演奏。像节日里，哥哥弟弟到了我家，当他们听到我的弹奏后都会说‘不错，弹得很好啊’。”

“您的学习对您孩子的影响是深远的。对他们的孩子有影响吗？”

“有的，他们回去后，会把我对生活中这些艺术的热爱、追求和成就向他们的孩子介绍的。所以，无形之中，我参与老年学习得到的收获也成了他们教育孩子的一种资本。”

“通过跟您的交流，能看出您对学习的认真与执著，也能看出学习给您带来的生活自信和精神愉悦。相信这份学习的收获也能让您更加珍惜和热爱自己的老年生活。”

刘设计师用他铿锵有力的话语陈述了自己坚持了十多年的老年学习故事。通过他的介绍，能看出他的老年学习起始于一次公园散步时与合唱队的偶遇。也正是这次偶遇学习，不仅让他融入到了学习合唱的队伍中，而且他还在队友的指引下学了钢琴和素描。用他的话说，学习唱歌、钢琴和素描等活动既与他的人生经历密切相关，也是他的兴趣使然。当然，参与了多年的老年学习也为他的老年生活带来了活动乐趣、生活信心与精神寄托。尽管年岁已高而不能再拓展自己的兴趣范围，但是，再深入学一点的愿望还会让他坚持学下去。

第五章

退休的财务员：退休生活因学习而精彩

这位受访者姓王，退休前是一位财务人员。一听到她清脆响亮的嗓音，就能感觉到她的声乐功底应该很好。她给人留下的印象是精神饱满、乐观开朗，她的话语也足以印证人们的感觉，而且她参与老年学习的生活故事也是很精彩的。她说自己已经退休六年了，当初是因为罹患癌症需要手术及化疗等后续治疗，为了不影响公司的财务工作运行而被迫提前退休的。她觉得自己“不能在家等死”，也不能过多地让家人为她而担忧，所以，她就努力去寻找能给自己的退休与病愈后的调理带来舒缓的感受。无意间她发现了社区学校，而走进学校让她发现了参与老年学习给自己的退休生活带来的欢乐与回味……

第一节 学习是病愈后退休生活的希望

一、对精彩生活的渴望

1. 在买菜的路上我找到了病愈后退休生活的希望

“我是1958年出生的，到2007年退休。”

“等于提前了一年退休？”

“因为我生病了，2007年8月我生了乳腺癌。手术以后，还要化疗、放疗，我是做财务工作的。做这个工作的人是不能长时间离岗的，我想我还是提前退休吧，12月我就退休了。到2008年我的病基本治愈后，整天待在家感觉也很空虚(笑着说)，我想‘总不能在家里等死吧’。说来也巧，有次我去菜场买菜时从社区学校门口走过。我就问周围的人，他们就告诉我说确实是学校，是社区学校。当时是8月，他们让我9月来报名，我就来了，报名学唱歌。”

“也就是说，病治好了以后，就过来学习了。”

“是的。”

“当时找个地方去学习就是因为待在家很空虚吗？”

“退休以后，因为身体的原因我就不可能再出去工作了。我女儿是开公司的，业务也很忙。但是,她不忍心叫我去帮忙。我想,接下来我就要开开心心地过好自己的每一天。说来也巧,我的运气也蛮好的,石泉社区学校就在我家旁边。而且老师也挺好,陆老师教得很好,我很喜欢。"

"当时学了什么?"

"声乐,初级班。"

"自己原来就对声乐感兴趣吗? 以前会唱吗?"

"对,原来就感兴趣。不过,以前只是瞎唱唱。以前要忙家庭,忙工作,没有想到再去上什么学。等到退休,这个机会也来了。"

2. 孩提时的我就有学钢琴的梦想

"实际上,现在学唱歌、学弹琴都是我小时候的梦想,现在都实现了。"(非常开心地笑着)

"现在,我们国家提出了对'中国梦,我的梦'的追求。"

"是呀,'中国梦,我的梦'的提法和想法对我们老百姓来说是非常现实的,我儿时的梦想到了老年、退休以后刚好实现了。"

"刚才您说50岁的时候买个钢琴作为生日礼物,就是2008年吗?"

"对。2008年12月是我50岁生日,我就想给自己一个生日礼物。当时他们提议说你买钻戒啊,我说:'哎哟,买那些东西没多大意义。而且,我生了这种病,我就更想开了。要那些东西没意思,还是买架钢琴吧。因为我很小就想学钢琴,那时候家里没条件。现在家里条件改善了,房子也大了,经济也宽裕了,时间也有了。学校离自己家又很近,老师也愿意教,多好啊'。后来,我就去买了。"

"买钢琴的时候,您开始学了吗?"

"没有。买钢琴的时候,我对钢琴一点都不懂。我是2008年12月买的钢琴,当时学校正好放寒假。到2009年2月我就来学校学习了。买回来后就是自己在家里先弹一弹,练一练。"

"有没有想过,万一买回来了,不会弹或弹不好怎么办?"

"弹钢琴是我儿时的梦想。小时候,我们很多老师都会弹琴的。我在合肥九中读书的时候,班上有个同学,她家有钢琴。到她家玩的时候,她在那儿弹,我就站在旁边看,觉得很神奇。就那么一个个小蝌蚪一样的东西,五线谱,怎么就能弹出那么美妙的声音呢? 很好奇的。但是,自己家里没那个条件,20世纪70年代,家里能保证吃饱饭就已经很好了。现在50岁了,我就想给自己买个钢琴,学一学。"

"有没有想过'以后一定要把它学好'?"

"我女儿跟我开玩笑说'妈妈,你好好学啊,学好以后教您外孙啊'(自信地笑着说)。学钢琴就是实现我的儿时梦想。我买钢琴的时候,我的工资很低的,才2 000

块钱。但是，我还是坚持为自己买一架钢琴，在这个想法上，我老公很支持我。他说‘只要能让你的退休生活开心，我都支持’。到现在，一晃4年就过去了。”

3. 到处学习就是为了充实自己的生活

“这四年除了声乐班，钢琴班，还学了什么?”

“我在这里就报名学习了两个班的课程，其他很多班都跟我的时间冲突。比如民族舞，民族舞班和我现在唱歌班的时间冲突，没办法同时报了。后来，我在静安寺附近的一个社区学校报了民族舞和模特步综合学习班，那里的时间跟我这边的学习时间不冲突。所以，我每周的时间安排得是很紧凑的，我感觉我的退休生活是很充实的(快乐地笑着)。”

“是什么力量让您越过学钢琴过程中的一道道‘坎’?”

“学钢琴的时候，总会遇到弹不好的地方。每次上课老师都会要求我们回课的，同学们都会感到回课的压力。在家里弹得挺好的，到了学校，同学都站在旁边，尤其是老师在身旁一站，就紧张了，感觉就不一样了。而且，我们这个年龄学钢琴和小朋友不一样，我们的接受能力、指法、记忆力都很差，压力很大的。学了一年多依然觉得很难，要整天花功夫在上面。毕竟，我们还有家务要做，学习时间和家庭活动偶尔还会冲突，有时会有一种被套牢的感觉，也曾想过放弃。但是，我们老师很好，他跟我们说，‘你们不要压力太大，就抱着出来玩玩的心态’。我们同学也很好，经过3年多时间，大家都熟悉了，还成了好朋友。慢慢地，即使大家都在身边也不是那么紧张了，就坚持下来了(愉快地笑着)。”

4. 妇女节到公园散步巧遇合唱团

“我还有一个爱好，每个星期天下午一点半我到徐汇公园去，那里有个合唱团，叫‘歌友合唱团’。我在那边学唱歌，也坚持了好多年了。”

“怎么知道那里有合唱团的呢?”

“大约是2008年的‘三八妇女节’那天，我去徐家汇逛着玩，正好他们在唱歌。我想‘怎么这么巧啊，今天是三八妇女节，又是星期天，让我看到了她们合唱团的表演’。我发现他们在那里唱得很好，老师的手风琴也拉得很好，然后我就参加了他们的合唱团。从那时起一直坚持学到了现在，也有好几年了吧，而且还认识了很多朋友。”

“这个合唱团是你们自发组织的吗?”

“对，是自发的。人很多的，最多的时候有近百人呢。平时参加的也有五六十人吧。那边有一个亭子，里面能坐满了人。老师一边拉手风琴一边教我们，每个星期教一首歌。每次是先教新歌，再唱以前学过的歌，能够在公园里边玩边学到东西，大家都感到很愉快的。”

“每次去要唱多长时间？您是怎样安排自己的老年生活的？”

“三个小时吧，从下午一点半到四点半。时间很长啊，中间要休息两次。我的老年生活是很充实的，除了星期一和星期二相对空闲一点，其他时间都在学习。星期三学唱歌，星期四上午学钢琴，下午学舞蹈，星期五到居委会唱歌，星期六留给家人，星期天下午去唱歌。”

5. 起初确实有“打发时间”的感觉

“去学习就是为了‘打发时间’吗？”

“最初还是有这种想法的。尤其是当我的病治好后，又退休在家没事干，确实想到找点事情打发时间。现在，我学习完全是为自己寻找一种快乐，开开心心地过好每一天。”

6. 在有生之年想多学点东西

“现在来看，您参加老年学习为了什么？”

“我就是想在有生之年多学点东西。我还是挺悲观的，担心病变细胞会扩散。”

“学习缓解了你对病变的担心了吗？”

“我想，有些疾病是人们自身所不能控制的，这些方面只能听天由命了。对于我身体的病变，只能靠自己的保养加积极的预防了。有一次，我跟班级同学讲，人生分为四个阶段，生老病死，我已经经历了三个阶段了(笑着说)。他们都说我太悲观了。”

“所以，我要开开心心过好每一天，在有限的生命里努力学点东西。我总不愿意就这么等死啊，我还是喜欢学习。特别喜欢坐在课堂里、听老师讲解、努力学习的那种感觉。我觉得，正是我不间断地学习，让自己的每一天都活得有价值、很精彩。”

二、对无情病魔的抗争

1. 老公和我携手共同抗击病魔

“您参加这么多学习活动，家人什么态度？”

“很支持的。我老公常说‘你比我还忙’，他现在还没退休。他原先单位是房地产行业，我生病的那几年正好赶上他们公司的资金链断了，效益不好。效益不好就意味着要精简人员，他们公司大部分人就离开了，买断工龄啊什么方式都有，少数人还留在那个空壳子里。看到我生病了，他就跟公司说‘公司效益不好了，我就不做了，我要回去照顾老婆了’。他平时上班也很忙的，整天出差啊什么的。他说‘等于我来还债了’。后来他就不工作了，全身心地在医院、在家里照顾我，照顾了两三年时间，这一点我也挺感激他的。近几年，一个朋友开公司，请他去帮忙，他又去做

了。我说我现在病情稳定了，我如果不说的话，根本就看不出我生过病。”（战胜病魔之后，那种开心快乐的笑声）

“学习对您调理身体有帮助吗？”

“有啊。通过查阅相关书籍，我了解到中药对于调理身体很有好处。所以，尽管医生建议我五年以后就不用吃药了，我还是打算先吃十年吧。每年我都去医院复查，查下来的情况还是很好的。”

2. 在与疾病斗争中我学会了规律的生活

“通过学习也让我了解了预防或康复一些重大疾病的基本方法。首先，我们要改掉生活中的一些坏习惯。其次，要调节好自己的心情。对于一个人来说，有个好心情是最重要的。还要增加营养和适当锻炼。这几点注意到了，也许我们的身体就会好多了。我以前爱熬夜，爱看书，遇到喜欢的书，就能看到很晚很晚。喜欢的电视剧也能看到深夜十二点，甚至到了一点钟都不肯休息。现在，再好的电视剧，超过十一点以后我都不看了。真想看的话，就第二天看回放，而且在网络上也能看到。现在，我觉得健康比什么都重要。”

3. 学习舞蹈让我的血糖恢复了正常

“除了前面说的，您还学了什么？”

“舞蹈，民族舞。我是在其他地方学的，每周四下午的课。”

“学习舞蹈对您的生活质量提升有帮助吗？”

“刚开始学跳舞的时候，感觉有点累。因为一个半小时的时间始终在跳，前半个小时就是学习各种舞蹈动作，简单的民族舞、芭蕾舞动作。后一个小时就是学走模特步，这样学下来还很累的。我为什么要参加呢，因为在治病期间我要增加营养嘛，就使劲吃各种营养品，结果把血糖吃高了。既然是吃出来的毛病，我就坚持锻炼。参加舞蹈班学习就是为了让身体恢复正常。一段时间之后，我的血糖基本正常了。”

“您觉得学习对于降血糖有作用吗？”

“当然有啦。我的血糖（指标数）高达 12，很高的。我一直没有吃降血糖药，我觉得可能是吃出来的毛病，我就注意饮食了，不要吃得太多。我还通过向很多人打听，也上网查阅了许多信息，最后决定每天坚持走，不停地走，半小时以上。比平时走路要稍微快一点，不一定要出汗。有的时候到小区，到公园。我一般都是在傍晚四五点的时候出去走，那个时间正好没有什么事。当然，我生病的那段时间，我经常去体检的，差不多半年或三个月就要体检一次。也许是血糖偏高的时间不长就被体检出来了，所以恢复起来也会相对快一些。”

“血糖在短期内的迅速提升，可以通过锻炼降下来，这个治疗方法是医生给你建议的，还是你自己去尝试的?”

“我听了医生的建议，自己也看了报纸、网络上的介绍，降血糖要控制饮食和增加运动相结合才可能有效，我就这么做了。”

这也是通过学习掌握了与疾病做斗争的经典案例啊。

第二节　学习得到了大家的支持

一、家庭生活给予了保障

1. 老公帮我把家务活全包了

“您这样忙于学习，对家庭生活有影响吗?”

“我们没什么家务活的，就我们两个人，家务活也很简单。老公中午不回来吃饭，但是晚饭要烧好饭等他。我们两个人的家务活很简单，如果想去学习，可以把家务活稍微放一放，家务活是做不完的。”

“对。因为每天的生活、每天的家务活基本上都是一样的，只要老公能给予支持就够了。”

2. 我对烹饪不感兴趣也得到了老公的容忍

“钢琴与合唱都是您以前想学的东西。是否考虑过再学点家庭生活方面的技能呢? 比如，烹饪，想学吗?”

“烹饪、做饭是我最不感兴趣的。我老公当年就非常希望能找个会做家务的老婆，就是‘上得了厅堂、下得了厨房’的那种。但是，我做饭手艺不行，他做得比我好吃。我们家来人都是他做饭，这也是上海男人擅长做家务的优点嘛。”(笑着说)

“有没有跟着他学一点?”

“肯定要跟他学，也多少学会了一点。”

“他说过‘老婆，能不能学着做两个菜给我品尝’的话吗?”

“说过。有的时候，我从社区学校回来晚了，我做的饭菜比较简单了，他会说‘你就拿这个打发我啊’。”(哈哈地笑了起来)

3. 和睦的夫妻关系让我的学习很舒心

“我们夫妻两个感情很好的。有的夫妻吵架啊什么的，我总结了一下，家庭吵架可能主要有这几个原因。刚结婚的夫妻因为孩子吵架的情况多，有的是因为钱吵架，还有的就是因为做家务吵架。我和老公说过，我们不要为这些吵架。我的观点，对于钱，基本够用就行了，家务不做也可以，今天不做明天再做嘛，甚至请钟点工来做也很方便。我们不要为这些无关紧要的事情吵架，会伤害夫妻感情的。”

“你老公的交际圈子大不大？”

“工作的时候，他的交往圈子主要就是他的同事。现在不大上班了，交往的圈子就是他的同学。他算得上比较宅的一个人吧，没事的时候，他就上网看信息。”

4. 孩子帮我买来了演出服装道具

“孩子和你们住在一起吗？”

“不住在一起。我住在镇坪路，她住在金沙江路祁连山路，相距很远的，但是都属于同一个行政区。”

“他们平时多久回来看你们一次？”

“一般一个月回来一两次吧。他们自己开公司，都挺忙的。”

“她怎么看待你的学习活动？”

“很支持。听说我要登台唱歌，独唱，她马上就想到演出服装，非要给我买个裙子呀，买个耳环呀，她很热心的。这次我们两个钢琴班一起搞演唱会，每人弹一首曲子，我弹的是城南旧事的插曲《送别》。她说‘好，你抓紧时间练’。她从网上给我买了一件旗袍，她说‘妈妈，这个曲子很适合穿旗袍，你一定要穿’。（笑着说）很搞笑啊，她总是这么热情地支持我。”

二、社会生活提供了支持

1. 和谐的邻里关系是我学钢琴的保障

“您在家学钢琴不影响邻居生活吗？”

“邻居都知道我爱唱歌、学弹琴，他们都很好的。像我们弹钢琴，多多少少会干扰到邻居的日常生活，他们都能理解和谅解。”

“您有没有把钢琴的声音调低一点呢？”

“可以的。钢琴有一个消音键，但是这个键尽量不要经常去压它，压住了消音键声音就传不出来了。时间久了，会损坏钢琴的。”

“不过，在家里练习钢琴，声音总会传到外面去的呀，不能把自家窗户一直都关着吧。而且，一般情况下，总是不断地练习某几个音符，听多了更像是噪音啊。”

“有的同学的邻居就很计较，只要这边一弹琴，他们就‘咚咚咚’来敲门。不过，我家邻居在这个方面还是很好的。当然，我自己也注意控制弹琴的时间，不会在邻居的生活和休息时间弹琴。一般来说，到了晚上九点钟以后，我就不弹琴了。”

2. 比赛与演出活跃了社区文化生活

“你们有没有举办过什么活动？”

“我们的舞蹈班挺有名的，经常到市里参加比赛，我们在社区里也搞过一些活动。2009 年建国六十周年大庆的时候，上海市组织开展了‘千人大合唱’活动。我们陆老师和部分学员代表老年合唱队参加了，他们唱的曲目是《黄河大合唱》。”

“你们的学习对社区生活有影响？”

“我们铁路新村合唱队的老师教得挺好的，我一直在那里学唱歌。今年市里搞了‘千人大合唱·激情红五月’演出活动，我也参加了演唱比赛，我们还拿到了二等奖，不仅丰富了我们的社区文化生活，而且还为社区争了光。我们都觉得很开心。”

3. 社区学习丰富了我们的精神生活

“上海这个城市的社区学习活动办得丰富多彩，不仅解决了我们退休老人日常生活的去处问题，也是对我们安享晚年的精神生活的一种培育。否则，那么多退休老人，干什么去呢？总不会整天在家里打麻将吧，而且，打麻将时间长了对身体也不好，有的时候彼此关系也会因为输钱赢钱时的争吵而变得不好。要么他们就是‘张家长，李家短’地互相说三道四，也会影响邻里之间的和谐关系。老年学习活动办好了，就是把我们这些退休老人引导到一个健康向上的晚年生活上来，这真是一件好事啊。”

4. 逐年增加的养老金为学习提供了经费保障

“您现在的养老问题怎么样？”

“我是按照上海的标准领取养老金的。而且，还会逐年增加的。像我们退休工资每年按照 10%的标准增加，这样我们参与老年学习的支出也在我们能够承受的范围之内。”

“您的学习费用高吗？”

“不高的。费用最高的就算钢琴课了，一个学期也才 150 块，好像外面上一节钢琴课都要 200 多块钱吧。教钢琴的陆老师可能只在我们这里上课，因为她的课已经安排得满满的了。”

第三节　学习给晚年生活带来了欢乐

一、学习培育了同学友谊

1. 学习过程中同学互相帮助

“你们在学习过程中能互相帮助吗？”

“有啊。因为退休以后，原来的同事大多不住在一起，都各忙各的，大家的联系也不多。只有我们这些在社区学校学习的，大家的兴趣比较接近，才能结交更多的朋友。比如在学唱歌的时候，大家就能互相交流、互相帮助，彼此之间就像好朋友一样。”

“看到有学得不到位的同学，你们会提醒一下吗？”

“一定会的，我们之间很团结的。比如我们上午九点半上课，基本上八点就有人来了。学校有个专门的琴房，我们就到里面去练习。哪位同学看错谱子了，弹错了，别人就会帮她指出来。大家互相指导、互相提高。在这样的班级里学习，大家都感到很愉快，也实现了‘老有所学、老有所乐’的愿望。”

“春节的时候，我们还会搞联欢会。上学期的联欢会是我组织的，这里是我写的串联稿。因为联欢会是我们初级班和提高班共同举办的，我就组织全班同学积极参与进来。这个串联稿里面的话语，都是我们的心里话。我们社区学校每学期都会举办联欢会的，那是全校同学一起的活动，每个班都要出节目，我们声乐班每次都会出个大合唱、独唱等形式的节目。我们大家团结得像一家人一样。”

2. 同学之间相处得都挺好

“您愿意与同学相处吗？”

“我觉得我身边同学的学习都挺好的，我们相处得也很融洽，大家在一起交流的也很开心。因为我在外面学的歌曲比较多，比如在徐家汇公园、在居委教学点等地方。所以，有好歌的话，我也会向他们推荐，教他们唱唱。我觉得在四五十位同学中有一批能相处得很好、能够聊得来的同学就是一种缘分。在一般人眼里，大多数上海人都爱斤斤计较、自以为是，‘认为自己是上海人，对外来人有点排斥，瞧不起他们’。但是，我交往的这几个上海朋友对我没有另眼相待，几年相处下来，我没有在他们身上看到斤斤计较的地方。”

3. 同学的交往丰富了老年生活

“学习这么长时间了，班级同学都熟悉了，大家一个星期来学习一次，其他时间见不到面还有点想念呢。所以，只要没有什么特别重要的事，同学们每次课都会去上的。”

“你们的课后生活丰富吗？”

“这么多年来，我们声乐班的朋友经常一起唱歌，还出去旅游。每学期我们都会一起出去旅游一次，而且还是我们同学们自发组织的。”

“去哪里？市区还是郊区？”

“我们一般选择附近的农家乐旅游，两三天、三四天的旅游项目。早先的时候，陆老师还跟我们一起去呢，大家都很开心的。现在陆老师心脏不好，就很少和我们一起出去了。”

“你们寒暑假生活都是怎么安排的？”

“到了寒暑假的时候，大家互相交流的情况反而更多了。一两个星期大家就会约一次，一起去KTV唱歌，唱唱歌、吃吃饭。他们白天的收费很便宜，几乎都是我们这些退休的人在唱。有时，大家觉得唱歌还不够，还想在一起吃个饭，边吃边聊。”

二、学习带来了生活收获

1. “优秀学员”让我找回了童年时代的感觉

“我几年学下来，每年都会拿到奖状。我也会像小学生那样把奖状拿回去给家里人看，他们也觉得很有意思。他们还会说，‘都这么老了，学校还发奖状’。本来，去年我也能拿到的。去年，我父亲病重，我有三个月一直在合肥照顾父亲，这边课就没有上了。我是钢琴班班长，确定‘优秀学员’时，学校还是考虑到我了。但是，我不好意思要，几个月都不在学校学习，怎么好意思要这个‘优秀学员’奖呢。如果不是爸爸生病这件事，我应该可以拿到奖的。2009年我被评为‘优秀学员’，这个奖项当时两个班都有，我拿的是钢琴班的奖励。因为，声乐班学员人数多，我就和陆老师说‘声乐班的优秀学员奖，你就给别人吧’。我主动把声乐班的‘优秀学员’奖励让给了别人，我想我有一个钢琴班的奖励就够了。我获得过2010年声乐班‘优秀学员’，钢琴班‘优秀班长’。可能我和人家想法不完全一样，我到这里来学习就是为了寻找快乐，实现自己儿时的梦想。也许正是我跟大家相处得挺好的，同学们才这么信任我”(自信、开心地笑着)。

“如果再上提高班，您的身体吃得消吗?”

“现在声乐提高班我不上了，学习时间和我身体保养时间有点冲突。提高班是星期一下午一点钟上，那个时候我要午休，毕竟我的身体不好。考虑到身体原因，我报了星期三上午九点的合唱提高班。我们提高班有四十多人呢，我是班长。”

2. 我学会了调适自己的心情

“当我需要走出家门上课的时候，我会有这几个方面的变化：第一，心情变了，在家里难免有时会被家务事影响自己的心情，出来学习就可以把这些家务事放在脑后了；第二，在家里的话，穿着方面就不会太讲究，也就是随便穿穿，出来学习的时候，我会穿得更整齐一点，衣服换换，还会化化妆啊；第三，也许更重要的原因，人老了以后常常会有孤独感的，也更需要有朋友能听我们交流，这样才不会有孤独感。”

“你们同学之间在生活上有过联系和关照吗?”

“我们这些学唱歌的同学现在已经成为非常要好的朋友，我们还经常结伴外出旅游。上次到张家界，三清山，因为我身体不好，他们都很关心我、照顾我，都抢着帮我背东西。生活中，谁要过生日了，大家都一起开开心心地给他过生日。我们不是单独给某一个人过生日，我们是按月给大家过生日。比如，有几个人的生日同在某一个月，我们就给这几个人一起过生日，这样大家都很开心。还有，平时谁生病了，比较要好的几个人就会去看一看。我想，同学和朋友相处到这个程度就可以了。有人关心你，有人惦记你，大家能够互相关心，这种情谊多好啊。”

3. 带着思考的学习让我赢得了认可

“每天早上八点，在社区这边有人专门学跳广场舞，我也参加了。刚开始，没有人认识我。后来，看我跳得还可以，她们就互相打听，‘这个人是不是以前跳过啊，怎么跳得这么好啊’？我听到了，我就说‘我没学过，我第一次来啊’。慢慢地就和大家熟悉了起来。人家都以为我以前学过，其实我只是在其他地方看过人家跳。我发现可以把不同的舞蹈动作整合到不同的情境中，我就把藏族舞、扭秧歌舞等不同舞蹈中的动作巧妙地嫁接到了广场舞中。她们都说‘难怪你反应那么快呢，原来你会把不同的舞蹈动作做比较啊’。”

可以看出，如果能把生活中的经历与学习活动结合起来，全新的学习内容就能被巧妙地呈现出来。

“现在，很多退休的人懒得动脑筋，就是吃吃睡睡。以前，有人跟我讲我们老人千万不要做‘三等公民’，就是‘等吃、等睡、等死’（笑着说）。看到这三句话，我很有感触。此前我也想过，既然退休了，就不要动脑筋了，像做家务活基本上不需要动脑筋的。可是，学钢琴就必须动脑筋。而且，动脑筋对于预防老年痴呆症也是有好处的。唱歌，是要背歌词的，这也是强迫自己去记忆的一种方式，对于预防老年痴呆症也是有好处的。”

4. 被推选为班长让我倍感信任

“几年前，大家选我做班长，刚开始不想做，我考虑到自己的身体原因，我是不想做的。后来，班主任老师找我谈话，她说‘选你做班长是大家对你的认可，对你的信任的一种寄托，也是帮助学校分担一些基本工作’。听了这话，我想好吧，那就帮帮老师，就接受了做班长的要求。后来同学们一直推选我继续做班长，也非常感谢大家对我一直以来的关心和信任。”

5. 学习和交往让我的身体康复受益颇多

“您学钢琴和练唱歌对身体康复有什么影响吗？”

“好处很多了，特别是唱歌，对身体非常有好处。我生的这个病，尽管已经治疗好了，但是还是要防止癌细胞转移，向肝、肺的转移。唱歌可以练习肺活量，增加肌体的抗病能力。本身我就爱唱歌，生了这个病以后，我就更加感到唱歌对我身体康复的重要性了。”

“你这么喜欢唱歌，以前工作的时候，有没有‘没事就哼两句’的情况？”

“上班的时候，早晨起来就是忙着早饭，吃完早饭就去上班了。上海的生活节奏是很快的，中午也不休息。下班后，在路上还要想着晚饭吃什么、怎么做。晚上时间最多就是边吃饭边看看新闻联播，接下来又要做家务，忙完了就到睡觉的时间了。整天的生活就是这样子。现在，我觉得退休生活让人真正回归到了个人的生活境界。我的安徽同学、同事都很羡慕我，说我几乎每年可以出国一趟，大大小小的国内旅游上半年会有两趟，下半年会有两趟。出去旅游，唱唱歌，我觉得现在的生活很快乐。”

“是跟你老公一起去旅游的吗？”

“我出去旅游都是跟我唱歌的同学、朋友一起去。老公要上班，他是上海人，要出去旅游的话，也是跟他上海的同学、同事一起去。我是把老年学习的同学当成是朋友了。”

6. 不学习我会感到空虚的

“您觉得学习跟您的老年生活有关系吗？”

“我觉得我的老年学习已经融入到了我的老年生活中去了，也让我的老年生活变得很充实。如果不学习的话，我会有空虚感的。所以，到了寒暑假，就感觉整个人像没事干了一样。好在，我们这帮同学之间还能继续友好地交往下去。我们也会尽量避开冬天的寒冷天气和夏天的炎热天气，这样的考虑也是对我们自身的爱惜和保护。前不久我们还出去唱歌了，我们计划下周再出去旅游一次呢。”

“暑假里，同学之间如果两个星期能搞一次活动，相信大家一定会感到和开心的。”

“是的，这可不是我一个人的感受，大家在一起玩的朋友都有这样的感受。”

王阿姨通过参与老年学习使自己从病愈后退休生活空虚无聊的精神状态中逐渐走了出来，也展示了自己越学越精彩的生活故事。通过她的介绍能看出她对晚年幸福生活的强烈渴望，以及对生命价值的无限追求。“不能等死”是她病愈后对空虚的老年生活发出的一声“呐喊”，她做到了。她走出了家门，参与了老年学习。她学习了钢琴、学习了合唱、学习了舞蹈，在她学习的过程中，她得到了家人无微不至的关怀与呵护，得到了同学的深切友谊与关爱，得到了邻里社区的理解与尊重。她学得开心，她活得更开心。学习让她找到了精彩的老年人生。

第六章

退休的护士：学习是一生的追求

这是一位姓顾的受访者，退休前是一名医院护士。她嗓音不高，但是就在她的轻声轻语中却能让人感受到她内心对生活的坚定、自信与快乐。她说自己已经退休五年了，而早在退休前她就开始为自己的退休生活做好了设计。她想通过参与学习让自己的老年生活不因退休而空虚，她做到了，参与老年学习让她的退休生活更加充实。其实说来也巧，就在她退休的前一年，当“百万市民学电脑”在上海全市开展时，无意间看到小区里张贴的电脑知识培训通知让她赶上了最后一批培训活动，也拉开了她的退休学习生涯……

第一节　学习点燃了老年生活的火种

一、退休前开启了学习之门

1. 小区里的通知掀开了我退休生活的学习序幕

“我是医院护士，中级职称。我从进医院到退休，参加过很多类型的考试，不断地考啊考啊，中级职称也就是这样考出来的。我是 2009 年，也就是 55 岁时退休的。”

“是什么事情让您走上老年学习之路的？”

“我参与老年学习也是一个很巧合的机会。几年前，全市搞了‘百万市民学电脑’活动。当时我还在上班，不过我想把电脑学会。我看到小区里贴的电脑培训通知，已是最后一批了。到居委会去打听，他们就指点我赶紧去学。一个学期下来我就把电脑知识基本掌握了，也使得我成为当时医院里为数不多的会电脑操作的护士。我的工作也因此发生了巨大飞跃，医院把我调整到信息库建设岗位。”

2. 公休时间别人在家休息我却跑去学电脑

“您刚才提到学电脑时还没退休，怎么有时间去学的？”

“我们那时有公休的，每周有半天公休，我就是用这半天时间去学电脑的。”

“按理说，对于一般的工薪阶层，那半天公休可是难得的休息机会啊。您怎么会想着去学电脑的呢？”

“我把每周仅有的半天公休时间用在学习上了，可以看出，我的学习劲头可足啦。”

3. 退休之前学电脑为我的退休生活做好了设计

“其实，快退休时我就想，以后退休了不能整天在家里看电视、打麻将吧。我是不喜欢打麻将的，也不想学。我还是喜欢学习的，2008 年我参加的‘百万市民学电脑’活动就算是开启了我的学习之门。也就是说，我从退休前就开始学习了，也算是为自己以后的退休生活提前做好了设计吧。”

“所以，我后来又学了交谊舞、钢琴。退休以后还买了钢琴，交谊舞现在还在学。参与这些学习，也是我的身体需要，锻炼身体、保持体形。”

二、人生经历为学习而坚守

1. 插队落户的经历让我用八年时间坚持完成学业

“我曾经到安徽宣城插队落户过，去了 8 年，做了 6 年的赤脚医生。刚回上海后没有工作，后来有一批全民考试，我就去考了。我们居委会总共 20 人去考，就我一个人考进去了，很幸运的。”

“这个运气也许跟您有过 6 年的赤脚医生经历有关吧？”

“当时，招聘简章上说，当过赤脚医生的考生同等条件下优先录取。我根据这一点就考进了医院。进医院后我就去读书，虽然我是上过初中的，但是没有毕业证书，也没有学到多少知识。我就一边上班，一边学习。先读了电视中学，然后考取上海市第一人民医院护士学校。那时候很艰苦的，一周要上 6 天班，休息的一天还要从早到晚读书，有时候晚上也要上课，就这样坚持读了 8 年。三年的电视中学，之后又在护校学中专三年，接着大专两年。电视中学后也同时上了两年的业余高中。有的时候一天要到两个地方去学习。我结婚也很晚的，32 岁才结婚，是学完之后才结婚的。”

“虽然结婚比较晚，但是如果与 8 年前回沪就结婚相比，情况肯定是不一样的。”

“我爱人是我邻居，青梅竹马(腼腆地笑着)。我们没离开上海之前双方的父母有过这种想法。不过，我们两人都离开了上海各自去了外地，他当时插队落户到了黑龙江，在军队农场医院，也是学医的。后来我们又有缘都回来了，婚事就成了。他后来考进雷允上(上海雷允上药业有限公司)药房。跟我一样，没有通过熟人，自己考进去的。”

2. 过上美好生活的目标指引着我艰辛地学习

“我的人生经历也验证了这一点。当时插队落户回来的人很多都没读书了，顶替父母职位到厂里去上班。后来，厂里效益不好的时候，就下岗。同处一个时代的人命运就不一样了。”

“表面上看，每个人的命运是不一样的。其实，命运的不同往往是跟每个人为自己的人生目标所付出的努力程度密切相关的。”

“和我同一批考的还有两个女同学，她们都没有通过考试。现在我们聚会的时候，她们都很羡慕我。其实，在外人的眼里觉得我很风光，但人们可能很难想象在风光的背后却饱含了多少辛酸的刻苦学习的故事，那时我读书受了多少苦啊。工作以后还要考职称，还要自己照顾孩子。晚上把小孩安顿好，人已经很累了。为了提升，我就喝着咖啡，强打精神去看书。有时硬把睡觉的时间省下来去读书，还要忙家务，这种学习体验是很艰苦的。”

“当时我就想，我只有把学历提高了，只有多学知识，在单位才能更好地适应工作，在家庭才能更好地教育指导好自己的孩子。我是这么想的，也是这么做的。今天看来，我算是成功的吧(笑着说)。”

3. 为了晚年有个好身体，再难我也坚持学了下来

“您是怎么想到要学舞蹈的？”

“我看到别人跳舞时的动作很好看，而且一跳就是半个多小时，我就想，要是我也能像他们那样翩翩起舞，不仅能让我保持良好的体形，说不定还能提高我的身体素质，那该多好啊。以前插队落户时年龄小，不懂得保护身体，我的身体素质很差的，经常感冒。这么想，我就跟着其他学员学，模仿别人的动作和舞步。刚开始还是很难的。现在我不要模仿人家了，也能走摩登步了。跳了一段时间以后，确实发现感冒少了很多。”

“学的过程中遇到过难题吗？什么力量让您坚持了下来？”

“有的。有时会想，跳舞怎么这么难学啊？可是，我又不愿意不学，那样的话就半途而废了。表面上看是在学跳舞，其实这就是我的老年生活啊。我总不能让自己在生活中半途而废吧。我就坚持着，学会了之后感到还是很开心了。”

“我的感觉就是，(开心地笑着说)只要自己的身体好，自己的老年生活就会活得轻松，甚至还能活得更长一点呢。”

4. 为了儿时的爱好我坚持把钢琴学下去

“我从小就喜欢钢琴。那时候，放学后我就到同学家做作业，做好功课再回家。她家里条件很好，有一台钢琴，我就是在她家胡乱弹而慢慢喜欢上钢琴的。结婚前，全市好像在普及电子琴，我就买一台电子琴，那种电子琴只需要用右手弹，左手是用来控制开关的。我当时还到音乐学院去学了一个学期电子琴。结婚后有了孩子以后就忙孩子了，就没学下去了。退休后，我想到了儿时的这个爱好，又重新把钢琴学了起来。”

5. 常用左手开发了我的右半脑

“我平时做家务时习惯用左手，所以，我学钢琴时，我的左手上手也很快。”

“好像生物学研究发现，善于用左半边肢体的人，在思维和行动方面一般都相对较灵敏啊。”

“我在学琴方面发展得也是很顺利的。比如骑自行车，一般人都是从左边上车，而我都是从右边上车，身体向左半边协调，我的左手左脚用的也比较多。不过，吃饭用的还是右手。”

生物学的这个研究结论在顾护士的生活故事中得到了验证。

第二节　学习培育了和谐的生活环境

一、与家庭生活紧密相连

1. 学习与我的家庭生活融合了

“您的学习对做家务有影响吗？”

“我基本上是半天学习，半天做家务，不耽误的。我能把时间和任务都安排得很好。弹钢琴的话，我是做一会家务，再弹一会钢琴。再做一点家务，再弹一会钢琴。如果一直弹的话，始终保持坐姿，腰、手臂也受不了的。所以，我就把一个曲子化整为零来练习。有时，弹的时间超过两个小时手臂会有僵硬的感觉，就不想弹了。这种学习对做家务不仅没有影响，反而让我的居家生活更充实了。而且我看电视也少了，少看电视还保护了我们老年人的视力。以往下班回来，晚上没事就看电视剧。现在有课了，我就很少看电视。夏天或冬天，天很热或很冷的时候，不学习了，我才看看电视剧。在寒暑假里，我弹钢琴的时间就少一些了，看电视的时间也就多了。”

“以前，我是把看电视作为丰富自己家庭生活和精神生活的主要方式，现在，我把学习作为丰富和陶冶自己情趣的一种方法。”（很轻松地笑着）

2. 我的生活态度激发了孩子的学习意愿

“孩子跟您住在一块吗？”

“我的儿子还没结婚，我们住一块的。”

“那您学钢琴、练钢琴会妨碍孩子的生活吗？”

“不会的。我根据他的作息规律安排我的练习时间。他白天上班不在家，我就白天练钢琴。晚上他下班回来了，我就不练了。”

“您这么孜孜不倦地学钢琴，他是怎么想的？”

“有时，他会站在我身边听着我弹钢琴。我跟他说过，‘以后妈妈跳舞跳不动了，就教你钢琴，好吧？一方面是因为家里有钢琴，另一方面，你到外面请人教，不仅要花很多钱，而且还不方便’。他说‘好啊’。我的学习和生活的态度已经深深影响到了他的兴趣选择。”

3. 同为退休老人的我和父母在生活上互相鼓励

“您父母支持您的学习吗？”

“我父母退休前都是做老师的。退休后他们也在学习，到公园里学习打拳。他们都是 80 多岁了，身体都还很好。他们知道我学钢琴、学舞蹈，非常高兴。他们听了我弹的曲子以后都会说‘哎呀，你弹得这么好，很像样的’。他们让我一定要坚持下去。”

“他们对你的学习有什么建议吗？”

“他们退休后经常走出去，打打拳，交交友，活得很开心。所以，他们也建议我多学习，多交友。看到我们老年学员之间彼此联系、互相交流，他们很支持。对于他们乐观的生活态度，我也会经常夸夸他们的。”

4. 我学钢琴影响了一家人的生活

“家庭聚会时，有没有给家人演奏过钢琴？”

“有的。我大妹家里也有钢琴，记得她搬新房子当天大家聚餐时，我就用钢琴给大家弹奏了几个曲子。我妹妹也会弹的，不过她没有像我这样系统地学。有不懂的地方她就打电话问我。2013 年我的外甥，我小妹的儿子，放假在家里闲着，天天玩电脑，我就教他弹电子琴。一开始，他看在我的面子上，勉强答应跟我学。现在，他主动要学了。他每天都练，练手法，找电子琴的感觉。而且，我只教了他三次，他就能看懂五线谱了。我想，一方面可能是他有一点电子琴的演奏功底，或者他的悟性比较强。另一方面，可能也证明了我的电子琴讲解水平还是很高的。看到儿子这么快就能找到感觉，小妹说‘等《钢琴启蒙教材》学会了，也给儿子买钢琴’。那样的话，就能更好地让我发挥余热了。”（开心地笑着）

顾护士不仅是把自己对学习的收获和体验传递给大家庭中的每个人。同时，也是把自己对生活的态度和追求传递给了家人。

二、学习促进了社区和谐

1. 合理安排学习时间促进了邻里和睦

“您学钢琴会影响到邻里关系吗？”

“不会影响他们的生活的。对于学习和练习钢琴，我是看好时间的，晚上不弹，中午12点到2点不弹，我一般都是在邻居上班不在家的时间练一会。”

“你学英语的事情邻居知道吗？”

“对于学钢琴，邻居是知道的，毕竟有琴声传出来。我学英语他们就不知道了，学英语的声音比钢琴的琴声要小多了。邻居们感受到我把弹钢琴的时间跟他们的生活时间错开了，他们都很理解我。偶尔听到我的琴声时，他们反而会礼貌地说‘你的钢琴弹奏得很好听啊’。”

2. 80多岁的邻居也羡慕我的学习机会

“对于您现在的学习，邻居们有没有看法吗？”

“楼下有个老太，80多岁了吧。她每次看到我出去，就会问我‘你上哪里去啊’，我说‘我去上课’。她说她以前也自学过英语，学了大约也有十年吧，现在年龄大了，学不动了。就在家门口打打拳。她看到我能有机会、有条件出去学习，非常羡慕我。还鼓励我一定要好好珍惜机会，多学一点呢。”

3. 学习丰富了我们的社区生活

“您还学唱歌了吗？”

“2012年，我们参加了社区组织的唱红歌活动，还请了音乐学院老师教我们。我们还参加了社区学校举办的大合唱。可以说，我们积极参与的社区文娱活动，不仅融洽了邻里关系，丰富了大家的邻里生活，也营造了一种积极向上的社区文化氛围，让大家都能在其乐融融的社区环境中安度幸福晚年。

三、与同学友谊的互动

1. 我在同学的关心下学到了钢琴

我还在学习舞蹈的时候，班里的一位同学就问我‘除了舞蹈，还喜欢什么’。我就说‘我还喜欢弹钢琴’。我住在长征镇，那里的社区学校也开设钢琴班。不过，上课时间是星期一，那时我还在上班，没有时间去学习。他告诉我说‘真如镇也开班的，是星期六上课’，我说‘太好了，星期六去学习钢琴的话，就不影响我平时的工作了’。”

“从2009年开班，我就来学习了。当时我家里有电子琴，还没有买钢琴。到2009年下半年我退休了，觉得自己学了一个学期有点入门了，也能够学得下去了，就买了钢琴。学到现在已经有5年了。钢琴班刚开班时还是有很多学员的，现在只剩下6个人了，大部分同学都因为学不好走掉了。”

“教室里只有一台钢琴，每次上课，老师会要求我们先回顾一下上节课的内容，再教新课。经过老师的指点之后我们再回去练，大家偶尔也用教室里的钢琴轮流练习练习。”

2. 学习融入了同学之间的互相指导

“你们在学习中有没有同学之间的互相帮助和指导?”

“如果有同学来问我跳舞的技巧,我就会认真跟他们讲解。否则,(笑着说)人家还会想‘你跳得还没有我好呢,你还教我’。学跳舞,我只是到学校去学,每周六下午的课。其他地方,比如舞厅、街头上跳排舞,我都不去,我不喜欢那里的环境。我们每年还参加在卢湾区体育馆举办的‘文广杯’交谊舞比赛,重在参与嘛。同时也可以欣赏一下别人的舞蹈,感觉那些能参加比赛的舞蹈都非常好看。去年,市里还举办了全民运动会,就在大渡河路体育馆举办,我也参加了。我先后获得一等奖两次,二等奖三次,还有优秀奖多次。”

“有没有把身边的人也召集过来,一起学跳舞?”

“有的呀。跳舞的时候会有专人把舞蹈过程拍成视频,我们同学、同事、朋友聚会时就放给大家看。看的人都说‘没有想到老年人也能跳舞,而且还跳得这么好,这样的生活就不空虚了’。就这样也吸引了很多同学参与学习。我有个女同学住在浙江海宁市,为了跳舞,每周来上海,往返车票也要几十块呢。”

“现在的跳舞班规模不小吧?”

“一个班有五十多人。到学校里,先是老师教,然后我们再自己练。老师不可能关照到所有的人,我们同学之间还是会互相指导的。我们大家相处得都很好,同学的友谊也在学习中得到了升华。”

3. 同学接受了我的建议学习进步很大

“在学习过程中,有没有给过其他同学具体的指导和帮助?”

“有一个学员,每次回去就把以前学过的曲子从头开始练习弹,弹到新学的内容,用的时间就少了。她看我的钢琴弹得很熟练,一方面羡慕我,另一方面也为自己弹不出来而苦恼。我就跟她建议‘你可以把老师当天教的曲子先弹奏、先练会,有多余的时间再弹奏以前学过的曲子’。听了我的建议以后,她也学着改变自己的练习方式。后来,她每次回课的效果就好多了,进步很快。现在,我们还成了无话不谈的好朋友。”

4. 互相鼓励使学习进步很快

“我们一个班的学员,大家互相打气、互相鼓励,进步得很明显。为了每星期的一次课,大家回去后都铆足了劲、认真练习。要回课的时候,对于不懂的地方,大家还会互相交流。”

“钢琴课的回课,同学们有没有把自己的进步展现给其他同学?”

“我是钢琴班的班长,所以,我下定决心,自己一定要学好练好,我要把整个班级带动起来。每次钢琴课前，我都会提前预习。所以，老师每次教的新课对我来说就等于是复习课了。也就是说，几乎任何一次课，我都是用两周的时间去学习，当然我也比其他学员学得好了许多。我们整个班级的学习气氛都被调动了起来，在这种氛围中，大家彼此亲密得像一家人一样。"

5. 工作时不用手机的我退休后同学的电话不断

"学习中您结交新朋友了吗？"

"可多啦。在我退休之前，手机就已经很流行了。但是，我在医院是护士，一般没有人联系我，我就一直不用手机。退休后参与各种学习让我认识了很多人，为了学习时方便与老师同学联系，我开始用上了手机。现在，好像有接不完的电话，过年过节我们还会互相发个信息祝福一下。"

"跟您联系最多的是什么人？以前的同事、朋友，还是现在的同学？联系什么？"

"都是班级里的同学。当我们学习上遇到困难时，就会打个电话彼此沟通交流一下。当然，是其他同学打电话给我的情况更多一些。"

第三节　学习体会是快乐的

一、学习充实了退休生活

1. 从世博英语到新概念，我在家门口体验了学习

"我退休以后参与的老年学习总共有三个方面，学钢琴、学跳舞和学英语。"

"学英语的情形是怎么样的？"

"我是在小区里学的。当时恰逢2010年上海世博会期间，小区在教世博英语，我就去学了。世博会结束以后，我开始学习《新概念英语》了。我对英语还是有点喜欢的，因为以前医院里有个外国医疗队，这样的话，能跟他们做一些简单的英语交流。像说到'右手'时，我就说'right hand'，也是很有兴趣的。我们小区有长征社区学校设的办学点，离家也很近，我就在那学。在那里学英语的也有20多人呢。所以，即使现在我退休了，如果原单位有一些涉外活动，他们也会考虑让我回去帮忙联络的。这种'我还在他们的视线中'的感觉让已经退休的我感到很开心。"

2. 我不仅学钢琴还学习即兴伴奏

"我们不但学钢琴，还学即兴伴奏，简谱的曲子里面只有右手的键法，没有左手的，需要自己配出来的。我就去买了即兴伴奏的书，看过以后再听老师讲一讲，就更加容易理解了。很多同学遇到不会操作的地方时，就会打电话问我，我再教他们怎么配左手的键法。”

“这样的话，等于曲子是你们自己创作出来的啊？”

“可以这么理解。每年年底社区都要举办汇报演出，每个团队都要出节目。我就组织我们团队唱英文歌，我们只有音乐磁带，没有谱子的，大家只能跟着磁带唱。演出的时候不能放磁带的，这样就没有伴奏了。我们有学过钢琴的学员，他就负责写简谱，是右手弹的，我就配上左手的伴奏，练好以后我们就能上台演出了。”

“演出时使用的是一架三角钢琴，这种钢琴的音效比一般家用钢琴好很多，我还第一次弹这种三角钢琴(爽朗地笑着)。我觉得，能够上台弹自己编出来的钢琴伴奏，感到很自豪的。我回去跟儿子说起这件事，儿子说‘老妈，你很有成就感啊’(很自信地笑着)。在他的话语中，也流露出自己也想学的念头了。”

3. 参与学习让我在退休生活中拿到了很多奖

“我曾经跟老公说过有两件事是我没有想到的。一件事是，想不到我跳舞还可以去参加比赛，还能拿奖，我原本是把跳舞当作锻炼身体的一种方式来看待的。另一件事是，想不到我弹钢琴不但坚持弹下来了，而且我还能上台表演了。还让我感受到了好钢琴给人的音乐震撼。这些都是我没想到的。当然，也是过程顺其自然、结果顺理成章的事情吧。”

“以后社区组织的类似活动，您还会继续参加吗？”

“有机会我要去的。不过，‘台上一分钟，台下十年功’，上台演出是需要台下长期而扎实的功底呐。”(怯生生地笑着)。像我练跳舞，就是在学校练练，别的地方跳舞我是不去的，进步也就会很慢。而到比赛的时候，我的进步却变大了，应该说是应付比赛把我练出来了。”

二、我的一生没白活

1. 我用八年的学习时光弥补了插队落户的八年青春

“工作以后您还去学习是自己想要学，还是单位要求的？”

“单位里就是考级，考级通过了就可以加工资呀。那时，单位里大约有三分之二的人都在考。因为我们当时那批人大多都经历了‘上山下乡、插队落户’，失去了宝贵的学习时光和学习机会，我们都想把这些损失掉的时光和青春弥补回来。我们很多人都是这个心态。”

“我们那批上山下乡的年轻人，大多都是蹉跎岁月了呀。相对来说，我还是很幸运的，我 1972 年出去的，在当地还做了六年的“赤脚医生“，也多少为我后来的人生之路做了铺垫。”

“应该说，插队落户时期您选择了当‘赤脚医生’，本身就体现了您积极的学习态度。退休后，您有没有再受聘出去工作？”

“我想，我们这代人太苦了，中学的时候就经历了八年的上山下乡生活，回到上海后，我在医院当护士，工作也是白班和夜班倒班的。我想该上班就上班，该退休就退休。为工作奉献了一辈子，退休后也要给自己充充电，让自己的老年生活同样精彩。”（很自信地笑着）

2. 学习磨砺了我承受艰苦的毅志

“您所处的学习氛围怎么样？”

“蛮好的。每次想到要来上课就很激动、有激情。有时，人不舒服，就想着要赶快好，要去上课了。”

“如果身体不舒服，也会坚持去吗？”

“去。钢琴课、英语课都有过的。跳舞就不行了，身体不舒服不能跳舞的，跳不动的。像大冬天，天气很冷的时候，就戴那种露指头的手套去练钢琴。有时，手指头冻得都不听使唤了，冰凉冰凉的。我还是坚持学下去了。”

这种对学习的坚持不仅是顾护士人生经历与学习愿望的体现，还是对她在艰苦生活中历练出的人生品质的印证。

3. 退休后觉得学习的时间更紧了

“您有没有‘学习是为了打发时间’的念头呢？”

“没有。相反，我感到时间不够用。我星期六上午学钢琴，下午学交谊舞，星期一下午学英语。回到家，我会一边做家务，一边弹钢琴。我把做家务和弹钢琴作为互相补充的老年生活内容。感觉下来，现在的时间更紧了。所以，对我来说，我觉得能把两门功课学好就够啦，如果学三门功课，就感觉有点累了，那样的话，老年生活质量也就不高啦。”

“为了美好的老年生活，您还想学点什么吗？”

“跳舞到了一定年龄肯定就学不动、跳不动了。英语和钢琴，我都要学到老。我要把钢琴继续学下去，再提高一步。后面还有599，849，299，740也就是钢琴的中级阶段和高级阶段。当然，越是高级阶段，钢琴的五线谱越复杂。对于英语，我还有个打算，以后儿子有小孩了，放寒、暑假我可以带带，还可以给他辅导辅导。当年，我妈妈就是英语老师，从小我就跟着妈妈说英语，也就很容易喜欢上英语了。不过，我们那时的英语只是个哑巴英语（傻傻地笑着）。”

“现在，《新概念英语》加强了对口语的重视力度。不过，这里也有矛盾的地方，就是口语好了，笔试能力却可能会下降了。”

“别的方面还有什么想学习的吗？”

（平静地笑着说）“我觉得差不多就够了，学多了时间也不够了”。

4. 不学习我会难过的

“您怎么看学习在您退休生活中的地位？如果不让您学习，会怎样？”

“我想，不让我学习的话，我会很难过的。我现在每天都要练习钢琴，不练的话，总感觉好像有件事情没做。练习钢琴，参与老年学习已经变成了我的一种生活习惯了。而且，我的钢琴弹奏水平也得到了身边人的理解和认可。我老公的一位亲戚还说‘等我们家买了钢琴以后，请你来给我们的孩子教钢琴啊’。学习不仅丰富了我的退休生活，我对待学习的态度也赢得了朋友的理解和尊重。”

“我跟我老公说，‘我不仅买了钢琴，还学会了弹钢琴。跳舞加钢琴演奏，我这一生真的没有白活’！”（爽朗地笑着）

顾护士通过退休前参与的“百万市民学电脑”的电脑知识培训学习，使得她的退休生活在老年学习中得到了自然过渡。中学时代八年“插队落户”的人生经历让她感受到时间的珍贵，六年“赤脚医生”的经历让她与学习结下了不解之缘。退休之前的顾护士就为自己的退休生活做好了精心设计，她要让自己在学习钢琴、学英语、学舞蹈中幸福地安享自己的老年生活。在她的故事里，学习就是她的生活，有了学习，“我的一生没有白活”。

第七章

退休的技术员：学习改变了精神面貌

这位受访者姓金，退休前是食品厂的一位管理人员。第一眼看上去，她给人的印象就是瘦、弱，声音低沉得几乎听不清。但是，当她坐在沙发上时，笔直的坐姿、说话时始终面带的微笑又给人一种精神抖擞的感觉。两种完全不同的感觉在她身上的交织让人觉得她的学习经历中一定会有丰富的生活故事。她自我介绍说自己已经退休六七年了。而且她还两次提到自己刚退休的时候像祥林嫂一样整天萎靡不振的，后来是在邻居的提醒和介绍下，她接触了排舞。通过学习，她不仅很快就学得很好，而且，还能把各种舞蹈和生活整合起来，甚至还可以给各种舞蹈的编排与自己独到的生活见解融为一体。尽管她的建议很少被别人接纳，却激发了她为了丰富自己的老年生活而不懈学习的强烈愿望……

第一节 为提振精神我与学习结了缘

一、萎靡不振的精神困扰

1. 刚退休的我像祥林嫂一样萎靡不振

“您当年做的是什么工作？”

“我是食品厂做管理的，负责记录并整理一些数据。整天都是坐着的，不大动的。所以，经络不通嘛，刚开始学跳舞的时候，浑身都痛，连手臂都痛。”

“您退休多久了？”

“我退休六七年了。不过，刚退休的时候，我没有参加什么学习活动。”

“您刚退休的时候，心情是什么样的？”

“刚退休的时候，人很不舒服的。就好像全身都有毛病一样，浑身上下一点力气都没有。到哪里，话都很多，就像祥林嫂一样，‘哎哟，我这不舒服，那不舒服……’，人家都说‘你怎么老是这样啊’。”

2. 整天都心不在焉的

“刚退休的时候，感觉日子过得快还是慢？”

“很难受，要做事没力气，情绪也不好，反正说不出的感受。别人跟我说‘你这是不是更年期反应啊’，我说‘更年期嘛，我已经过去了。怎么还是没有力气’。整天就会拿着某一句话反复说，别人就跟我说‘你这样不好的，会得老年痴呆症的’。后来，人家就建议我去跳排舞，我就去跳了。”

“排舞学了多长时间？”

“好像就是一个月。没多长时间，人家就介绍我到社区学校来学其他东西了。”

“也就是说，退休后的那几年都是这么熬过来的？跟同事聚会多吗？”

“是的。不聚会的，心里很烦，也不出去玩。有时候心不在焉，像‘走路摔跤啊’这样的事情，在我身上经常会发生的。”

二、学习让我精神焕发

1. 从未接触过舞蹈的我一学排舞就得到了认可

“有一次到一个朋友那去玩，他们在跳排舞。我的朋友就建议我也来学跳排舞。我说‘我没有基础，我可从来没有跳过舞啊’，他们说‘不要紧的，你可以过来试试看’。”

“后来，我就过去跳。一段时间以后，他们说‘你跳得蛮好的，是不是以前在哪里学过，’我说‘我从来没有学过，我来这里跳舞是第一次跳’。他们都夸我舞跳得好。听了之后，甭提我有多高兴啊。那可是我退休几年来第一次听到别人夸我，也是我第一次真正开心的时刻啊。”

2. 我一学舞蹈就喜欢上了

“退休前，有没有想过今后会去学跳舞啊？”

“没有没有，根本没有想过。退休后，几年时间整个人成天都无精打采的。邻居看到我这个情况，就介绍我出来学习。我一学，就喜欢上了。当然，有的人跟我是不一样的，他们可能以前就有学这个的想法。”

“记得我遇到真如社区的一个女学员，她问我，‘你要不要跳，我教教你’。她就教了我一个‘咚吧、咚吧、咚咚咚咚吧……’，我刚去学跳舞的时候，就会这个动作。后来老师一看，就说‘你可以啦，你的这个基础很好的，一打起腰鼓就能上去啦’。现在，电视上那些打腰鼓的，我一看就能学会，很开心的。”（开心地笑了）

3. 我会主动打听可以学习的地方

“您居住的社区有老师教吗？”

“这里没有。我都是自己主动去打听的。”

“您的信息渠道蛮广的啊。”

“对。我经常会到周边社区转转，看到有人在跳舞啊，打拳啊，我就跟他们打听。他们也会跟我说，‘你要参加吧？你想参加就过来啊’。”

“都去过哪些社区？”

“周边的社区我都去过，都是我自己去问啊。学会了跳舞之后，我还会利用电脑上网学。每一个动作，要想好看就得做到位。”

4. 跳舞很累，但我不打退堂鼓

“刚开始学跳舞的时候，身体感觉还是很累的？”

“很累，跳不动的。刚开始学跳舞的时候，身体不出汗。后来，我到了长风社区学跳舞，可能是舞蹈的动作大了，跳舞的时间也长了，才出汗的。一般都要跳一个多钟头呢。以前，身体不出汗，汗都闷在身体里，很难受的。后来，只要跳起来就是一身汗。”

“既然跳舞这么累的话，中间有没有‘不跳了’的想法？”

“没有，我很喜欢跳，没有打退堂鼓，呵呵。有时感觉身体累了，就到医院去配点中药，调理一下。但是，还是喜欢跳。”

5. 学排舞让我的身体能正常出汗了

“您一直在学习排舞吗？”

“不是。后来学的是民族舞，斗牛舞，还有海派秧歌，上海的海派秧歌，还有一些我不知道名字。我会到不同的地方去学跳舞，我在这里学了之后再到外面去跳的话，别人一定会夸我跳得又有进步了。”

“这里学习是每周一次吗？”

“是的，一周一次。一次就是半天，大约一个多小时吧。我觉得蛮好的，学跳排舞的人很多的，大约有六七百人吧，我们在酒市那里跳的。刚开始他们让我到前面跳，我不敢，怕跳不好。跳了以后，很多人都看着我，跟我后面学。她们还说‘你跳得真好，你到前面来跳吧’。我听了以后非常开心。可以说，我的精神状态就是在学跳舞的过程中得到了改变和提升。”

“您退休以后，身体怎么样？”

“我本来身体不好，不出汗的。现在好了，出汗了。有时候心情不好，跳跳舞就忘了，心情也好了。”

“闲着的时候也跳吗？”

“跳的。有时候，看到电视里面跳舞的节目我也会跟着学。不过，我把这种学习方法介绍给其他学员，他们却不愿意接受。我只要看到某个舞蹈造型好看，我就跟着学，很快也就能学会了。以前没有参加学习的时候，我不会注意这些的，现在我就会有意识地关注这些方面的信息了。”

6. 学舞蹈让我精神振奋

“现在的精神状态，跟五年前相比，有变化吗？”

“是的。我跳得还不够勤，不过，我现在的身体比以前好多了。要是以前跟你说话的话，肯定不像现在这样有精神。以前是无精打采的，头发乱糟糟的，说话有气无力的。当然，我现在的身体还不是最好。我觉得跳舞可以振奋人的精神、提高人的情绪。”

7. 从活动照片中也能看出我精神抖擞

“我学了排舞以后，还学了打腰鼓，是到长风社区学校学的。我学得很快，大约两个星期就学会了，学会之后我就去表演了。我们表演的人很多，最多的时候大约有三四十人吧，腰鼓是自己买的。”

“我还把照片带过来了。你看，这是在长风腰鼓队拍的照片，背景是长风公园，前面有个草地，正面有个雷锋雕塑。这是我跟别人一起跳舞的画面，这是我。”

“您的表现真的很好，很难想象几年前您的精神状态是什么样子啊。他们能让您站在中心位置，说明您跳舞的进步很大啊，这个服装也是很好看的。”

“我们跳的是秧歌舞(八角巾舞)，这个是我。当时要举办‘献一片爱心，迎一生好运’新上海人歌咏大赛，让我们去跳开场舞。这是腰鼓舞决赛，我们跳得非常好。”

8. 学习让我整个人都变得乐观了

“刚退休的时候，遇到邻居，跟他们打招呼吗?”

“不愿意说话。见面了，点点头，就过去了。”

“现在呢?”

“现在我愿意主动跟他们打招呼了，他们也会跟我聊聊天的。”

“可以看出，学习和运动好像让人的性格也发生了改变。”

“会的。跳舞时我们会碰到一件事，就是‘谁排在队伍前面’的问题。有时我会被排在前面，有时会被排在后面。后来自己想想，反正自己就是为了锻炼锻炼身体嘛，排在哪里也无所谓了。只要我的舞蹈动作能做到位就可以了，站在队伍的哪里都无所谓。对于这个问题，我现在就是这种心态。”

“对。一般来说，位置排在队伍的前面，能更好地展现自己，能引起观众更多的关注。另外，排在前面也能看出队长对自己的器重。我看你在几张照片里都是排在前面的。”

“对，那场表演，本来我是站在后面的，组办方从市里请来的专家刘教授过来指导时说，‘不对啊，我看这个阿姨跳得蛮好的，为什么把她放在后面？上来，到中间来’。我就这样被安排到中间位置了。”

“噢，这就叫做‘脱颖而出’啊。”

“我对自己喜爱的事情都是蛮专注的。”

从金技术员的身上可以看出，兴趣和爱好是需要培育的。而且，一旦培育得好的话，不仅能成为人们学习的动力，还能激发出更多的生活热情。

第二节　他人的支持让生活乐趣再现

一、邻里社区的学习触动了我

1. 邻居建议我"去跳跳舞吧"

"是邻居的指引让您走上了学习之路的吗？"

"是的，人家让我去跳着玩的。一个邻居建议我说'你去跳跳吧，你现在情绪不好，跳跳也许就好了'。一去跳，其他人就问我'你有舞蹈基础吗'，我说'没有'，他们就说'你跳得很好的'。就这样我喜欢上跳舞了，情绪也好了许多。所以，一到晚上我就去跳，我偶尔早上也去。但是我没有那么多力气，早上我一般不去。"

"一些比较宽阔的地方，比如影城门口、公园门口，这些地方每天晚上都有很多人在跳排舞。一般每个人每个月交两三块钱的电费钱、磁带钱就可以了，他们在过春节的时候还会发点纪念品给你。所以，他们是不赚钱的。我就是从学跳排舞开始了我的老年学习，我感觉这种学习方式蛮好的。"

2. 六七百个邻居一起学跳舞

"在小区里，有没有跟邻居一起搞一些跳舞的活动？"

"我们到武宁路边上的酒市门口去跳舞。那个地方每天都有六七百人在跳舞，走廊都站满了人。很热闹、很壮观、很有气势的。"

"那个地方能容纳六七百人啊？就一楼的门口吗？"

"是的。我们每天晚上都去的。我就住那附近。"

"您怎么看跟这么多人一起跳舞？"

"我觉得我能走出去，跟这么多人一起跳舞，说明我摆脱了退休后五年的精神困惑，我战胜了自己。我还想学得更好一点。"

3. 我要是没有自信朋友都不愿理睬我

"我学了这个之后又学了腰鼓，我还学了琵琶，弹得不好，但是还能弹。"（自信地笑着）

"琵琶是自己买的吗？"

"琵琶嘛，是别人的，旧的，我借来学学的。"

"学了多久？"

"学了一年多。我请了朋友教我，不用出钱的。我跟一个朋友说，'我发现自己有时忘性很大’。他就跟我说，‘没事的时候，你拿个弓，放在手里练。你可以练练啊，对大脑有好处的’，我就去练习了。过了一段时间，他看了我的指法之后就说，‘哎呀，你的指法是正确的，你掌握了基本要求啦’，我自己还不知道呢。他又让我弹《世上只有妈妈好》，我谈了很长时间也弹不出来，我就不想弹了，我觉得自己一定弹不好了。他说，‘你不愿意弹，说明你没有自信，今后就不理你了’。听了这话，我就暗暗给自己下定决心，一定要把这个弹好。我就一个人在家练，最后终于练出来了。只要能把一首曲子弹出来，其他曲子就不会感到太困难了。现在，我可以弹十几首歌曲了。我发现，其实只要自己不断坚持，很多事情都是可以做好的。我学琵琶的经历就充分说明了这一点。”

4. 街道为我们提供了服装道具

“跳舞的服装是自己买的吗？”

“如果搞活动的话，就是街道帮我们提供了。但是，活动结束了还要收回去的。像这次我们跳霹雳舞，就是自己出钱买服装。当然，他们为我们搭建的平台是很重要的。这次出场费就给了我们 500 元，如果拿到奖的话，还会有奖金的。一等奖 3 000元，二等奖 2 000 元，三等奖 1 000 元。我们这个舞蹈队共有九个人。如果能拿到一等奖，每个人就能得到 300 元，还有出场费，这个活动组织得非常好。我们不在乎钱，就是为了整个人和团队能开开心心搞活动。”

二、其乐融融的家庭鼓舞了我

1. 80 多岁的父母常跟我说“跳舞去吧”

“没有参与学习的时候，家庭气氛怎么样？”

“我刚退休的五年，整个人成天无精打采的。看到我的情形，家人都为我忧虑，但他们也没有好的方法。”

“现在家庭氛围怎么样了？”

“可好啦。我参与学习以后，自我感觉好多了，人也活络了。我以前脸上都是皱纹，现在比以前年轻多了吧。”

“您现在看起来就像 40 多岁的人。家里是哪些人住在一起呢？”

“我是单身，跟爸爸妈妈住在一起，他们都八十五六岁了。我把爸爸妈妈服侍好之后，就跟他们说‘我去跳舞了’。他们每次都会说：‘快去吧，去跳舞吧。’”

“他们身体怎么样？”

“他们身体很好。我有时候叫他们也动一动，我说‘你们要跟我一起动一动啊，哪里不舒服就要活动活动’。看到我这么开心，他们也愿意跟我一起活动。”

2. 成了家的孩子跟我说“妈妈去跳舞吧”

“您孩子多大了？”

“我的孩子30多岁了，也都成家了。”

“您孩子跟您住一块吗？他支持您的学习活动吗？”

“我儿子有自己的房子。他也特别支持我学习。每次过来看我们的时候，他都会很关心地问我，‘妈妈，你最近有没有去跳啊’。从儿子的问候中，我能感觉到他对我的变化也很开心。”（舒心地笑着）

第三节　退休生活有了新收获

一、朋友圈扩大了

1. 给萨克斯手即兴伴舞让我无比激动

“（指着照片说）这是在跳舞结束以后，这个萨克斯手把我叫过去，对我说：‘我吹萨克斯，你帮我伴个舞，好吧？’我说，‘我没做准备呀，你让我伴什么舞啊？’他说，‘我只要萨克斯一吹响，你就跳起来，神气一点就可以。’我就跳起来了，我根本就没有想到能跳得那么好。”

“哎呀，您很厉害啊！看得出来，您的精神面貌已经发生了很大变化，甚至今非昔比了啊。”

2. 学习让我结识了新朋友

“学跳舞的过程中，有没有结识一些朋友呢？”

“有的。我认识的一个朋友现在就在前面带队。”

“朋友愿意帮助您吗？”

“会的呀。他们一旦遇到一些好的东西，都会及时告诉我，还让我跟着他们学。我们除了学习在一块，在家的时候，彼此之间还会互相打个电话问候一下。”

3. 同学之间会相互帮助的

“您有没有给身边同学提过建议呢？”

“他们也想好好学的，不过，不同的人表现不一样。有的学员看我跳得好，也向我请教怎么跳，我就告诉她们在跳的过程中的注意事项和技巧。我看到他们跳得不好的地方，也会提出一些建议的，他们一般都能接受。”

“关系比较好的同学，在一起跳舞的有多少？”

"不一定的，天气热、天气冷的时候，都会少一点的。不过，至少十来个人是有的。像春秋天，四五月、九十月的话，去的人就会很多。平常的话，我们比较要好的四五个人会经常在一起把学过的内容再复习一下的。"

4. 到不同社区学习让我的知识互补

"在这里跳舞的人，都是本社区、里弄的居民学员。只有我一个人还到其他社区去学。(轻轻地跟我说)不能跟这里的老师说哦。"

"这件事没有跟要好的朋友说过?"

"这个话题不方便跟其他人宣传。我本人是想学得再多一点嘛，在长风社区学到的东西，在我们社区这里不一定能学到。在这里学得到的东西，在长风社区也不一定能学到。两个地方的活动时间不冲突，长风社区是周二、三、四下午学习，这里的社区学校不管学员是否到校，只要学员交了学费，老师就教你跳。像长风社区，他们成立了小分队，就希望我能在那里跳舞。我在那里学习，其实也是为他们社区服务，扩大社区文化娱乐活动的影响力啊(偷偷地笑)"。

"平常有活动的时候，长风社区怎么联系您呢?"

"他们会委托一个队长来联系所有的学员。他们还开设了专门的舞蹈房，电梯上去的大会场后面就是。不同的项目都有小分队，一队、二队、三队，因为有腰鼓队、有球操、有皮影、有拳操、有跳舞，那里的平台比较多、比较综合。长风社区非常欢迎我加入他们的学习团队，他们已经把我看成他们的社区成员了。"

5. 我的学习也影响着邻里关系

"有时，比较熟悉的邻居问我到哪里去，我就说跟她说'我去跳舞，你也跟我一起去吧'。看到我开心的表情，她们也会跟着我，一起去的。有时，看到小区里有人在活动室打麻将。如果让我选择的话，我肯定选学跳舞。"

"我们还参加了上海市第九届老年人运动会，是全市的比赛，我们获得了第二名。我给你看我们的获奖证书。这个是上海市第一届市民运动会'二级运动员'证书，这是2012年9月的比赛。"

学习已经让自己得到了心情愉悦的感受，还能得到他人的认可，金技术员找到了老年生活的成就感。

二、生活增添了精彩内容

1. 坚毅的学习态度让我拥有了健康的身体

"现在从您身上已经看不出'祥林嫂'的模样了啊。"

"是的。我刚跳的时候动作不是很到位，他们就帮我纠正。只要他们一帮我，我的舞蹈动作就到位了，他们常说'你很好，你的进步很大'。看到别人的肯定，我更有学习兴趣了，就天天去学。以前，我几乎不动的，身体也不灵活。而跳舞是要扭胯的，我的胯被扭得痛死了。严重的时候，两边胯都痛得不能动。”

“有没有想过‘既然这么痛，干脆就放弃吧’？”

“我喜欢跳舞，但是，只要一跳，胯就痛得不得了。我想‘是不是我不能学跳舞了’？但是，跳舞不扭胯就不好看。我必须坚持下去，再痛我也要学。我就在两边胯关节处各贴了三张大的伤风止痛膏药，一贴就是半个月。因为舞蹈一般都要用到胯，不能灵活扭动胯，动作就不好看，我还是坚持了下来。现在嘛，痛的感觉早就没有了。一般学舞蹈跳一个多小时，也不会觉得太累。”

“爸妈知道你初学跳舞时的痛苦感受吗？”

“我不跟他们说。如果跟他们说了，估计他们就会说，‘算了，别跳了！看你把身体折磨成什么样子了’。有时候在家里，我会先做点热身运动，他们就告诫我要当心身体。他们还是支持我的，只是关照我要注意身体。”

“您学的舞蹈都是快节奏的吗？”

“有快有慢的。民族舞快一点，前奏快，后面慢。皮影舞相对慢一点，但是动作要求要到位，摆手、摆头、提臀都要到位。有时，学皮影舞时，头点得就很累的。整个头、手、臀、腿等身体部位都要摆起来，要协调好。尤其是手的动作一定要到位。”

“皮影舞是老师教出来的吗？”

“恩，是老师教的。也要靠自己去琢磨。现在，我的身体协调性增强了很多。”

2. 舞蹈已经成了我生活的组成部分

“如果，不让您参加这些学习活动，会怎么样？”

“要是让我再回到家里呆着，我想我肯定受不了的。肯定会感到很闷的。毕竟，学跳舞已经成为我老年生活的一部分了。”

“从您接触舞蹈开始到现在，间断过吗？”

“跳了排舞就到这边来学了，我是一步一步向前迈进的。先是在家门口学跳排舞，后来就到这边来学跳舞，再后来就是参加小分队。我的老年生活几乎整天都是以舞蹈为主。”

“都跳了哪些舞蹈？”

“跳得可多了。彩球舞、民族舞、皮影舞、现代舞、扇子舞，还有秧歌舞，就是手里拿个八角巾等。秧歌舞都是拿个八角巾的，跳舞的时候，要把它甩出去。”

“皮影舞学多久了？”

“大概一个多月吧，加起来有二十多次。他们经常叫我们去的，是在长风社区学校学的。我还参加了区里组织的‘居民文娱大联欢活动’呢。”

“如果刮风下雨，还去吗？”

“再大的雨我也去啊。我们几乎所有的同学、舞伴都去的。有事情的话，我们会互相通电话的。”

“很多人退休后，都会有‘自己老了’的想法，您有过吗？”

“我以前也有过类似的想法，现在好像没有了。现在，我觉得我整天忙着跳舞，人也活泼、开朗了许多，很开心的。一个曲子跳完，旁边的人就说‘你们很活泼的，看你们跳舞的动作，根本就不像60多岁的人’。所以，只要有机会，我还想再多学一点。学习需要有耐性，要有愿意坚持下去的毅力才行的。”

“您不仅看到了学习对身体的好处，还让自己对老年生活有了明确的目标。”

3. 学习提升了我的生活质量

“平时，您有没有觉得时间过得很快呢？”

“是的，感觉时间过得就是快。像上周吧，星期一我们小分队叫我去跳《红红的日子》。我一大早就过去了，跳了一天。周二、周三和周五去长风社区跳舞，周四老师帮我们指导，一个星期很快就过去了。”

“这样繁忙的学习任务对日常生活没有影响吗？”

“没有，反倒让我的生活更充实了。我在做家务活时，每当想到马上要出去参加什么学习活动，我就会加快速度，也提高了我做家务活的效率。我现在的精神面貌很神气的，刚退休的时候，根本没有现在这么轻松愉快的心情。”

学习让老年人的退休生活变得充实，也调整或改变着他们的性格。对他们来说，参与老年学习，真的是一件很有价值的活动。

4. 学跳舞改变了我的精神面貌

“很难想象，一个此前萎靡不振的人通过学习能有这么大的变化啊。”

“去长风社区跳舞之前，我的脸色蜡黄蜡黄的，很难看的。（指着照片说）这个是外国人在表演，他请我给他伴舞。后来，我们要选‘优秀学员’，大家都说，‘金汤娣这么优秀，就选她，就选她。’（开心地笑着说）我参加跳排舞才两年多，时间还不长，就让我的精神面貌发生了这么大的变化。”

“您每年都体检吗？”

“是的。以前我体检的时候，身体很多指标都不太好，还贫血、头晕。现在头晕的现象没有了，出汗也正常了，睡眠也好了，食欲也提高了。”

“看来学跳舞对身体很有好处的啊。”

“在我身上已经看不到‘祥林嫂’的样子了。所以，对我来说，学跳舞不仅是我保养身体的需要，更是我精神面貌焕然一新的保障。”

退休后的五年里，金技术员给人留下的始终是“祥林嫂”般萎靡不振的精神面貌。不仅父母家人，包括邻居看到她整天无精打采的样子都为她着急。还是邻居“你去学学跳舞”的建议把金技术员引入了老年学习的殿堂，正是参与老年学习给她带来了焕然一新的精气神，也把她引入了乐观开朗的老年精神世界。现在，她身上不仅看不到“祥林嫂”的影子，而且，她也把学习作为自己老年生活的重要内容来坚守。

本篇描述的五位老年学习者的生活故事可以通过表 7.1 予以呈现：

表 7.1 老年生活中的老年学习故事一览表

身份	性别	退休时长	学习时长	学习内容	学习前的感受	学习后的感受
嵇工程师	女	3 年	2.5 年	摄影软件、电脑操作、唱歌、跳舞、烹饪、健身、电子琴	与社会脱离了	参加老年学习时的激动心情仿佛让自己又回到了大学时代
刘设计师	男	15 年	15 年	钢琴、素描、水彩画、油画、羽毛球、合唱	觉得老年生活很无聊	是一种享受、也有一种学有所成的自豪感
王财务	女	6 年	5.5 年	声乐、钢琴、合唱、舞蹈、保健、还想学书法、绘画	没事干	找到了快乐，对自己的身体康复很受益，也圆了儿时的梦
顾护士	女	4 年	4 年	电脑、舞蹈、钢琴、英语、健身	退休了不能整天呆在家，喜欢学习，要为退休生活做好设计	身体好了，活得开心，自己的一生没白活
金技术员	女	7 年	2 年	舞蹈（彩球舞、民族舞、皮影舞、现代舞、扇子舞、秧歌舞等）、腰鼓，还想学木兰拳	度过了五年像“祥林嫂”般精神萎靡不振的退休生活	身体指标都正常了，学习让自己精神振奋，愿意主动和邻居打招呼了

上述五位老年学习者的生活故事不仅向人们介绍了他们的老年学习，而且也把他们对待老年生活的态度融入了其中。这些故事会给老年生活带来什么样的启示、会展示出什么样的老年学习与老年生活关系呢？本书的下篇将为人们带来分析与思考。

下　篇

老年学习与老年生活的相关性

本书中篇介绍了五位老年受访者，他们向人们展示了各自老年生活中的学习故事全貌，也让人们直接走进了他们的生活世界。当然，还有一些现实问题值得关注。关于老年学习与生活的那些理论能否指导老年学习与老年生活？如果能够指导现实生活，又在哪些方面给出了具体指导？是哪些因素构筑了这些老年学习故事？老年学习行为反映了哪些生活现象与问题？如何理解老年学习者对自己的老年生活感受？这些老年学习与老年生活相关性的系列问题也会影响着人们对老年生活中学习现象的现实思考。本书下篇将通过对五位受访者的老年学习故事的深入剖析，进一步梳理并诠释老年学习与老年生活的现实相关性。相信能给人们带来一种更新的理解与思考……

为了保持阅读与思维的连贯性，下篇的陈述会根据行文需要直接引入中篇里的主人公以及他们的生活故事。希望用这种表达方式给人们带来一种轻松、自然与顺畅的阅读感受，也是跟随着故事的梳理与分析一同欣赏老年学习与老年生活的密切相关性。

第八章

老年学习源于老年生活

作为人类社会生活中重要实践的学习活动不仅有其自身的存在意义，往往也有其得以产生的必然原因。当人们试图对某种社会现象加以分析并解释其中原因时，心理学就把这种努力界定为动机分析(motive analysis)。动机分析主要涉及引发并维系某项活动产生的倾向，包括行为的起因、达成的目的与行为维持的原因等方面。从人类社会生活的角度来看，这种动机分析也就是社会实践的原动力分析。作为人类社会中以年龄为划分标准而产生的特定群体，老年群体学习实践的形成与维持也有其存在与发展的现实必然性。如果人们能从老年学习动机的角度加以理解，也许能对老年生活中的学习现象形成一种更加全面的理解。

在社会思维中，人们在步入社会之前接受基础教育和中高等教育的学习行为是可以理解和接受的。因为，他们需要为个人的未来发展和承担社会责任而做好准备。而依据传统观点，对于那些拥有一定的社会阅历，且离开了工作岗位退休在家的老年人参与学习的现象，人们未必都能理解和接受。毕竟，逐渐远离社会生活的老年人已不需要再承担具体的社会责任了。而在一定的社会条件下，老年人所关注的个体生活主要集中在个体对物质生活、精神生活、家庭生活、社会生活以及个体的人生经历等方面①。对这些方面的关注也恰恰表明了人们不仅重视人自身的物质生活，同时更加强调自身对精神生活的主观感受。

通过梳理中篇呈现的五个老年生活故事可以发现，蕴含于其中的学习意识大多源自于他们的生活实践，源自于他们对老年生活的认知。结合青少年时期与成年时期所接受的教育，以及各种社会工作赋予他们的人生经历，他们对个体生活与人生发展有了更全面的理解。正是这种对生活的认知与理解呼唤着他们毅然决然地选择了老年学习之路。

第一节 学习是对老年物质生活的期盼

人类个体的存在离不开自然、社会与精神的三位一体，这三种属性也随着人类

① 李永胜. 老年人生活质量指标体系的构建设想[J]. 四川行政学院学报，2003(1).

社会实践的开展存在着彼此依存与相互作用的互动关系。正是三者之间关系的有效协调，才使得社会个体脱离了一般生物体而成为一个真正意义上的人，同时维持了人类个体的现实存在。可以说，三者的有机协调构成了人类个体存在的根本。而结合三大属性的内部结构分析，毋庸置疑，自然属性是个体存在的最基本要素。“人直接地是自然存在物”①，对于人类个体而言，“我们连同我们的肉、血和头脑都是属于自然界和存在于自然之中的”②，人的自然属性无疑成为人类个体存在的基础。随着年龄的增长，身体机能的下降以及生命特征的逐渐弱化都将影响到人类生活的质量。对于老年人而言，生物体的存在往往是其物质生活的核心与关键。老年人不仅要强调衣食住行等日常生活现象，更要强调作为自然物的人的存在，这也是体现其人生价值与社会价值的基础与前提。因此，探究老年物质生活时需要强调其生物学意义，而非通常意义上的衣食住行等生活现象。包括生命在内的生物体的存在，无疑会成为老年物质生活的关注重点，也成为引起老年学习活动开展的基础性因素。围绕增强老年身体健康与提升老年益寿生活可以发现，参与老年学习是老年物质生活的强烈期盼。

一、维持身体机能的需要

从人的生理变化的角度来看，人的生理机能与身体条件会随着年龄的增长而呈逐渐衰退趋势。因此，年轻人能够轻松适应多种社会工作，老年人却会因年龄增长所导致的身体机能的下降而无法继续适应社会工作的要求。这就是人的生理发展规律。

1. 生物医学的视角：日渐衰老是老年生理特征的变化趋势

根据人的生理发展与运行规律，进入老年期以后，人的生理新陈代谢速度会放缓、人的生理机能与抵抗力逐渐下降等特征。一系列内隐或外显的生理特征的改变都会随着年龄的增长逐渐表现出来。

（1）人体细胞数的减少。通常情况下，正常的人体细胞数大约在 50 兆左右，每秒钟会有 50 万个细胞死亡，同时还会再生 50 万个，这是细胞的新陈代谢规律。随着人的年龄增长，人体的再生细胞数会逐渐减少，而死亡的细胞数则会逐渐增多。生理学研究表明，40 岁以后的男性、20 岁以后的女性的细胞

---

① [德]马克思，恩格斯. 马克思恩格斯选集(第 1 版，第 42 卷)[M]. 中共中央编译局，译. 北京：人民出版社，1979：167.

② [德]马克思，恩格斯. 马克思恩格斯选集(第 2 版，第 4 卷)[M]. 中共中央编译局，译. 北京：人民出版社，1995：384.

数就开始逐渐减少，到了70岁以后则会急剧下降。同时，还可能会出现细胞分裂与生长能力降低，以及细胞萎缩等现象。可以说，细胞数的下降，是导致人体衰老的主要原因。

(2) 人体组织与器官功能的下降

正是由于组织与器官细胞数的减少，人体脏器会逐渐萎缩、功能下降。一般来说，70岁人的组织细胞数可能仅相当于20岁人的60%左右，组织与器官的重量也会减去一半，这种消耗必然会引起内脏功能的减退。即使每时每刻都在不断跳动的心脏，也会随着年龄的增长而逐渐失去弹性，使得心肌不断萎缩，功能逐渐衰退。这是从内脏器官方面形成了人的衰老。参与老年学习达15年之久的刘设计师本人对摄影很感兴趣，但是摄影需要"走出去，有时还要出去采风"，对于像他那样70多岁的老人，"身体是吃不消的"。

(3) 人体外观的衰老

年龄的增长不仅会改变人体内部的细胞和组织器官，还会改变人的体态与外形，让人产生一种衰老的变化。头发逐渐变白、稀疏，到了60岁以后，几乎所有的人都可能出现头发变白的现象。皮肤的弹性会减弱，变得粗糙有皱褶，还会出现老年疣、老年性色素斑等反应。这一点在金技术员身体就有体现，她就感到自己退休以后"满脸都是皱纹"，让人觉得"怎么老成了这个样子"。人的身高会逐渐变短、出现弯腰驼背等体征。老年人体重变化会有两种倾向，有些人随年龄增长体重逐渐减轻变得消瘦，这是老年人细胞内液体含量减少的原因；但有些人的体重会逐渐增加，这是体内脂肪代谢的功能减退而导致的脂肪沉积增大所引起的体重变化。耳聋眼花、牙齿松动甚至脱落、手指哆嗦、肌肉松弛也是老年人常见的衰老体征。另外，老年人的语言会变得缓慢、运动障碍会变得更加明显都成为老年人外显的生理特征的变化。

故事中金技术员刚退休的五年里"'祥林嫂般'精神萎靡不振"的老年生活，不仅让家人担心，邻居朋友也为她的变化感到忧虑。"头发乱糟糟的，说话也没有力气"，这种身体机能的下降所导致的"整天无精打采的"现象，平常都是"几乎不动的"，身体"也不灵活"，应该说是典型的老年人机能下降的表现。所以，当进入老年期以后，人们各种生理新陈代谢速度明显放缓，并导致人的生理机能和抵抗力下降等特征会逐渐显现。听力、视力下降，记忆力衰退，这些生理特征的变化都会随着年龄增长而得以外显。老年人患慢性病的几率也会增大，甚至还会产生许多负面情绪。

2. 需求理论的视角：维持正常身体机能的生理需求是老年学习原动力之一

随着社会的进步，人们生活水平不断提高，人们对身体健康的重视程度也是越来越高。尤其是离开了职场生活的退休老人，年龄的增长不仅加快了他们身体衰老的速度，还会逐渐降低他们的各项身体机能。因此，老年人对自己身体的健康状况与身体机能的维持会越来越重视。美国心理学家马斯洛所创立的“需要层次理论”(人类激励理论，1943)认为，在社会生活中，个体行为的产生往往受个体的内在需要决定。根据马斯洛的观点，生理需要是人们追求其他所有需要的基础和前提，当然也会成为所有社会个体为之努力的首要环节。正是这种需求驱使着每位社会个体积极开展相应的实践活动。由于生理需要是人类个体赖以生存的基础，这种需要也是人们所有需要中最强烈的，也必然会对个体社会实践行为产生巨大的推动力和影响力。

对于退休在家的老人，他们不仅逐渐远离了社会组织，而且还会逐渐远离原先熟悉的各种生活环境。他们的活动范围与劳动强度都会随着退休和远离社会而减少，这也在一定程度上影响了他们对身体机能的锻炼与维护。为此，他们有必要进行相关的学习和锻炼，以增强对身体机能的维护，延缓身体的衰老。退休后大病初愈的王财务在一次体检时突然发现自己的“血糖指标高达 12”，这让她很惊讶，也很着急。毕竟，“三高”症状会给老年人的身体健康带来严重影响。如果到了晚期还可能形成多种严重的疾病或并发症，甚至可能危及生命，这些危害都是很严峻的。作为“三高”之一的高血糖就发生在王财务身上，而“不愿意等死”的她无论如何也不会坐视不管，她选择的就是“积极融入老年学习之中”。

3. 文化学的视角：身体机能是生命的元素

关于文化或文化学的定义，不同的学者可以有不同的界定。不过，归纳起来，学者对文化学的理解大致可以归纳为“社会人类学的一个分支，以研究文化现象或体系为主”①。而美国社会与行为科学学者戴维·波普诺(David Popenoe)认为“文化是人类群体或社会的共享成果，这些成果不仅包括人类的价值观、语言和知识，还包括物质对象”。② 通过上述观点可以看出，包括语言、知识和价值观等在内的那些抽象与无形的事物属于文化的一种，即非物质文化。而包括劳动工具、生活资料等有形的事物也属于文化的一种，即物质文化。因此，《辞海》把广义的文化界定为“人类历史实践过程中所创造出来的物质财富和精神财富的总和”③。

相对来说，语言、文字等抽象事物构成了非物质文化的最小元素，它们可以帮助人类传递信息，也可以帮助人们理解社会。而劳动工具、生活资料等具体事物则

① 高志敏. 终身教育、终身学习与学习化社会[M]. 上海：华东师范大学出版社，2005：111.

② [美]戴维·波普诺. 社会学[M]. 李强，译. 北京：中国人民大学出版社，1999：63.

③ 辞海编辑委员会. 辞海[M]. 上海：上海辞书出版社，1980：1533.

构成了物质文化的最小元素。毫无疑问，身体机能与身体素质也可以归属为物质文化的最基本元素范畴。这种文化元素不仅可以帮助人类形成对语言、文字的设计与解读，为人类社会的存在与发展提供最直接的动力支持，而且，它还可以生产并形成物质文化的诸多要素，使人们可以在特定的社会环境中培育并感受非物质文化的氛围与影响力。而一旦缺失了身体机能这种物质文化元素基础，所有的物质文化与非物质文化都没有了存在的空间与必要。它是传递信息的基础，是传承文化的载体。当金技术员五年来“整天萎靡不振地”过着自己的退休生活时，她既无法感受到老年生活的快乐，也无力承担老年生活的每一天。她要学习如何保存身体机能这一生命中最基础的元素，以实现生命的价值与意义。

二、延长生命存在的需要

在人类社会的发展进程中，离不开人类个体社会实践的积极推动。在此过程中，社会个体的生存意识和生命存在既应成为社会关注的关键要素，也应成为个体关注的必然思考。

1. 人类学的视角：生命得以延续需要学习

社会是由每一个不同的社会个体构成的，而且，人类社会的发展也离不开每一位社会成员的共同努力。可以说，没有社会个体的存在，就不会有人类社会的文明与进步。这不仅是社会发展所关注的，也是人类学探究的核心要素。人类学主要是以人作为直接的关注对象，并以人的存在为基础加以综合理解的知识体系。在对人进行全面理解的过程中，很难把作为生物体的人与作为社会文化的人有效区分开，人类学必将以综合研究作为生物体的人与作为社会生活（即文化状态中）的人及其相关性作为研究目的。当体质人类学成为人类学的一个研究分支学科时，人们的研究目光自然会关注到作为生物角度的人的存在。从进化论的角度可以看到，从对灵长类动物的观测，到对古人类的分析，再到对现代意义上的人类的思考，人类个体不断进步的脚步正清晰地刻画在人们面前。然而，作为高级动物的人，一方面仍无法摆脱属于动物的客观事实。人类个体拥有一些与动物相类似的自然本能，要服从衣食住行等生命发展的自然规律，因此必须遵循一切动物生长的客观规律。另一方面，作为高级动物的人类，又不同于一般意义上的动物。人类个体有完善的自我语言系统、有计划的自身实践行动，还有自己独特缜密的思维系统。因此，人类社会出现了与一般动物界不一样的本质改变，人类社会是以人的主观活动作为存在与发展的产物而存在。

故此，人类社会首先需要关注每一位个体的生命存在，这是人类社会得以延续和发展的必然要求。其次，人类社会属于一个有思维、会思考的生态环境，其中的每一个成员都需要为这个生态环境的维系提供自身的努力。从人类社会的生命诞生之日起，就在不断地接受着适应和掌握这个社会的知识与技能。青少年时期进入了学习的鼎盛时期，他们在接受着人类社会的一切知识与财富。步入社会的成年人则用自身在职场生活中的实际行动推动着人类社会的发展与进步。即使对于已经退休离开社会生活视线的老年人群来说，他们的生命对于人类社会的价值与意义也并未结束。他们不仅可以把自身的生活认知传递给其他成员，还可以在人类社会中担当起每位社会个体都应承担的责任。当然，这一过程既要以老年人能拥有这种思维意识作为前提，并以此奠定老年人在社会生活中的行动指南，同时也需要老年人拥有为人类社会勇于担当的能力作为基础，并以此作为推进人类社会进步的主要动力。

尽管王财务已经大病痊愈，但是她还是“通过查阅相关书籍”，了解到“中药对于调理身体很有好处。”所以，尽管“医生建议五年后就不用再吃药了”，她“还是打算先吃十年吧”。通过对医学保健知识的学习，王财务深深感受到了学习对于生命延续的价值所在。

作为老年人生命存在的组成部分，不论是传递生活认知还是承担社会责任，都需要老年人积极面对并拓展自己的生活空间，这也为老年学习的存在提供了原动力。人们从人类学的角度可以发现，社会个体的生命存在是人类社会得以延续与发展的重要前提。为了人类社会的存在与发展，人们需要做到对生命的珍惜与尊重。

2. 哲学的视角：生物体的存在是生命的物质基础

人们对社会个体的生命存在形成了多种思维意识，其中包括现实主义的物化认识论和超现实主义的理性认识论。现实主义的物化认识论认为，生命存在是物化的自然主义意识，因此人的生存意义就在于生物体的存在，以及对物质世界的追逐。而超现实主义的理性认识论忽视了生命存在的自然性，强化了生命存在的理性意识与社会追求。因此，追求生命存在的社会意义与理性价值应成为人类个体的生存目标。相对而言，人们不仅需要关注生命存在的理性价值与超越思维，而且还应尊重生命存在的生物意义与物化规律。正是对生命存在的物化意义的理解与尊重，才得以给社会发展带来积极的推动，同时也才能让人类社会的生存与发展得以继续。德国“生活哲学”创始人威廉·狄尔泰(Wilhelm Dilthey)认为“一切生物都是有生命的”，人的生命是一个“生理一心理的统一体”。从生理方面看，个体生命就是一个生物学意义上的“物理整体”①。它是自然界进化的产物，因而也遵循

① [德]狄尔泰. 狄尔泰全集[M]. 柏林：莱比锡出版社，1958：278.

着自然的规律。

在社会生活现实中，人们可以从两个方面来理解生命存在。一方面，人的生命存在是个体社会价值存在的前提。个体只有拥有了生命存在，个体的社会价值才能得到发挥与认可。如果没有了人的生命存在，就也无需谈论个体的社会价值与人类贡献。另一方面，生命存在也是人类个体自身意义的物质基础。个体只有拥有了生命存在，个体的自身意义才能得以实现。如果失去了生命存在，个体的自身意义也将不复存在。因此，从人类学的视角来看，对于自身生命存在的关注，应当成为每一位社会个体首要的关注要素。传统意义上说，经历了青少年时期的学生时代和成年的社会职场生活，老年人生命中的最辉煌时期已经成为过去，人们往往不太关注这个时期个体生命存在的社会价值与自身意义。其实，尽管退休后的老年人逐渐离开了社会关注的视野，人们可能慢慢地淡忘了他们的社会存在，但是，只要能够重视自我存在的社会意义，生命依然会绽放光彩。因此，老年人对生命存在的需求不仅需要人们去关注，更需要人们去呵护、去经营。这既是人类生命存在的需要对老年学习提出的要求和希望，也是给老年学习提供了现实的可能性和发展机遇。要“活好每一天，让每一天都精彩”的王财务所参与的老年学习正是她对自身生命存在需要的理解与思考。“每年我都去医院复查，查下来的情况还是很好的”，对她来说，生物体的健康就是确保生命存在的物质基础。

从哲学的角度来看，生物体的生命存在是其社会价值的载体，也是其自身生存意义的体现。对于老年人来说，不仅要关注自身的生命存在，关注其社会价值与人生意义的基础，同时，老年人更需要关注如何实现并延续自身的生命存在。这也是为他们参与老年学习打开的生命存在之门。

3. 系统科学的视角：生命存在是个体社会意义的重要组成

由奥地利理论生物学家贝塔朗菲（L. Bertalanffy）于20世纪20年代就机体概念所倡导的一般系统论，奠定了系统科学的萌芽，同时也拉开了人类社会对系统科学进行研究并在社会生活实践中加以运用的帷幕。20世纪40年代，美国贝尔电话公司把系统工程的方法运用到了通信技术领域。随后的军事、太空科技等领域都先后运用了这种理论思维。随着贝塔朗菲《一般系统论年鉴》（1954）与《一般系统论：基础、发展、应用》（1968）等著作的发表，系统工程在现实社会中的应用取得了更加明显的效果。这既符合亚里斯多德所提出的“整体大于部分之和”的观点，也表达了“处于一定的相互关系中并与环境发生关系的各个组成部分的总集”①的概念界定。同时，系统科学也通过描述处于活动状态的积极生命现象阐述了其动

① 中国科学院情报研究所.科学学译文集[M]，北京：科学出版社，1980：315.

态性的观点，以及有机体内部结构所处的等级观点。该观点秉承了按照一定的等级结构组合而成的各种有机体都是由不同层次的系统逐级组合而成，而且越向上所形成的组织就越高级、越复杂的系统思维模式。作为系统科学核心思想的"系统论"、"动态论"与"等级论"思想不仅影响了人们对社会发展的思考，也影响了人们对自身存在的系统环境的分析和思考。作为人类社会生活组成部分的老年学习与老年生活，系统科学理论也同样能给予合理有效的指导。

从系统论的角度来看，个体的社会价值不仅包括个体对社会的努力和贡献，还包括作为社会成员的个体本身。就社会个体本身而言，不仅包括个体所拥有的知识、技能、声誉与影响力等社会要素，还包括连同个体身体机能在内的个体生命存在。诸多要素的合力构成了个体的社会意义的全部。个体在理解自身的社会意义时，不仅要关注能凸显个体价值的社会要素，也不能忽视了个体自身的生命存在。从动态论的角度来看，当个体为提升自身社会价值时，人们要积极拓展自身所拥有的社会要素的内涵与外延，以满足不断发展的社会环境对个体提出的要求。而对自身社会综合影响力有效提升的同时，人们也需要强调对自身生命存在的尊重、理解和重视。从等级论的角度来看，为了满足不同时期、不同阶段社会发展对个体的要求，人们需要不断强化生命存在的合理性与社会性。

根据系统科学的理论分析，为促进自身的社会适应性，个体应当积极拓展包括开展学习活动在内的各种实践活动，以实现对自身综合能力的有效提升。对于老年人来说，他们不仅需要不断提升包括知识、技能、声誉与影响力等在内的各种社会要素的更新速度，使自己紧跟社会发展的进度，他们还需要强化对生命存在的理解和尊重程度，使自己的生命价值随着年龄的增长而更能得以释放。身患疾病的王财务为了尽快摆脱病魔，"在治病期间需要不断增加营养"，结果"使劲吃各种营养品却把血糖吃高了"。考虑到可能是"吃出来的毛病"，她又开始注意"控制饮食，不要吃得太多"，用这种方式她又把血糖控制并降低了下来。

综上所述，不论是从老年人对身体机能维护的视角，还是从对老年人生命存在的延续角度，都对以提升他们物质生活为目的的老年学习实践的开展提出了要求和希望。亚里士多德在"文雅教育"思想中强调，对"实用"学科知识的学习就是为实际生活服务。这种实用学科知识也包含了对人体身体机能维持的知识的学习。随着人类社会的发展以及社会生活水平的提高，老年人既需要提高对生命存在的认识，以增强自身关于生命存在是个体社会意义有机组成的科学理解；还需要通过开展对各种"实用"学科知识的学习，强化对生命存在的重视，提升生命存在对老年生活的社会意义与人生影响力。

第二节　学习是对老年精神生活的理解

根据社会发展的规律，个体的物质生活尽管会随着社会发展而提高，但人的物质需要的相对有限性必然决定着人的物质生活的局限性。老年人的物质生活在这个方面表现得会更明显。相反，随着生活水平的不断提升，人们会把对物质生活的追求逐渐转向对精神生活的关注和追求。人们在提高物质生活水平的同时，只有不断提高自身的精神素质、丰富自身的精神生活、满足自身的精神需要，才能更好地促进个体的全面发展。正如人具有自然属性一样，作为“有意识的存在物”[①]的人类个体是具有精神属性的，这种精神属性涵盖了人的所有精神活动与精神状态。而且，个体的各种存在形式都受到人的精神与意识的影响和制约，这些存在形式也与人的精神有着密不可分的关系。人的精神属性与精神存在构成了人与动物相区分的根本特征之一，也使得精神生活对于个体发展具有特殊的重要性。与物质生活相比，人的精神生活不仅具有丰富性，而且具有广阔的拓展空间。退休以后，身体机能的逐渐下降，使得老年人对物质生活的追求也逐渐减少。与此同时，为保障自身的生命存在，他们对精神生活的追求却会逐渐上升，并为此提出越来越高的要求。对精神生活的不断追求将逐渐成为老年生活的主导力量，也必然影响着老年学习活动的开展。

每位社会个体都拥有完全属于自己的独特的精神世界，这是一个不同于外部环境的主观世界。这种主观世界包含于个体的精神生活与精神需要之中。个体不仅能认识事物，还能对事物进行思维加工，从而形成新的认知。在促使社会个体形成事物认知的因素中，除了物质世界能够引起个体的认知改变以外，个体的兴趣、爱好与内在的价值追求都是重要的组成部分。

一、拓展个体兴趣的需要

一般认为，人的精神生活主要是由知情意行等各种要素综合作用而形成的一个系统，包括人的知识生活、情感生活与道德生活等诸多方面。同时，不同的个体又以不同的生活方式构成了各自不同的精神生活。对于老年人而言，退休前后他们对生活的关注点会发生巨大转变。退休前，他们的关注点主要在于职场生活。

① ［德］马克思，恩格斯. 马克思恩格斯全集(第 1 版，第 42 卷)［M］. 中共中央编译局，译. 北京：人民出版社，1982：196.

退休后，对自身兴趣爱好的调整与拓展无疑成为他们老年精神生活的强大动因。本书中篇所展示的老年生活与学习故事反复印证了兴趣爱好对老年精神生活的影响与推动。

1. 心理学的角度：兴趣爱好是良好精神生活的基础

心理学认为，兴趣是个体的某种特定情感倾向，是个体对特定情境与特定事物所持有的态度。作为被特定事物吸引的状态，兴趣是实践活动开展的内部状态，是个体对事物关注度不断提升的动力所在。而由知情意行等要素构成的人的精神生活产生的动力在于人们对所追逐的事物要有强烈的意志力，而形成意志力的重要因素在于人们对事物所产生的浓厚兴趣与强烈爱好。可以说，兴趣爱好是形成社会个体良好精神生活的重要基础。

刘设计师小的时候看着哥哥画抗战画，“天天看着他画画，受他的影响，我也喜欢上了画画”，这种对绘画的兴趣不仅使得他在退休后选择了学习绘画，而且还让他找到了老年生活的规律与乐趣。他认为“一个人要动静结合”，对于老年人来说，“太静了、太动了，都不好，要动静结合”。从刘设计师对绘画的兴趣给自己带来了“精神上的愉悦”的体验可以看出，老年人的兴趣爱好对于培育良好的精神生活来说是非常重要的。为了让老年精神生活得以丰富，培育和强化老年人的兴趣爱好可以成为推动老年学习活动开展的精神动力。

2. 哲学的角度：兴趣爱好与精神生活存在必然的联系

关于社会个体、外在事物与兴趣之间的关系，杜威认为，兴趣是个体与外在对象的统一，个体与外在事物之间存在着互为依存的关系。而且，个体与外在事物之间的互动关系，多以兴趣存在为前提与基础。这也是确保人们对外在事物予以关注的桥梁与纽带。兴趣往往因为具体的外在事物而现实存在。钢琴爱好者对于弹钢琴的兴趣，往往是基于钢琴的现实存在。而钢琴的存在正是基于对钢琴的兴趣使然。二者的融合塑造了钢琴爱好者美好的精神生活。个体对外在事物的兴趣爱好是个体产生强大意志与积极行为的基础，并将使得这种意志力最终丰富了个体的精神生活。个体精神生活的不断丰富也会进一步增强个体行为的意志力，从而不断强化个体的兴趣爱好。因此，对于社会个体而言，兴趣爱好与精神生活之间的这种联系是相互促进、有机统一的整体。

同时，个体对外在事物的兴趣爱好也处于不断变化与发展状态。兴趣是个体在社会生活中不断成长的重要标志，它能显示每一位社会个体对事物的最初态度，通过对个体兴趣爱好的理解与分析，可以了解个体对外在事物的基本观点。兴趣也能显示个体的思维发展与意志进步的过程。个体兴趣爱好的发展变化可以显示了个体对外在事物的态度转化历程也是个体自身思维意识转化历程的体现，并由此展现出个体精神生活的变化方向，成为不同时期、不同环境背景下不同年龄阶段的个体兴趣发展的方向与个体进步的台阶。

嵇工程师想学习那些“让我感兴趣的东西。有句话叫‘上得了厅堂，下得了厨房’，所以，包括子女教育、孙辈抚养等家庭生活方面的知识与技能我也想学”。这是她觉得学习让自己的退休生活更充实的重要原因。对于刘设计师来说，他认为老年学习“不是为了物质利益，只是为了培育老年生活的兴趣”，这样的学习才能让老年生活更精彩。王财务认为“大家的兴趣比较接近，才能结交更多的朋友。这样的话，大家在学习的时候就能互相交流、互相帮助，彼此成为好朋友。”

在现实生活中，对兴趣爱好的不同表现与追求方式往往受年龄、身份与社会背景的影响与制约①。青少年的学习多以对知识的死记硬背为主，以对知识的识记作为学习的衡量标准。中青年人的学习多以对知识的灵活运用作为自身的理解。而老年人的学习多以培养或满足自身的兴趣爱好作为追求目标。对于嵇工程师来说，学习摄影软件的操作是她对老年生活的兴趣使然，参与舞蹈学习使她有机会能“与高雅人士为伴”。这些都是老年生活中个体兴趣爱好与自身精神生活有机统一的例证。

二、丰富人生经历的需要

社会个体的存在构成了人类社会，社会的发展也是由社会个体的不懈努力推动的。因此，日新月异的人类社会不仅需要尊重社会个体的存在价值，而且也需要每一位社会个体的共同进步与之呼应。同样，作为人类社会构成要素的社会个体不仅要把对社会发展的努力作为自己人生价值的追求目标，也应该把促进自身的进步作为推动社会发展的保障。这种发展与进步对于个体而言，就是不断拓展与丰富自己人生经历的过程。

1. 全面发展的视角：丰富人生经历是全面发展的要求

捷克教育家夸美纽斯提出的“泛智教育”②理想，从教育实践的角度可以理解为“把一切知识教给一切人们”，如果从学习的角度来看，也可以理解为让学习者能有机会接触更多的知识与实践。这种理想恰恰表达了夸美纽斯对人的全面发展的理解与期盼。法国思想家卢梭把教育理解为要顺应人的天性发展历程，“出自造物主之手的东西都是好的，而一到了人的手里就全坏了”③。他的这种观点一方面表

① 吕达，刘立德，全晦燕. 杜威教育文集(第2卷)[M]. 北京：人民教育出版社，2008：48.

② 单中惠. 西方教育思想史[M]. 太原：山西人民出版社，1996：159.

③ [法]卢梭. 爱弥儿(上册)[M]. 李平沤，译. 北京：商务印书馆，1978：5.

达了他对自然规律被人类实践所违背与破坏的痛惜，另一方面也表达了他对教育与学习活动要遵循实践活动本身的自然规律、要适应人的生理与心理发展规律的一种渴望。马克思主义所倡导的人的全面发展理论更是提出了人的发展的社会性与自然性的有机统一。人的发展的社会性思想随着社会发展的速度与效率呈现已经被越来越多的人所理解与接受，而在此过程中，关乎人的发展的自然性思想却很容易被人们所忽视和淡忘。人们一般只关心个体对社会的努力与贡献，而不会过多关注社会发展进程中的个体自身发展程度与状态。这种观点与马克思主义所倡导的人的全面发展思想是存在差距的。只有实现了人的发展的自然性与社会性二者之间的有机统一与相互包容，社会的发展才是和谐的，人的进步才是坚定的。

在社会个体的发展过程中，既有人的思想与意识的全面发展，也包括了个体人生经历的不断拓展与完善。人生经历是个体认识自我、了解社会的一扇窗口，也是个体在社会生活中获得社会理解与接受的重要实践过程，还包括个体的生理与心理逐渐趋于成熟、臻于完美的过程。只有社会个体都能拥有一个健全而完美的人生经历，人与人之间的关系才是和谐的，人类社会才能在和谐环境中不断前进。当人们在职场生活中努力拼搏的时候，人们更多实现的是自身对于社会发展的奉献与关注。毕竟，个体与社会之间受职场生活的牵引而牢牢地凝聚在了一起。进入老年生活状态后，人们已经不需要再为自己的职场生活而忙碌，反而有更多的时间与精力思索自己的老年生活。与这种思索一脉相承的就是个体的人生经历，是人生经历的异同性让不同的社会个体对自己的老年生活有了不同的理性思考与追求。

不论是退休后的嵇工程师以自己“毕生的学习经历”把自己引领到老年学习的殿堂中，还是刘设计师当年“看着哥哥的抗战宣传画”而培育了自己“对书法与绘画的艺术爱好和追求”。王财务和顾护士也是以“自己的人生经历拉开了老年学习”的帷幕。还在读中学时的王财务经常到同学家“欣赏着同学的钢琴弹奏”的生活体验让她在退休后终于有机会实现了对钢琴、对音乐的人生依恋。经历了八年的“插队落户”生活的顾护士返沪后又用了八年时间完成了让自己受用一生的学历教育。故事中的几位主人公都是以获取全面发展的自我人生作为老年生活目标，也为自己的老年学习提供了生活的环境与土壤。

2. 精神世界的视角：人生经历是精神生活的追求

马克思主义关于人的全面发展理论认为，社会个体的存在意义就在于其拥有物质生活与精神生活的双重追求。相对而言，个体对物质生活的追求构成了生命体存在的基础，对精神生活的追求则构成了生命存在的价值体现。因此，个体对精神生活的追求应高于对物质生活的依赖，这样既是对生命体存在的尊重，也是对生命价值与个体本质的体现，更是对人的全面发展思想的理性回归。丰富的精神生活可以帮助个体实现对生活内涵的理解、对生活目标的确立、对个性人生的坚毅以及对人生方向的把控。

对于每一位个体而言，在他们的社会生活中各种人生经历的机遇与挑战都将并存。人生经历中的机遇帮助他们树立人生理想、端正人生态度与锤炼人生修养，人生经历中的挑战给他们提升人生价值与彰显人生意义培育了环境。而这些人生经历也毫无疑问会影响或改变他们的精神生活世界。这种影响或改变既让他们对个体的物质生活有了清晰而合理的认识，不至于在物质世界中损伤或迷失方向；也让他们对个体的精神生活有了更加明确而坚定的理解，以至于他们能通过自己的社会实践更好地体现生命价值与人生本质。

基于此，不论是物质生活的提升，还是精神生活的延展都需要个体人生经历的存在与丰富。相对于老年人来说，其对物质生活的需求会更多体现在对自身生命存在的渴望，而对精神生活的需求则会更多体现在对自身人生经历的不断丰富，这个过程也是实现个体精神追求的过程。

一生中的学习经历让退休后的嵇工程师不仅有了“明确的老年学习目标”，更是对自己老年精神生活的积极推进。在“公园散步时偶遇合唱队演出”不仅激发了刘设计师和王财务的人生兴趣，而且由此所带来的各种艺术熏陶也很好地培育了他们的精神生活。精神生活的发展也是对个体人生经历的延伸，使得社会个体都能拥有精彩的老年生活。

三、提升生命价值的需要

马斯洛“需要层次理论”认为，在个体生活中，个体行为的产生往往受其内在需要决定，而不同时期、不同状态下个体的需要也是不尽相同的。为满足自身的生命价值，个体不仅要关注不同生命时期的不同需要，还要积极开展实践活动以满足实现自身价值的需要。相对而言，生理需要与安全需要属于个体的物质生活需要，而社会交往需要、尊重的需要和实现人生价值的需要则属于个体精神生活的追求，是以物质生活的满足为前提，是实现生命价值的重要保障。

根据对需要层次理论的解读与分析可以看出，对于老年学习者而言，其生理需要和安全需要都基本上得到了满足，而社交、尊重与自我实现等层次的需要无疑成为提升老年人精神生活与生命价值的主要动力。为满足这些层次的需要，参与老年学习将成为他们提升老年生命价值、实现人生目标的首要推动力量。

1. 归属需要是生命价值的体现

马斯洛在解释需要层次理论时提出，在五个层次的需要中属于物质层面的，也是最基础的需要分别是生理需要和安全需要。当人们这两项基本的物质需要得以满足之后，人们就会产生对更高层次需要的追求，这个需要就是归属与爱的需要。也就是说，人们希望实现自己与他人之间能拥有和谐的人际关系、拥有爱与被爱的权利与机会等归属感。马斯洛提出的归属需要是指个体对参加某个特定组织的需要，个体有被他人、组织或社会所接纳与获得认同的需要。因此，也可以把归属需要界定为“人们为寻求和维持持久的、积极的人际关系的普遍驱力”①，即人际交往的内部驱力。

根据哈贝马斯所创立的交往合理性理论的分析，人际交往合理性可以分为工具支配合理性和交往合理性等两大类型。工具支配合理性强调的是以知识作为适应与支配外部世界的工具，交往合理性强调的是以社会个体通过人际交往实现彼此间相互理解的交往活动。很明显，工具支配合理性在现实生活中应当服务于交往合理性。在人类社会的现实生活中，社会个体只有通过彼此之间的合理交往，才能使得各自见解具有趋同性，并通过社会群体之间有效的合作方式实现对外部客观世界的改造或支配。通过上述阐述可以把交往合理性理解为，彼此间的交往不仅可以使社会个体很好地理解社会交往合理性的真实内涵，还可以在彼此间的理性交往中享有平等的对话机会与权力、获得来自他人或组织的理解和尊重。某种意义上说，获得他人或组织的尊重与关怀不仅是个体精神生活的追求目标，更是个体生命价值的有效体现。

金技术员回首自己“退休五年来的整天萎靡不振”，最大的感慨就是社区和居委等组织无法关注到她的困惑，身边同事和子女又无法解决她的困惑。正是由于这种孤独的生活无法满足她归属和爱的需要，她才像“祥林嫂”般生活了五年。而邻居发现，能让她走出这种精神困境的较好方法就是“参与老年学习”。她采纳了这个建议，也努力去实践了，最后她成功了。

对于老年人来说，原先的组织生活与原先的同事交往环境都已经离他们远去。随着子女成家后的独立生活，老人们将面对着没有组织依托、没有同事关怀与没有子女陪伴的“三无”生活环境。这种社会背景下的老年生活大多数都是单调乏味的。因此，老年人需要加强与所处环境中的组织与团队联系，积极融入老年生活环境。在获得老年生活环境中他人与组织接纳的基础上，不断丰富自己的老年生活，提升个体的生命价值追求。

2. 社会尊重是生命价值的升华

根据马斯洛的需要层次理论的解释，获得尊重的需要是个体精神生活相对更

---

① Baumeister R. F., Mark R. Laery. The need to belong: desire for interpersonal attachment as a fundmental human motivation[J]. Psychological Bulletin. 1995, 117(3): 497-529.

高层次的需要，包括拥有自我尊重与社会尊重的需要。自我尊重方面是指尊重自己，不向别人屈膝，也不能容忍来自他人的歧视与侮辱，主要涉及个体所拥有的自信心与成就意识。社会尊重方面主要涉及个体所拥有的地位与社会认同、社会声誉与被他人尊敬等意识。一般而言，所有社会个体都有一种“获得对自己较高的、相对稳定的评价的需要或欲望。也就是说，个体希望能拥有一种自尊与他尊的需要”①。“自尊需要的满足将产生一种自信的情感，使人觉得自己在这个世界上是有价值的、有能力的，甚至是必不可少”②。尽管“最稳定和最健康的自尊是建立在当之无愧的来自于他人的尊敬之上，而不是建立在外在的名声与声望之上”②，关于尊重，马斯洛认为个体更看重的是社会尊重。毕竟，自尊是自我信心与能力的体现，而社会尊重往往是他人与社会给予的认同与尊敬。由于社会尊重来自于个体之外的认知与理解，因此，某种意义上说，社会尊重既是个体精神生活的需要，更是对生命价值的一种体现和表达。

作为公司技术骨干的刘设计师在单位工作时始终都能得到他人的尊重，退休后他依然希望“得到别人的理解与尊重”。尽管他把参加老年学习定位为“一种爱好，一种享受”，但是，他却参与了包括合唱、钢琴与素描等很多领域的老年学习活动，而且还经常得到他人的认可。有朋友劝他去参加钢琴考级，“老刘，钢琴弹了那么好，为什么不去考级呢”。虽然他不为钢琴考级所动，但是，他内心渴望得到别人对他参与老年学习所获得的学习成效，以及充实的老年生活的尊重需要还是清晰可见的。参与学习已经成为他人生价值的需要与呼唤。

在社会生活中，大多数个体都渴望获得社会的尊重。这种尊重代表了他人与社会对自己的理解与信任，更是个体生命价值升华的体现。在数十年的社会职场生活中，人们大多数都能在彼此的交往中得到身边同事与朋友的尊重。尽管退休后的老人已经离开了职场生活，但是他们渴望得到他人与社会尊重的心理需要依然存在。这种需求会驱使着退休老人积极参与老年学习活动，通过学习使他们在老年生活领域也能不断进步，并能得到他人与社会的理解与尊重。

3. 自我实现是生命价值的归宿

“有的人可能想成为一名伟大而慈祥的母亲，有的人可能希望在运动活动中出人头地，还有的人可能想通过艺术创作而闻名。”③正如拳击手要击倒对方、钢琴家要演奏出美妙的琴声一样，几乎每个人都会把传递自己的正能量、发挥自己的才

---

① ［美］亚伯拉罕·马斯洛. 动机与人格［M］. 许金声，译. 北京：中国人民大学出版社，2007：26-28.

② ［美］亚伯拉罕·马斯洛. 动机与人格［M］. 许金声，译. 北京：中国人民大学出版社，2007：28.

③ ［美］亚伯拉罕·马斯洛. 动机与人格［M］. 许金声，译. 北京：中国人民大学出版社，2007：29.

智、做有价值和有意义的事作为自己的人生理想与个体追求。当拳击手击倒了对方、钢琴家演奏出了美妙的琴声时，他们不仅是在实现自我追求，更是在实现自我生命价值。可以说，自我实现不仅是实现了自己的人生目标，更是自身生命价值的归宿。“一个人能够长成什么样，他就应该长成什么样，他应该实现自身的本性。这就是自我实现的需要。”①

其实，个体自我实现的需要就是追求自身能量发挥的过程，正是对这种追求的不懈坚持才能让个体成为理想中的自己，同时也是对自我生命价值的实现。每个人都有自我实现的需要，老年人也不例外。大多数职场生活中的人都能努力实现个人的追求，在他们功成名就之时，他们已经或即将到了退休的年龄。离开了职场生活，意味着老年人不需要继续为社会发挥作用。当老年人的生命价值不再被社会所关注时，老年人尤为需要对实现人生目标的自我关注。实现了自己的老年人生目标，不仅是对老年人依然存在的社会贡献能力的体现，更是老年生命价值的归宿。在社会生活中，老年人尤其需要关注人生的这一需要，并通过老年生活实践实现人生的这一追求。

患过大病的王财务尽管在病愈后还需要康复治疗，但是，毕竟老公要继续上班而无法在身边嘘寒问暖，孩子要打理自己经营的公司业务而无法一直蹲守在身边悉心照料。这种孤独的退休生活让她选择了走到学校，走进人群。而且，几年下来她“每年都会拿到奖状”，还多次获得“优秀班长”和“优秀学员”等奖励。是追逐“儿时的梦想”让她选择了学习，通过学习，她获得了成就，更获得了自己的老年生命价值。

结合社会个体的实际生活可以发现，马斯洛需要层次理论不仅适用于社会生活领域，对于社会个体的人生目标与人生发展也具有同样重要的意义与作用。该理论认为，个体实践行为产生的内部动力就是个体的需要。相对而言，当个体的物质需要得以满足之后，作为个体更高层次追求的归属与爱的需要、尊重的需要与自我实现的需要都不同程度地激励着个体的实践行为，这些需要不仅成为激励个体从事实践的行为动机，也是实现个体生命价值的重要动力。

对于老年人来说，一方面，激发其生活兴趣的动力已经不如年轻人充足，另一方面，他们更愿意回顾自己的人生经历，而对积极拓展个体人生经历的愿望往往并不强烈。同时，退休老人对人生价值的追求意愿也可能随着自身离开了社会职场生活而减弱。作为个体生命存在重要体现的精神生活，既包括对个体生活兴趣的认知与理解，也包括对丰富与延展个体人生经历的追求，还包括对个体人生价值的

① [美]亚伯拉罕·马斯洛. 动机与人格[M]. 许金声，译. 北京：中国人民大学出版社，2007:26-28.

尊重与渴望。社会的发展为丰富多彩的老年生活提供了可能性,而面对瞬息万变的社会发展,老年人也会产生紧跟时代发展脉搏的追求愿望。这些都为他们积极参与老年学习提供了环境、也提出了需求。

第三节　学习是对老年家庭生活的尊重

家庭是社会个体生存的最小社会组织,也是最基础的生存环境。社会个体的诸多行为往往源自于家庭及其成员的行为影响与思想熏陶。在此过程中,个体的人生观、世界观与价值观不断地得到调整、完善与改变,并以个体的思想和行为方式的调整加以呈现。由于老年人身体机能的衰退以及参与社会实践活动机会的减少,他们对有形的物质生活需求已经有所降低,对满足老年精神生活的追求会明显上升,因此,来自社会生活基本单位的老年家庭的精神支持则成为老年人精神生活的重要基础,而家庭生活中的依赖感与责任意识无疑成为老年家庭生活的核心追求。

一、强化家庭依赖感的需要

从社会学的角度来看,家庭是由婚姻关系与血缘或收养关系共同衍生出来的社会组织。其中,又以婚姻关系为基础,并派生出了血缘关系或收养关系。作为社会生活基本组成单位的家庭生活,无疑是家庭成员实践社会生活的出发港湾。对于每一位老年人而言,家庭生活也成为他们在走完自己职场生活之后人生的停泊港湾。在这里,来自配偶、亲友的关怀可以为他们弥补离开职场生活之后的精神空虚,让他们拥有老年生活的精神收获。

1. 理解与关爱:老年夫妻生活和谐的前提

"家庭是一个能动的要素。它随着社会的发展由低级阶段向高级阶段、由低级形态向高级形态转变。"①作为家庭结构中核心成员的夫妻,既需要承担携手推进家庭发展的重任,也会在家庭发展中形成更加凝结的依赖关系。这种依赖关系是家庭生活的基础,也是家庭发展的前提,更是家庭核心成员的生活权利。在这个过程中,夫妻双方的价值观、生活观、家庭观与子女教育观,甚至人生观都会随着夫妻感情的融洽而达到较高的趋同性。他们在家庭生活的诸多方面大多都能保持高度的一致性,也使得家庭夫妻生活变得和谐轻松。

---

① 丁文. 当代中国家庭巨变[M]. 济南:山东大学出版社,2001:2.

对于老年夫妻来说，退休之前的家庭生活主要表现为忙忙碌碌、早出晚归、离多聚少。大部分时间都被各自的职场生活所占有，对彼此的关心大多表现为口头上的一句问候。随着各自从工作岗位上退休之后，那种忙忙碌碌但颇有规律的生活逐渐平静了下来，开始回归到了家庭生活的本原状态。原先围绕在身边的同事已经离自己而去，原先只有工作之余才能见面的夫妻现在可以时刻相守。老年生活方式的变化既可以让夫妻双方再次寻觅对彼此的爱、对彼此的关心与照顾，也给他们的老年生活带来了新的思考，甚至退休后老年生活的这些变化也让很多老年夫妻有点不能适应，不知道该如何应对。在作为人生最后历程的老年生活世界里，尽管老年夫妻已经共同生活了几十年，彼此之间、夫妻之间如何能做到相濡以沫、相敬如宾，不仅是他们对婚姻与对人生的期盼，也是他们对幸福老年生活的渴望与体现。

退休后的嵇工程师就深刻感受到，改变家庭夫妻生活是老年学习对家庭生活的一种积极期盼。“要是放在我三四十岁时，看到我老公对我的同事不够热情，我就会说‘你怎么对我的同事这么不热情啦’。”是退休后参与了老年学习，在与越来越多同学的接触中，让嵇工程师逐渐学会了宽容。“我原先的火爆脾气改变了很多，也宽容了很多”。

2. 尊重与关怀：代际之间生活和睦的前提

在家庭生活中，家庭成员除了每天要面对自己的配偶，维持一种和谐的夫妻生活外，还可能要面对着自己的父母长辈或儿孙晚辈，保持和长辈之间的尊敬以及与晚辈之间的关怀。这样，成员之间的家庭生活才可能是和睦的、幸福的。现代社会生活水平的提高、生活条件的改善，以及年轻人婚恋观的调整，在退休老人的家庭生活中，八九十岁高龄的父母长辈可能依然健在，二三十岁的子女可能尚未婚嫁，依然与自己同吃同住。这种祖孙三代或四代同堂的家庭生活，不仅给已经退休在家的老年夫妻提供了家庭生活的丰富内容，也对他们处理好家庭生活、培育其乐融融的和睦家庭氛围提出了期待。

俗话说，“百善孝为先”，子女应该努力做到“善事父母”。面对父母长辈，子女要有尊敬父母之心、要有孝顺父母之情，在这种孝敬父母的心理推动和支配下，子女才会心甘情愿去做父母愿意接受的事。可以说，尊敬父母是孝顺的内在精神动力，孝顺父母是尊敬的亲情自然流露。子女对父母的尊敬，既是子女与父母之间家庭血缘关系的产物，也是对父母养育之恩的感激与回馈。只要从内心情感上做到了尊敬父母，就会在家庭生活的时时处处关心父母，善事父母的实际行为才会出于内心真实的尊敬情感与生活体验。

“慈母手中线，游子身上衣”，这句经典的古诗名句很好地道出了家庭生活中父母对子女的关怀与呵护之情。“痴心父母天下有”，亲子之爱是天下最自然、最符合人性的真情表白。当子女未成年时，父母会对子女慈爱有加，抚养与教育子女就是他们最天然的责任与义务。当子女逐渐成人初入社会时，想完全了解社会、熟悉社会与适应社会还是有很长的路要走。父母，哪怕已经退休在家，依然会把自己对子女的慈爱都展现在对子女社会生活与家庭生活的关心与关怀上。所以，伟大的母爱与父爱是任何事物都无法比拟、无法跨越的亲情之线。当然，社会的发展也会影响到子女的物质追求、精神寄托与情感思绪的改变。老年父母对子女的关怀也需要与时俱进，需要时刻与子女的思维发展保持同步。

嵇工程师家里的另两位成员（老公和孩子）对于她参与老年学习就有他们自己的想法，“如果我整天待在家里，一方面人的精神可能会很空虚，另一方面也可能会啰啰嗦嗦跟他们说个不停，婆婆妈妈的”。基于这种考虑，他们都竭力劝说她积极参与老年学习。

可以说，对于老年人，无论是尊敬与孝顺自己的父母长辈，还是关心呵护自己的子女晚辈，都需要不断拓展自己的生活视野，始终与家庭成员的思维发展保持一致。这种和睦的父母与子女关系是幸福家庭生活的渴求，也是老年人参与学习的家庭动力。

二、增强家庭责任心的需要

对于家庭成员来说，彼此之间不仅会产生家庭依赖感，而且在家庭生活中还要承担着家庭的责任与义务。这种对家庭责任与义务的关注就是家庭责任心的体现，是个体对自己在家庭生活中应承担的责任与义务的合理认知与正确评价。家庭责任心是通过个体的家庭情感与行为展示出来的个性心理品质，包含了个体对家庭责任的认知、情感与行为表现。关于自己在晚年生活中对家庭责任的认知、情感与家庭生活行为，老年人大多都会感觉到与此前的生活经历不尽相同。人生不同年龄阶段对家庭生活的理解、家庭责任意识的转变为他们争取积极的老年生活奠定了基础，也提出了挑战。

1. 奉献与宽容：老年夫妻生活和谐的保障

对家庭生活责任的认知是形成家庭责任心的基础，只有具备了明确的家庭责任认知，才能自觉地履行自己应承担的家庭责任与义务。家庭情感是个体在家庭责任认知基础上形成的，会对家庭责任行为产生激励与鼓舞作用，并最终促成了个体家庭行为的产生。尽管我国《婚姻法》规定了“夫妻之间应互负忠实义务”，但是这种要求仅为家庭中维系夫妻生活的底线。现实的夫妻生活中，彼此间除了要履行基本的忠实义务之外，还要能从对方的人格特点与思维方式等角度给予对方理解与尊重。这是构成幸福生活的前提，也是培育和谐的夫妻生活的基础。

渴望幸福的晚年生活与美满的老年夫妻关系几乎是所有老年人的追求，因此，老年夫妻不仅要能做到互负忠实义务，还要能从对方的个性与性格等角度思考与理解对方，才可能构筑牢固的老年夫妻关系与美好的老年夫妻生活。经历了数十年的社会职场生活，夫妻中的任何一方都可能或多或少地接触并接受了社会对家庭夫妻生活的影响，性格、爱好与生活思维方式等方面都会发生一定的改变。原先与同事之间的生活与交流方式，也会随着退休后与自己的婚姻伴侣的朝夕相处而发生微妙的变化。人们在与作为外人的同事相处时总会表现得彬彬有礼，而面对自己最亲密的人时，大多都会不经意地流露出一种对缺少互敬的坦然。夫妻生活需要经营，老年夫妻更是如此。面对着在多年社会生活中对方可能形成的自我的个性，老年人更需要表现出一种能共甘苦的意志、对对方的奉献精神、给对方的宽容态度。这是老年夫妻之间互负忠实义务的体现，也是和谐老年夫妻生活的呼唤。在现实生活中，老年人需要不断努力去寻找能够调节与促进和谐的老年夫妻生活的社会实践，这种需求也为老年学习活动的开展提供了构建和谐的家庭夫妻生活的目标追求。

比老公早退休在家的嵇工程师发现“下得了厨房”不仅是“淑女形象”的体现，更能成为实现“贤妻良母型”家庭生活品质的重要途径。她认为，老年生活中家庭饮食水平的提高能在一定程度上促进夫妻关系的和谐，这种追求让她对学习烹饪技术有了想法。退休后在公园里偶遇了合唱队表演的刘设计师很快被吸引到了音乐的殿堂，但是，当他在家弹奏钢琴时，他首先想到的并不是如何提升自己的钢琴演奏水平，而是要能照顾好妻子的心情与情绪。这种为了夫妻间关系的更融洽，或者说为了家庭成员间的和谐关系而宁愿把自己的兴趣放在一边的案例，都很好地体现了老年夫妻之间的奉献与宽容对保障老年夫妻生活和谐所起的重要作用。

2. 赡养与尊重：代际之间生活和睦的保障

社会生活水平的提高使得家庭生活结构存在着多样性的特点，传统的三口之家的生活结构在悄然地发生着变化。现代家庭生活既有两代人同住的现象，也有三代人同住的现象，但是，不论居住的状况如何，家庭成员之间的亲情关系与生活依存同样会被每一位成员所坚守。人们除了会关注和谐的夫妻关系在家庭生活中的重要地位和作用之外，也会关注与父母长辈和子孙晚辈之间和睦的生活状态。

对于构建和睦的父母长辈关系，子女不仅要承担起物质生活的赡养义务，还应给予父母长辈精神关怀与精神赡养的空间。某种意义上说，使他们感受到满足的是“与其同伴及其过去相比心理上的相对值，而不是物理上的绝对值”①。在家庭生活中，子女应该在情感与心理等方面给予父母长辈以关心与帮助，使他们能从家庭生活中获得家庭的亲情与温情，用家庭的温暖让他们享受晚年生活特有的天伦之乐。对于形成和睦的子孙晚辈关系，父母需要给予子女生活上的抚养与关爱，“孩子是确立正常的夫妻关系的基石，是孩子的存在稳定和充实了父母全面合作的生活”②。父母还需要给予子女精神上的引导与尊重，让晚辈保留个性生活的空间。“父母是孩子成长过程的中心人物”①，孩子小的时候，需要得到父母给予的全方位帮助。这种帮助会随着孩子的成长逐渐发生转变，原先孩子的被抚养意识逐渐会被孩子的独立与自立意识取代。父母对子女的“无私奉献”也应逐渐转变为对他们人生发展的引导和尊重。把子女不成熟、不完善的人生观与世界观逐渐引向更合理的角度，同时要学会尊重子女的个性需求与生活风格，这也成为培育和睦的子女关系最有效的关怀与保障。

学习舞蹈不仅让金技术员做到了“精神焕发”，也让她对家庭中父母关系的理解有了新的认识。尽管在她学习舞蹈的过程中“身体疼痛不堪”，但是她却不愿意让父母知道。金技术员不希望因为自己学习过程中的苦痛而让父母担心，她不希望给父母增添精神上的紧张，不要为子女的学习生活而忧虑。某种意义上说，这就是对父母的一种精神赡养的体现。退休后的嵇工程师与孩子同住在一起，她不会过多干预孩子的工作与家庭生活，只有当孩子在某些方面遇到困难没法解决时，她才给予及时的帮助。当她的孩子想考注册经济师而没有时间查询信息时，嵇工程师就“上网查询具体的信息，并把下载下来的资料整理成文档”。这种帮助对于孩子的成长而言，就是一种引导和尊重，也是构筑和睦的家庭子孙晚辈关系的重要保障。

从社会人口学的角度来看，家庭是人口生产的基本单位，同时，家庭也是社会成员获得生存与发展的生活港湾。营造真诚友爱与充满活力的家庭和谐氛围是家庭成员成长的基础，也是和谐的家庭关系的期盼。离开了社会职场生活的老年人，面对着平淡且没有方向，甚至略显空虚的老年生活，既需要得到家庭及其成员给予的温情与关怀，也需要积极引导与尊重子孙辈的成长与发展。这种对家庭生活的依赖与责任，无疑成为幸福老年生活的重要支撑，这些方面的需求与渴望都为他们积极参与老年学习明确了新的老年人生目标。

---

① Stonffer, S. A. Adjustment during Army Life. Volume1[J]. The American Soldier. New York: Princeton University Press, 1949: 45.

② 费孝通. 生育制度[M]. 北京：商务印书馆，2004：84.

第四节 学习是对老年社会生活的关注

马克思主义认为，社会是人们相互交往的产物，是各种社会关系的总和。正是由于人与人之间各种交往的存在，才构筑了纷繁复杂的人类社会生活。可以说，社会生活是人们在以个体存在为前提而形成的各种人际关系的基础上，为了维系生命存在与不断提高生命价值而进行的一切人类活动总和。对于老年人而言，尽管他们已经离开了职场生活，但是，他们大多都拥有了一定的个体生存所需的物质条件。在此基础上，他们依然会与社会产生各种相互交往活动，从而也构成了他们缤纷的老年社会生活。因此，人们可以把老年社会生活理解为老年人所参与的各种社会交往活动，以及在此过程中所获得的社会认同。

一、社会交往的需要

个体是社会的组成部分，也是社会生活的产物。个体的生命价值不仅在于自身的存在与发展，更在于对社会的付出与贡献。为实现这种社会贡献，个体需要实现与社会的有效交流与交往。

1. 人际交往是个体社会生活的基础

"社会，不管其形式如何，都是人们交互活动的产物"①，既然个体是构成社会的基本要素，社会就不是个体总数的简单相加。"个体既是一个独立的自我，同时也拥有一个共同的生活世界——世界不只是我的，也是你的，是他的，更是我们的。"②某种意义上说，社会就是一种不同个体之间的关系总和，是一种以特定的生活方式为基础而建立起来的各种社会关系总和。任何社会关系的建立都需要个体以人际交往为基础。如果没有个体人际交往的存在，社会关系就无法建立，合理的社会结构将很难维系，人类存在的社会意义也将无法体现。因此，个体积极参与人际交往既是社会存在的必然选择，也是个体生命价值与精神生活实现的重要载体。

生活在中小学校的学生，既需要努力提高个人的学习成绩，也需要在学习过程中不断与同学交流。这种交流可以获取对知识的理解，也可以提升个体对学习的合理认知。生活在社会职场中的成人，既需要为个体的职业生涯而努力付出，也需

---

① [德]马克思，恩格斯．马克思恩格斯选集(第2版，第4卷)[M]．中共中央编译局，译．北京：人民出版社，1995：532．

② 冯建军．生命与教育[M]．北京：教育科学出版社，2004：327．

要在职场生活中不断与同事交往。这种交往不仅有助于拓展个体的工作适应能力，而且有助于提升个体在职场生活中的成就感。生活在退休环境中的老人，既需要充实自己的老年生活知识与技能，还需要在此过程中不断地与人交流交往。这种交往可以获得充实的老年物质生活，也可以拥有美好的老年精神生活，实现完整的人生价值。

退休后的嵇工程师在关于人际交往对生命价值的意义理解上的感触颇深。当她刚从岗位上退下来的时候，“一下子就有一种不适应的感觉。就觉得与社会脱离了，社会立刻就把我们抛弃了。”她以前从事的是科技含量很高的工作，而且，在单位里还是技术骨干。“从工作了一辈子的岗位上退下来的时候，整个人都有了一种被社会撇开、抛弃的感觉。”后来她决定要走出去，“不能因为退休而让自己完全被封闭在家庭那个狭小的生活空间里面”。来到社区学校，她发现“这个公共的学习场所是一个非常高雅的学习环境”，来这里跳舞的女士、男士“都是很彬彬有礼的”。同学的彬彬有礼，也影响、感染了她，使得她“在日常交流与行为举止上也有所顾忌，不会出现失态或者不雅的行为。这也是学习活动培育了我的个人修养”。

2. 邻里生活是个体社会生活的保障

诸如“远亲不如近邻”“近水楼台先得月”等俗语都是在说邻里关系对于促进个体社会生活发展的重要意义。良好的邻里关系不仅能促成和谐的人际关系，更能使得邻里之间融为一体。“共同体是一种持久的、真正的共同生活，一种原始的或天然的人的意志的统一体。从人类社会的发展史可以看出，正是这种共同体的结合模式促成了人类的现代社会”①，这种邻里之间相互关系的存在，构成了人类社会中的邻里生活共同体。相对而言，除了与家人联络交往之外，中小学生可以与同学保持联系与交往，职场从业人员可以与同事保持联系与交往。而随着子女成家立业后的独立生活，退休后离开了社会职场的老年人身边既无同事可以交流，也无子女陪伴左右。除了与同住的家人交流之外，邻里可能是离他们最近的人了。因此，邻里生活对于老年生活而言尤为重要，融洽的邻里生活是他们社会生活的重要保障。

邻里生活的缘由可以追随到以血缘为基础的同姓聚居的古代社会。那时的邻居多为以血缘关系为纽带而形成的家人与亲人，彼此间的关系相对较融洽。随着人类社会经济的发展，各类城镇生活现象开始涌现。职业结构与经济水平等条件相对接近的人们彼此有着更多的联系，并逐渐居住在了一起，这种邻里关系构成了现代社会邻里生活的基础。随着经济结构的调整与经济发展模式的变化，逐渐成

① ［德］费迪南，滕尼斯. 共同体与社会［M］. 林荣远，译. 北京：商务印书馆，1999：7.

为社会生活中发展常态的人口流动冲击并改变着人们的居住观念。异质性与流动性已经成为区域人口分布的显著特点。原先稳定的居住状态与居住环境大多已被打破，左邻右舍之间的无任何亲缘关系、无任何业缘关系、无任何交往历史等“三无现象”十分突出，导致了邻里关系逐渐趋于冷落，直接影响了邻里生活以及个体社会生活的质量。这种现象对老年生活的影响尤为明显，也使得老年人期待着拓展他们的邻里关系。用自己良好的邻里生活提升个体的社会生活质量，已经成为大多数老年人的共同追求。

退休后换了居住环境，住进了新建住宅小区里的刘设计师对于邻里关系就颇有感受，“大家尽管住在一栋大楼里”，但是，“进了房间就把房门关上了，大家彼此几乎不联系”。“只有几个年龄相仿的人”见面互相点点头、打个招呼，这种邻里生活让他深深感受到了邻里关系的“冷漠”。所以，没事的时候，他“就到复兴公园去散步，看别人唱歌跳舞”。从刘设计师对邻里关系的察觉中可以体会到，他对和睦的邻里关系是非常渴望的。毕竟，邻里生活也是老年社会生活的要素之一。

既然人类社会是由若干社会个体有机整合而成的产物，个体之间的交流与互动不仅是社会进步的重要标志，也是个体社会生活的重要组成部分。对于已经逐渐远离社会视线的老年人，积极参与人际交往、努力提升邻里生活质量将成为老年社会交往的必然要求。同时，也呼唤着老年人通过参与老年学习等形式满足自身对提升邻里生活质量的社会需求。

二、社会认同的需要

退休后的老年人在参与社会生活的过程中，一方面，他们会积极融入其中，以此作为自己老年生活的一部分。另一方面，他们也会在社会生活中不断拓展自身的综合影响力，以期赢得他人与社会的认同。

1. 社会参与是个体社会生活的组成

人们进入退休生活意味着自己的行为方式与社会角色都会发生很大变化。“子女成家立业使自己作为父母的角色会被弱化；丧偶会使自己失去了作为妻子或丈夫的角色；退休使自己不得不终止从事多年的工作与职业”①，那些原先习以为常的社会角色与实践活动都随着自己年龄的增长而逐渐远去。子女成家立业后的独立生活会使老年人的父母责任意识不断弱化、家庭活动趋于减少。从职场生活中的淡出会使老年人参与社会活动的机会减少。这些活动的减少使得老年生活与社会的接触越来越少。而日益减少的社会活动不仅使得老年人的社会交往机会减

① 裴晓梅.从“疏离”到“参与”：老年人与社会发展关系探讨[J].学海，2004(1).

少，还会使得老年人的社会生活变得单调枯燥，缺乏生活品质。1982 年《维也纳老龄问题国际行动计划》强调了“政策制定者和研究工作者应该认识到老龄问题不仅是保护和照顾老年人的问题，而且也是年长者和老年人参与社会的问题。”1992 年第 47 届联合国大会通过的《老龄问题宣言》提出“欢迎老年人对经济、社会与文化的发展做出越来越多的贡献”。2002 年第二届世界老龄大会提出的《政治宣言》把“老年人与发展”放到了优先发展的位置。老年人的社会参与已引起了全世界的广泛关注。

老年人的社会参与是老年生活的需要，也是社会发展的需要。参与社会生活可以从社会获得维护生命存在与社会价值必需的物质保障，也可以在促进社会发展的基础上获得自身精神需求的满足。可以说，参与社会生活既是老年生活的权利，也是老年生活的组成部分。老年人只有积极参与社会生活实践，才能更好地实现自身价值，满足社会发展对老年人的要求。为更好地适应社会生活，老年人需要积极参与各种老年学习活动，掌握一些属于老年角色的社会知识与生活技能，实现老年生活的社会价值。

金技术员刚退休时就一个人闷在家里，“人很不舒服的。就好像全身到处都有毛病一样的，浑身上下一点力气都没有”。自己也“不聚会的，心里很烦，也不出去玩”。这种退休就脱离社会的生活让她五年下来就像“祥林嫂”一样整天无精打采的。是邻居“你去学学跳舞”的建议，让她走出了家门，参与到了社会生活中。

2. 社会认同是个体社会生活的归宿

英国著名社会心理学家泰费尔·亨利（Tajfel Henry）从群体行为心理学的角度对群体间的行为进行了分析并提出了“社会认同”概念与“社会认同理论”。根据泰费尔的理解可以把“社会认同”界定为“个体意识到自己所属的特定社会群体，同时也意识到作为群体成员带给自己的情感和价值意义”。① “社会认同”的概念最初源于对群体成员的身份认同，人们总希望能争取积极的社会认同。人们一般是通过对内群体与相关外群体的比较获得社会认同的。当不能获得满意的社会认同时，个体就会离开自己的群体或想办法实现积极的社会认同。社会认同理论认为个体通过对自身行为的社会分类，由群体认同产生了内群体偏好和外群体偏见，并通过实现或维持积极的社会认同以获取自尊。一般而言，个体都会热衷于自己所在的群体，认为自己的群体总是比其他群体好，并在寻求积极的社会认同与自尊中体会团体间的差异，从而形成强烈的内群体优越感。这种由社会认同所产生的积

① Tajfel H. Differentiation Between Social Groups：Studies inthe Social Psychology of intergroup Relations[M]. London：Academic Press，1978.

极优越感会影响着社会个体积极融入到所在群体的各项活动中，并由此产生更高、更好的社会认同，同时给社会个体带来更加强烈的群体优越感。以此循环往复，形成逐渐升华的个体自身进步与社会认同，并最终促进个体社会生活质量的提升。

当然，在进行群体对比过程中，也可能存在对自己所属群体不满意的感觉。为此，泰费尔等人提出了三种应对策略。首先是社会流动。即个体离开内群体而努力加入另一个更好的群体中。如果这样行不通，他会尽量把关注的视线转向其他更好的群体，或者尽量强调个人认同而不再强调社会认同。其次是社会竞争。即如果自己所在的内群体较差，个体就会努力分析原因所在，并思考如何反击外群体的存在。可以说，群体间存在冲突的原因之一就是社会竞争的存在。最后是包括反向思考等多种精神认知在内的社会创造。这种策略可以帮助人们调整对所在群体的理解，以形成有利于自身群体的思维认知。而事实上，任何一个群体都不可能始终成为超越其他群体的佼佼者，总会出现逊色于其他群体的情况。因此，作为群体成员的社会个体，既要关注群体的整体发展，为自己所属群体的成就而努力。同时，社会个体还要不断强化自身的优势因素，积极提升自身的优势空间，为自己能始终处于优势群体而努力。

对于老年人而言，无论是在以身体机能与生命存在等方面为主的物质生活层面，还是在以个体兴趣爱好与人生追求等方面为主的精神生活层面，他们都很难获得与其他年龄段人群同等的发展优势。因此，为了实现老年生活的社会认同，老年人需要积极拓展个体的生活空间，提升个人的综合素养，在提升老年生活质量的同时，实现老年生活的社会认同。这些都对他们积极参与包括老年学习在内的各种社会实践提出了要求与愿望。

故事中的嵇工程师对自己的业务是很娴熟的，她也经常代表单位外出参加各种会议。当然，在她的生活中也存在一丝遗憾，那就是她“不会唱歌跳舞，不能融入到单位举办的各种联谊活动”。当她在北京开会期间参与对方单位组织的 party，被人邀请跳舞时，因为她的一句“我不会跳舞”让邀请者“钻到了桌子下面”。这件事对她的触动很大，退休前工作很忙没有时间，退休后，她决心一定要学会跳舞的基本动作。她希望自己能在各个方面都被自己所在的群体认同，正是这个想法让她选择了老年学习。

社会认同是一种个体对自己所属的特定社会群体，以及对群体给个体生活带来的情感体验与价值判断的认知过程。它是社会个体对所持有的行为取向与价值判断的体现。对于老年人来说，这种认识不仅可以丰富老年生活的内容，还能提升老年生活价值。因此，老年人可以通过学习相关知识与技能，提升个体参与社会的能力与水平，满足老年生活对社会认同的需要。

综上所述，社会个体的生活实践往往来自于他们社会生活的要求以及个体对生活的内心体验。对于老年人群，他们在生活中将面临着身体机能衰退与生命体存在等物质生活的考验。同时，社会发展的现实也要求他们不断拓展自己的兴趣爱好，并在丰富自己的老年人生经历的同时，不断提升生命的价值。在家庭生活中，老年人既要面对着父母长辈与子孙晚辈等不同角色的家庭成员的生活要求与家庭责任，还要面对着来自社会交往的生活需要。老年生活中的所有一切都呼唤着老年人要不断提升自己，以适应变化中的社会生活给他们带来的机遇与挑战。而顺应这种社会发展要求的最佳途径就是积极参与老年学习，融入社会实践，拓展老年人的家庭生活知识与社会生活技能，更好地适应社会发展对老年生活的要求，让自己的老年人生更充实、老年生活更精彩。

第九章

老年学习融于老年生活

美国教育哲学家杜威倡导的“教育即生活”的教育理念强调了向实践学习、向社会学习的“从实践中学习”教育思想，这种“教育即生活、生长与经验改造”的思想主要是针对社会生活中那些易获取的感性认知及其促进个体成长的社会实用主义观点。其理论假设源于人们认知能力的实践性，以及人类思维的外在影响性等认知规律与特点。

当人们在探究学习与生活的关系时可以借鉴这种教育思想，当然，还需要做适度的思维超越。对于老年学习而言，其学习内容与学习形式不仅受到学习目的的影响与制约，还与其自身的老年生活紧密关联。这种学习不仅与人们的感性认识相联系，更依赖于人们对生活的理性思考，尤其是对学习与生活实践互动关系的理解。通过探寻老年学习与老年生活的关系可以发现，老年人参与学习活动不仅在于收获知识，还会关注学习对于老年生活的现实意义，也许这才是老年学习最主要的目标追求。

通过对老年生活中的学习故事的梳理可以看出，老年学习不仅源自于老年生活的需要，而且，作为老年生活中的一种社会实践活动，老年学习还紧密融合于老年生活之中。可以从老年生活中的物质生活、精神生活、家庭生活及社会生活等角度对老年学习与老年生活这个层面的相关性进行深入剖析。

第一节 学习是老年物质生活的组成

在人类个体存在的自然、社会与精神的三位一体属性中，尽管精神与社会属性为个体生存的主导因素，但是，人的存在的自然属性也为其生命体存在提供了坚实的物质基础。对于生活在老年世界的人们，身体机能的衰退与生命特征的弱化影响了老年人的生活质量，甚至影响到他们的生命体存在。当老年人为了减缓身体机能的衰退与生命特征的弱化程度而积极参与老年学习时，他们的学习就是他们物质生活的组成，并将成为伴其终身的社会实践活动。

一、身体机能的维持

人的身体结构随着年龄的增长而发生着改变，从年少时的发育不完全到成年时的完全发育成熟，再到老年时期人体内脏器官的逐渐萎缩与功能下降。这种变化导致了老年人身体机能的逐渐下降。为了拥有健康的老年生活，越来越多的老年人加入了以增强身体素质为目标的老年学习活动中。对于已经离开了职场生活的老年人来说，这种有规律的老年学习活动，俨然已经成为他们老年生活的重要组成部分。

1. 学习就是对身体机能的维持

退休后的老年生活让老人们有了更多可以自由支配的时间，而面对着老年生理变化与身体机能衰退，他们有更多的精力调整自己的生活规律，充实并丰富自己的老年生活。多年忙碌的职场生活，以及没有规律的日常生活在一定程度上影响了个体的身体综合素质。从而使得老年人尽管可以过着退休后相对清闲的生活，却苦于身体机能的下降而无法安享快乐的晚年。在个体存在的自然属性中，身体机能的维持又是生命体存在的基础。老年人通过参与以维持身体机能为目的的学习活动，可以循序渐进地增强身体素质，增强机体参与社会实践活动的灵活性与适应性，为老年人安享晚年生活创设自身的物质条件。

金技术员原先的工作是负责整理工厂的相关数据与资料，长期的伏案而作导致她“经络不通、浑身疼痛”。退休后外出活动机会的减少以及劳动量的降低，更使得她“整天无精打采、说话有气无力”。基于她身体的这种情况，邻居让她去“学习跳排舞”。这个建议不仅给她提供了参与社会活动的机会，而且也是帮她寻找到了维持身体机能的最佳方法。金技术员坚持了多年的舞蹈学习活动，就是不断提升自身的身体机能的过程。

2. 对身体机能的维护使学习的延续具有可行性

人类个体三位一体中的自然属性，是个体精神属性与社会属性得以存在的基础。个体对身体机能的维护既是对个体自然属性的尊重，又是个体自然属性存在的基础。因此，对身体机能的维护也是个体参与包括学习活动在内的各种社会实践的前提。拥有良好的身体机能，个体就拥有了积极参与各种实践活动的物质条件。对于老年人来说，对身体机能的维护，既能让他们不断延迟衰老，推迟身体机能的下降速度，也能让他们拥有学习活动必需的身体保障，实现他们以健康的体魄从事自己感兴趣的学习活动的愿望。

退休后无所事事、“感觉不能适应生活，就像被社会抛弃了一样”的嵇工程师觉得这种老年生活不是自己所期待，也不是自己愿意看到的，她“决定要走出去”。为了保持良好的精神面貌与生活状态，她“每天晚上十一二点休息，早晨六点半起床”。这种有规律的生活不仅使得自己的身体感到了轻松与舒适，也让自己有更充沛的精力投入到更广泛的老年学习活动中去。

长期以来，体弱多病几乎成了老年人的代名词。尽管社会生活水平的提高以及社会卫生医疗技术的提升已经成为人类社会进步的重要保障，但是这些都无法阻挡老年人身体机能下降的整体趋势与客观现实。老年人所能做到的就是尽量延缓身体机能的下降，老年学习为此做出了积极努力，也不断提升了人们对个体存在的思维能力与水平。同时，老年身体机能的维护也为老年学习活动的开展提供了坚实的保障。

二、生命存在的延长

社会个体从生命诞生起的生命存在过程，就是个体不断获取新知与拓展视野的过程。步入成年阶段进入社会以后，个体获取社会知识的进度与速度会进一步加快，并逐渐趋于成熟。退休以后人们与社会的接触会逐渐减少，对社会的感知也会逐渐降低。但是，尽管如此，个体在不同年龄阶段的生命价值都是依然存在的，老年期也不例外。参与积极的老年学习不仅可以帮助个体获得老年期生活知识，丰富他们的老年物质生活，而且还可以帮助他们认清个体生命的现实存在。可以说，参与老年学习就是延长老人的生命存在。

1. 学习就是维护生命存在

在社会生活中，人类个体既具有社会文化的属性，不同个体的有机组合构成了人类社会的存在，同时个体也具有物质生活的属性，个体需要拥有生物体生存所需的基本物质条件。在个体的物质生活与精神生活之间，精神生活是个体存在的价值与意义体现，而物质生活是精神生活存在的有形载体，这又以个体的生命存在为前提。个体应充分明确生命存在对于自身精神生活的重要性，同时也要意识到物质生活中社会生命体的存在对于物质生活与精神生活的基础作用。经历了数十年社会生活的老年人不仅拥有了对生命存在的价值与意义的理解，还拥有对个体存在的社会价值与意义的合理解读。相对而言，老年人对生命体存在的理解应该更加深刻，毕竟，生命体的存在是个体所有物质生活与精神生活存在的基础。

相对于朝气蓬勃、意气风发的年轻人旺盛的生命力，老年人的生命特征往往会随着年龄的增长、身体机能的下降，以及身体细胞组织不断衰竭而逐年下降。而且，这种下降与衰竭还会随着老年人年龄的增长呈加速下降趋势。因此，老年人需要积极参与能有效应对生命特征衰退的学习活动。这既是生物体的存在对学习提出的要求，也为老年学习活动提供了丰富的内容。这种学习也会伴随着老年人生命存在而一直延续下去。

回忆起八年的“插队落户”经历对自己身体的影响，顾护士仍然记忆犹新。那时还很小的她“不懂得保护身体，身体素质很差，经常感冒”。即使在医院工作了一辈子，也没有帮助她把这个身体问题解决好。退休后，当她想到参与老年学习时，她首先想到的是要通过学习让身体健康起来。她的感觉就是“只要自己的身体好，自己的老年生活就会活得轻松，甚至还能活得更长一点呢”。可以看出，对于老年人来说，保持生命的存在就是他们的学习内容。基于这样的生活目标，他们所参与的老年学习也同样构成了他们老年生活的一部分。

2. 老年人的生命存在意识使学习的延续具有可行性

现实主义物化认识论强调生命存在是自然主义意识，是对物质世界的追逐。尽管该观点是对生物体的物质生活的重视，但是它恰恰反映了现实主义物化论对事物客观规律的理解与尊重。唯有实现了生物体的存在，生命的存在才能得以确认，也才能为生物体更好地体现与反映自身的社会属性奠定基础。借用这个观点可以得出，人作为社会生活中的生物体，首先必须关注自身生物体的存在以及自身的生命存在。只有具备了生命的存在，人们才可以更好地了解社会、发展社会、享受社会生活。

走完了职场生活的老年人，由于逐渐远离社会组织与职场生活，他们的存在往往会被社会所淡化，因此，强化自己的生命存在意识更应成为老年生活的重要内容。随着老年人生命存在意识的强化，他们更愿意积极面对各种社会生活，并在积极的社会生活中寻找老年生活的价值与意义。这种对生命存在意识的追求，会不断激发老年人积极参与各种老年学习活动。老年学习过程不仅是对自己生命存在的科学解读过程，更是对老年人生的诠释过程，同时也为老年学习活动的持久开展提供了思想保障。

退休之前患上了癌症的王财务不得不在病愈后提前退休，为了尽快恢复身体，她需要在家休养。然而，一次体检的结果却让她大吃一惊，“自己的血糖(指标)高达 12”。她深知高血糖对于老年人身体的危害是潜在的、巨大的，严重时甚至可以危及生命。她需要消除高血糖对自己身体的危害，就自我查找病因和解决方法，最终她“每天坚持走，不停地走，半小时以上”。一段时间之后，她的血糖恢复正常了。这让她很开心，她又可以继续坚持自己的老年学习活动了。

进入老年期，逐渐淡出社会活动已成为老年人的生活现实，这也会让他们对不断丰富自己老年物质生活的期盼变得更加强烈。尤其是当年龄的增长可能带来各种身体疾病与身体不适时，老年人不仅会对维护自己身体机能的稳定性、确保自己生命存在的主动性产生强烈的愿望，而且他们还会借助各种老年学习机会获取相关知识与技能，消除或减缓身体衰老对自己生命存在的影响。这种生活中的老年学习故事既确保了老年物质生活的存在，也为学习活动本身的延续提供了物质基础与保障。可以说，老年人的生命存在与老年学习之间实现了互为动力而共同延续。

第二节 学习是老年精神生活的体现

继承性与创造性是精神生活的两大特点。作为社会生活发展必然规律的继承性也是社会文化发展的重要规律，都是受人的思想意识的发展特点所决定。而作为客观事物与人的主观能动性相互作用的结果的精神生活，必然受到社会生活、社会文化与人的思想意识的共同影响，因此，人的精神生活发展也具有继承性的特点。为此，人们需要主动认识世界，积极理解与探求各种精神资源，从而在对客观世界进行改造的基础上实现对现实生活的不断反思，并不断完善自己的精神生活。

精神生活继承性的特点也决定了精神生活的创造性。这种创造性需要人们为生命存在不断提供新鲜血液，在不断地改变自我、提升自我的基础上，实现对自我的重塑，最终提高个体的生命存在价值。因此，精神生活是每位个体对自己的生命存在必须担当的责任。日常生活中的每一个变化瞬间，每一种有意义的参与，每一个奇特的想法或发现，都是一种创造，对过去的事物与思维的创新。

老年人积极融入学习的过程，就是不断拓展个体兴趣、延续人生经历与提升生命价值的过程。这是一个实现个体精神生活的继承性与创造性，为自己的生命存在不断获取新鲜血液的过程，同时也是充实老年精神生活的过程。

一、个体兴趣的拓展

由于兴趣是个体特定的情感倾向，是个体内心对特定情境或事物持有的态度，兴趣必然体现了个体对事物的特殊情感，并影响着个体的思想与行为。当人们对事物有强烈的喜好时，必然会驱使着人们通过各种社会实践活动予以追求。退休后的老年人已经不再受职场生活的制约，而能够对他们的思想与行为产生影响的就是他们的兴趣，是他们对事物的特殊情感。参与老年学习既源自于他们对事物的兴趣，也是他们对兴趣所做的积极拓展，更是他们用积极的学习行动充实了自己的老年生活。

1. 多元智力使个体兴趣的培养具有可行性

依照杜威关于“兴趣是个体与外在事物的统一”的观点，个体因为兴趣的存在而与外在事物之间互为依存关系。这是对兴趣作为人们与外在事物建立互动关系的一种理解与认可。这里描述了外在事物可以被认知的两个维度，一个维度是外在事物具有可认知性，即外在事物可以作为客体而具有被认知的可能性。另一个维度是认识主体具有对外在事物有机把握的可能性，即作为认识主体的人对于社会事物所拥有的认知能力。从年龄的角度来看，中小学生正处于身体的生长发育期、智力结构正处于快速发展与成熟期，所以，他们认知事物的能力空间是巨大的。步入社会的成年人，不仅可以把学校所学的知识与技能放进社会实践中加以运用和检验，还可以不断丰富个体对社会事物的认知与把握能力。而对于退休后的老年人，他们的认知能力是否会受年龄增长的影响、随着身体机能的下降而下降呢？这个问题将直接影响老年人的学习能力、学习水平与学习持久力。

加德纳根据大量的测试实验把“智力”界定为“个体在社会或文化环境价值标准下，解决遇到的真正难题或创造有效产品所需要的能力”。也就是说，社会个体在涉及语言交流、数理推理与生活娱乐等方面知识时，应具备语言表达、逻辑推理、人际交往与认知等能力。连同自然主义与存在主义智力，被称为“多元智能理论”的观点认为人的智力是多元的，是一组能力的综合体现与多元共生。因此，人的智力结构往往会因为个体的不同而各有差异，同时也受到所处环境的影响和制约。由于人的智能往往体现在解决实际问题或生产所需产品等方面，多元智能理论十分强调对智能问题的多维度理解。

根据多元智能理论的解释，对于老年人而言，尽管他们身体机能会有所下降，记忆力会随着年龄增长而衰弱，但是他们对实际问题的理解与把握能力并不会与年龄的增长成完全正相关。相反，多元智能理论为老年人培育自身兴趣提供了理论依据，也为老年人自身兴趣的拓展坚定了强大的理论基础。

把自己的职场生活奉献给高科技领域技术管理工作的嵇工程师得到了回报，那就是职场生活给了她一种对技术操作的认识与执著。这种人生态度也为她退休后参与老年学习提供了方向与指导，她“在上班期间是搞技术的，后来还做了单位的管理工作，所以想学一些技术性较强的知识与技能”，因此，她选择了摄影软件操作知识的学习。她所学的知识，“算是有一定的技术含量的。相对而言，也要求学员要有一定的知识和技能底蕴”。对于参加老年学习能否学有所成，依照刘设计师看来，“首先自身得有强烈的不断提高自己的愿望和追求才行，另一个方面，学习音乐和学习美术一样，都是要有天赋的”。上面两个案例分别从老年学习者的实际学习经历与个人对学习的感悟的角度反映了个体多元智能的存在使得个人对自我兴趣的培养有了现实可行性。

2. 学习就是培养个体兴趣

著名科学家阿尔伯特・爱因斯坦(Albert Einstein)有句名言"兴趣是最好的老师"。兴趣是人们了解事物与对待事物的一种态度，也是人们在实践活动中所呈现出的一种意识倾向。一旦拥有了对待事物的兴趣，人们就会全身心投入到具体实践活动中，并愿意积极推进活动开展。关于教育的起点，杜威从儿童心理学角度对教育进行了思考并提出："教育涉及心理学与社会学两个方面，其中，心理学是基础。儿童自身的本能与能力为教育提供了起点。"①也就是说，教育活动只有不断关注到个人的能力、爱好与兴趣，才可能从个体的内心发展角度对学习者形成有效引导，才可能不断拓展学习者的能力、兴趣与习惯，从而有效实现教育的目的与效果。

由于儿童正处于身体的生长发育期，其智力水平与综合因素都具有很强的可塑性。因此，学习能力、兴趣与习惯会在很大程度上影响他们的学习活动。对于老年学习活动而言，尽管老年人的学习能力已明显不具备优势，但是，一旦他们对学习产生了兴趣，他们对学习活动的控制力往往较其他年龄段的人更强。而且，这种控制力会让老年学习者一直坚持下去。可以说，老年人对生活的兴趣会激发自己通过学习不断拓展老年生活知识，而个体内在学习动力的增强，既会让个体更加执着地坚守自己对学习的选择，而且还能更好地激发自己的学习兴趣。所以，老年学习的目的不仅能获得老年生活知识，还能不断激发老年学习者的学习本能，从而促进老年学习者学习兴趣的持续培养与发展。

完全退休以后没事就"到公园里散步"的刘设计师在邂逅了合唱队以后，不仅加入了合唱队的演唱，而且，还在合唱队友的影响下，自学了钢琴。为了学好钢琴，他不仅买了钢琴，"到现在都没有间断过练习，一直都是在自学"。也有朋友跟他说，"老刘，你的钢琴弹了那么好，为什么不去考级呢?"但是，他却不那么想，"我想我为什么非要去考级呢? 这是我个人的一种爱好，一种享受嘛。"从刘设计师的身上可以明显感受到，他自学钢琴是弹钢琴的兴趣对他的期盼，但是他更觉得自学钢琴是对他钢琴兴趣的培养与呼唤。

从社会学角度来说，个体从本性上是愿意参与社会活动的②。而且个体会在参与活动的过程中不断调整自己的兴趣爱好，充实自己的生活知识，满足与适应所

① 吕达，刘立德. 杜威教育文集(第2卷)[M]. 北京：人民教育出版社. 2008：5-7.

② 赵祥麟，王承绪. 杜威教育名篇[M]. 北京：教育科学出版社，2006：195.

处环境的要求。由于基于个体的情感所产生的兴趣，往往具有主体与客体的统一、源自于个体的冲动以及发展性等特点，因此，老年人参与老年学习不仅是以个体兴趣为基础，还会在学习过程中不断强化对自身学习兴趣与学习潜能的培养。既以学习兴趣为出发点，又以学习兴趣为归宿点的老年学习，让学习兴趣与学习实践之间互为动力，并最终共同促进老年精神生活的提升。

二、人生要义的彰显

随着原法国总理埃德加·富尔及其同事们在 20 世纪 70 年代提出的“新的教育精神使个人成为自己文化进步的主人与创造者，每个人都必须终身不断学习①”的观点在全世界的传播，人们对终身学习理念的认识变得越来越清晰了。儿童时期开展的学习常被理解为是为人生的未来发展奠定基础，成年后接受职业培训常被理解为是为不断丰富个体的社会生活而学习，而老年人参与学习活动往往很难与人生某个阶段的社会与历史责任相联系，因而很容易被人们忽视或误解。在现实生活中，刚刚步入退休生活的老年人往往会因无所事事而倍感精神空虚，而参与老年学习不仅可以理解为既源自于个体的生活兴趣，也丰富了个体的人生兴趣。同时，对于时间相对宽裕、生活相对清闲的老年生活，老年学习已经成为他们退休生活的一部分，成为他们晚年生活中的人生经历。

1. 终身学习就是对自我身份的认同

身份认同是个体对自身存在、文化价值等方面的一种思想认知与思维描述。由于不同文化主体之间相互作用导致了身份认同的嬗变，所以需要个体开展自我身份认同，主要涉及个体的自我属性、历史文化与未来发展等方面。在个体身份认同过程中，社会文化的运作促使个体积极或消极地参与着社会文化的实践活动，从而实现其身份认同。受到不同社会文化的影响，自我身份认同强调了自我生理与心理体验，并以自我心理感知为核心。广义上说，身份认同是指某一文化主体在各种不同的社会文化之间进行的自我与集体身份选择，以及由此所产生的焦虑与希冀、痛苦与欣悦等多种思维感受并存的主体体验，并最终形成思想归属的精神体验过程。

对于已经淡出了职场生活的老年人，尽管他们逐渐远离了社会组织，但是，他们对个体的自身存在、人生经历与老年生活依然需要合理的认知，并在自我文化环境中形成个人身份认同。由于老年人个体不同的人生经历、发展境遇与文化思维，他们对个体心理认知的能力与水平也将千差万别，因此，对身份认同的理解与期待

① 联合国教科文组织.学会生存——教育世界的今天和明天[M].北京:教育科学出版社,1996:223.

会驱使着他们积极融入各种社会文化。他们以各自不同的主体身份体验社会文化的过程，同时也是社会文化对其个体身份认同的影响与确立过程。参与学习可以帮助老年人理解并尊重社会文化环境，在融入社会学习实践的基础上，合理定位个体所属的文化主体，在积极的自我身份认同中获得老年生活精神体验。

退休前从事技术工作的嵇工程师在工作的时候，“整天看着电脑里的数据在运行，头脑中思考的都是这些数据的信息”。每天这样的工作状态，使她根本无暇顾及自己心目中对自身“淑女”形象的设计。参与老年学习让她可以重新回忆自己当年的各种梦想，也让她朝着“古人心目中对优秀女孩的形象描述那样‘琴棋书画’样样精通”的老年人生道路不断前进。她发现，老年学习的过程就是她形成个体身份认同的过程。

2. 终身学习就是人生经历的组成

对于社会个体而言，根据年龄阶段的不同以及在社会生活中角色定位的差异，每一个不同时期的社会实践都会影响着社会个体的人生经历，并成为个体人生经历的重要组成部分。步入社会之前的个体主要经历是以学习各种人类知识与技能的学习生活为主，进入社会生活的个体人生经历主要是以从事社会实践活动并获得社会认知的职场生活为主，离开了职场生活的老年人生经历主要是以安度晚年生活、享受老年人生的精神生活为主。从社会生产方式与劳动制度的角度来看，人生经历能够得以自我丰富的主要是处于老年生活时期的社会个体。而从身体机能与生命存在的角度来看，老年人又是最不具备丰富人生经历优势的人群。因此，老年人更需要，也更希望实现对人生经历的自我丰富与完善。这种愿望既对老年人参与终身学习活动提供了现实需求，也为老年学习活动的开展明确了目标定位。

从埃德加·富尔等人基于对教育与学习主体及其在学习活动中的地位与作用的研究所提出的“终身学习”倡议可以看出，“终身学习”理念坚持了以人类社会的教育实践活动为出发点，强调了在教育实践中教育活动主体的核心地位。根据对终身学习理念的界定，老年人参与学习活动至少可以从三个方面加以分析。首先，老年学习者可以而且应当成为终身学习的活动主体，在学习过程中可以发挥自身所拥有的丰富的人生经历优势，以科学合理的学习态度积极融入老年学习活动中。其次，随着退休后生活方式的转变，全新的老年生活取代了多年的职场生活不仅给老年人带来了陌生的生活方式，还给他们带来了精神生活的高度空虚。同时，长期的社会生活使得老年人的思维相对固化，而年龄的增长会使得他们的身体与思维反应相对迟缓。这些生活境遇都迫切需要老年人通过积极参与老年学习实践不断调整原有的生活思维，以适应老年生活的现实要求。再者，根据社会劳动制度的规定，老年人的退休生活已经不再被赋予社会实践的责任了。因此，参与学习活动既是老年人适应晚年生活的重要途径之一，也无疑成为老年生活中的重要内容。可以说，老年学习活动不仅提升了老年人的生活适应性，而且也极大地充实了老年生活，丰富了老年人的人生经历。

在退休之前就"为自己的退休生活做好了学习的设计"的顾护士在参与了多年的老年学习之后，回顾自己的老年学习时她颇有感慨。她曾经跟老公说过有两件事是她没有想到的，一件事是"想不到我跳舞还可以去参加比赛，还能拿奖，我本来就是把跳舞当作锻炼身体的一种方式来理解和看待的"。另一件事是"想不到我弹钢琴不但坚持弹了下来，而且我还能上台去表演了。还让我感受到了好钢琴给人的音乐震撼"。这些都是她没想到过的。当然，这也是她参与了老年学习之后的一种感觉。其实，参与老年学习已经让她能够在老年生活时期又为自己的人生经历增添了浓墨重彩的一笔。

个体在人生发展的每一个阶段所参与的社会实践活动不仅是对个体人生价值的体现，而且也是丰富其人生经历的重要内容。进入人生的老年阶段，人们已经没有了职场生活的社会责任，参与老年学习既是帮助老年人适应了老年生活的要求，也是让他们的老年生活变得更充实。可以说，老年学习既是对老年人生经历的一种丰富，又是对老年人生经历的一种延续。

三、生命价值的实现

生命存在具有自然生命与价值生命两种属性。其中，自然生命的存在主要指的是作为生物体的生命存在，而价值生命主要指的是个体在社会生活中人生价值的存在。相对来说，自然生命是个体存在的基础，价值生命是对个体存在的社会意义的彰显。根据人类社会的现实存在，个体的生命价值可以从个体的社会归属感、社会尊重与自我价值等几个方面得以体现。实现这些方面的要求为个体参与学习提供了动力，参与学习活动也是个体对生命价值的追求。

1. 学习就是获得归属感

在由社会个体构成的人类共同体中，每一个个体都会希望得到来自他人与人类共同体的理解与关爱。这种心理活动被马斯洛解释为个体的归属感与归属需要。他认为，"如果归属与爱得不到满足，个体就会因为没有朋友与爱人的关爱而倍感孤独。个体会强烈渴望与他人建立良好的人际关系，渴望在团队或家庭中拥有一定地位，他也将为达到这个目标而积极努力。他对获得一定地位的渴望会胜过对世上任何其他东西的拥有。"[①]马斯洛的这个观点充分表达了个体在社会生活

① [美]亚伯拉罕·马斯洛.动机与人格[M].许金声，译.北京：中国人民大学出版社，2007:26.

中对归属与爱的渴望。

关于对成人参与学习实践的认知，美国学者麦克拉斯基提出的“边际需求理论”对马斯洛的需要层次理论又进行了升华。该理论强调了个体对来自所处环境的刺激的理解与重视，并从个体的知觉与认知过程突显了参与学习活动的重要性。该理论认为个体参与学习活动的程度受个体内心压力与外在环境刺激的共同作用。而且，个体赋予外在刺激的意义以及所作出的行为反应往往受个体参与学习活动中的意愿程度与情境大小决定。

对于处于老年阶段的个体，他们身边已经不再有当年的同事，他们的孩子大多都已成家立业而单独生活，自己的配偶也会出现因年龄或身体的原因先自己而去的现象，得不到他人的理解与关爱所形成的孤独感会给老年人带来极大的心理冲击。因此，老年人对归属与爱的需求往往比其他年龄阶段的个体更强烈、更明显。参与老年学习不仅能让老年学习者重新获得老年生活中的同学与伙伴，与自己共度老年学习时光，老年学习还能让学习者对老年生活有科学的认知，对自我归属的需求有合理的分析，通过调适心理感知而重获来自于身边同学与朋友的归属与爱。

退休后的金技术员身边几乎没有朋友，整天心不在焉地待在家里，“要做事没力气，情绪也不好，反正说不出的感受”。她自己所说的这种“说不出来的感觉”其实就是她精神空虚与孤独的体现，是她归属感与关爱缺失的表现。通过学习跳舞她结交了同学，而且，“像春秋天四五月、九十月的话，我们比较要好的四五个人会在一起把学过的内容再复习一下的”，从她的表述中可以看出，老年学习不仅帮她找到了朋友，还让她拥有了归属与爱。

2. 学习就是获得社会尊重

在社会生活中，获得他人与社会尊重已经成为每一位社会个体的内心追求。这不仅是他人与社会对个体存在的一种接受与认可，更是对个体社会价值的一种理解与信任。正是这种社会尊重的需要呼唤着人们不断提升个体的综合影响力，而积极参与学习实践可以有力推动个体综合影响力的提升。首先，参与学习可以不断增强个体对自身实力与社会成就等方面的控制力。毕竟，对生活的不懈追求能给个体发展带来动力，这种动力能促使个体不断进步，并最终造就自身的社会成就。其次，参与学习可以促进个体不断获取各种名誉与尊重，不断增强对各种社会地位与个人荣誉的渴望。

处于退休生活中的老年人参与学习，一方面可以不断丰富个体的兴趣爱好，拓展自身的综合实力，提升个体的老年生活质量。另一方面，也可以通过学习获得社会对个体的独立与自由意识的认同、塑造自己的成就感、树立自身的社会威信。所以说，参与老年学习不仅可以让老年人赢得他人与社会的理解、认同与尊重，还能获得自身生命价值的提升。

当听到邻居提出“去学学跳排舞”的建议时，对舞蹈一点都不了解的金技术员感到很惊讶，“我可从来没有跳过舞啊”。最终她战胜了自己内心的紧张与不安，她不仅参与了学习舞蹈，而且还取得了令她自己都很惊讶、意想不到的好成绩。当她在跳排舞的队伍里学跳舞的时候，后面的人看到她协调性与优美性都很强的舞步与舞蹈动作时，大家都夸奖她的舞跳得好。她听了以后自己也非常开心，“我的精神状态就是在学跳舞的过程中得到了提升”。可以说，老年学习不仅让她学会舞蹈，学会了老年健身，而且更让金技术员获得了来自他人与社会的尊重。同样是在这种社会尊重中，金技术员感受到了参与老年学习给自己带来的生命价值的存在意义。她深信，学习就是一种获得社会尊重的过程。

3. 学习就是获得自我价值

关于人的自我价值，美国社会学家，结构功能主义的代表人物塔尔科特·帕森斯（Talcott Parsons）认为社会生活中的每一个人、每一个部门都有其存在的合理性、都有其存在的价值与功能。这种功能学派的价值论观点对于老年人生价值的理解依然具有可借鉴意义。根据功能学派的观点，既然老年人是社会结构的一部分，他们在社会发展运行中就是有价值的。老年人所拥有的对其他成员的社会化影响一直被视为老年人最主要的社会功能，他们不仅积累了丰富的社会经验，还能够把这些社会经验与生活文化传播给更广泛的社会成员。而且，尽管个体身体机能的衰老无法避免，但是老年人的人生经验、社会技能与文化知识都可以成为社会价值的体现途径。

毋庸置疑，老年人生价值具有现实存在性的特点，但是在社会生活中却存在另一种社会冲突景象。由于老年人已经离开了社会生活的中心，取而代之的是那些依然在职场中生活的人，由他们作为社会发展的主导力量，老年人生价值很难再被发现并发挥重要作用。这就是美国社会学家刘易斯·科塞（Lewis Coser）提出的“功能主义冲突理论”。由于老年生活与职场生活中个体生存差异性的存在，参与老年学习将成为积极的应对策略。参与老年学习不仅能有效缓解这种差异性，而且还能使已经远离社会生活中心的老年人通过学习不断调整自己的人生与社会认知，紧紧抓住社会发展的方向，展示并扩大自身价值的影响空间，并最终实现自我人生价值。

工作在高科技领域的嵇工程师退休后不得不“离开了工作了三十多年的技术岗位”，但是，几十年的工作情结让她对自己原先的工作很难释怀。所以，尽管退休了，她“依然十分关注自己所学的专业知识与专业技术”。正因为如此，每当原单位同事在工作中遇到难题无法解决时，都会联系她。而她只要“打开系统后台，查看数据变化情况，就能快速找到问题所在，并及时帮助解决好”。嵇工程师从自己参与老年学习的经历中深刻感受到，学习依然可以让老年人赢得尊重、实现自我价值。

在物质生活方面，积极参与老年学习就是帮助老年人关注自我身体机能以及生命特征，以减缓身体机能与生命特征的衰退速度。而在精神生活方面，积极参与老年学习就是帮助老年人进一步培养自己的生活兴趣，让兴趣成为自己老年生活的指导老师。还是帮助老年人不断拓展自己的人生经历，实现自我身份认同。同时，也是帮助老年人获得归属感、社会尊重与实现自我价值。从而在提升老年人生命价值的基础上展现他们的老年精神生活。

第三节 学习是老年家庭生活的缩影

远离了职场生活之后，老年人的社会生活范围将会逐渐缩小，作为老年人基本生活单位的家庭生活必将成为老年生活的主港湾。退休后的社会身份转变对于老年人而言犹如一个崭新的话题需要他们去思考、去学习。除了要增强自己的物质生活与提升自己的精神生活之外，家庭生活也是摆在老年人面前一道有趣的生活“大餐”。参与老年学习不仅可以帮助老年人熟悉与适应老年家庭生活的每一道“菜肴”，学习还将成为老年家庭生活的缩影，这里有老年人对家庭生活的依赖，也有老年人对家庭生活的责任。

一、家庭和谐的依赖

“家和万事兴”这句家喻户晓的经典名句之所以能够广为传颂，因为它表达了成员对家庭和睦的心声，以及对“家和”与“万事兴”之间因果关系的尊重。家庭和睦则万事兴旺，具备万事兴旺的前提是家庭和睦。只要家庭和睦，成员之间彼此相互扶持与相互帮助，任何困难都不是问题，所有的事情都能兴旺发达。对于老年家庭，实现彼此的理解与关爱渴求每一位家庭成员积极融入家庭生活所需的老年学习活动之中。同时，老年学习也构筑了家庭和谐的个体依赖。

1. 学习是老年夫妻和谐关系的推进剂

家庭的组建是以婚姻为纽带，家庭生活的核心是夫妻关系的存在。所谓夫妻关系，指的是夫妻之间在交往过程中所形成的一种人际关系、心理关系，是家庭发展过程中距离最近、分量最重、最亲密的人际关系。在社会学家帕森斯所描绘的“洋葱”般的家庭关系层列中，夫妻关系所处位置犹如洋葱结构的内核一般。家庭的存在代表了一种社会制度，也是一种社会文化与家庭文化。因此，夫妻关系在现代家庭生活中显得尤为重要。家庭和谐常以夫妻互敬、彼此理解与稳定的婚姻关系为前提，夫妻之间从相识到相知相爱，从婚姻关系的确立到家庭组织的建立与完善，始终离不开和谐家庭关系的存在与成长。夫妻关系的和谐与否不仅影响到家庭婚姻生活质量，也直接影响到家庭敬老生活与亲子关系等各种家庭关系的协调。可以说，和谐的夫妻关系是家庭和睦的基础。

在老年夫妻的家庭生活中，自然衰老现象给老年夫妻带来的生理与心理变化、退休生活给老年夫妻带来的生活方式改变以及子女成家立业给家庭结构带来的调整都会不断冲击着老年夫妻对彼此关系的认知、对家庭中自我角色的定位以及对家庭生活的理解，并最终影响着老年夫妻的家庭生活。为适应这些调整与变化而参与的老年学习是帮助老年夫妻获取对老年家庭生活的合理认知、也是帮助老年夫妻实现对老年夫妻关系的认知重构、更是维系老年夫妻和谐关系的助推剂。

嵇工程师当年把整个精力都放到了自己的工作与事业上了，既无暇考虑自己的兴趣爱好，也没有过多精力顾及家庭夫妻关系的润泽。退休后，学做"大家闺秀"的念头再次在她的思绪中浮现。"虽然退休了，我也老了，但是我还是想学一点琴棋书画一类的东西。"所以，她选择了学习钢琴、学习歌舞，她希望能用自己的歌声与琴声给老年生活带来一些激情。"尽管我的钢琴可能学得不是很好，有时也许还会跑调，老公听了我弹的琴之后，往往都会说'弹得可以嘛，很好啊'之类的调侃话语，我听了也很开心。"参与老年学习让嵇工程师学会了钢琴弹奏，也学会了对和谐夫妻关系的正确理解。

2. 学习是家庭关怀的温控器

在生产力水平相对落后的社会，人类生活的变化是相对缓慢的，人们对生活方式变化的理解也相对迟缓。这种社会生活现象被美国文化人类学家玛格丽特·米德(Margaret Mead)称为"后象征文化"①，也就是一种变化迟缓且不易被人们察觉的社会文化现象。在家庭生活中，长辈的社会阅历明显比年轻人丰富，他们可以在社会生活方面给晚辈提供指导。但是，对于处于同样年龄阶段的人，老年人生活的时代所接受到的信息远落后于年轻人所处的时代。另外，从生理学的角度来看，老年人接受新生事物的敏锐性明显不及年轻人。因此，家庭成员之间的代际关系很容易产生思维矛盾与冲突。

父母长辈希望在社会阅历方面给晚辈提供支持，但是他们却很难跟得上社会发展的思维步伐。而晚辈接受新技术与新思维能力明显高于父母长辈，在对现代

① [美]玛格丽特·米德.代沟[M].曾胡，译.北京：光明日报出版社，1988：20.

生活的理解与态度选择方面则会明显超前于长辈。每一代人的社会文化与生活方式都会与上一代不同，而且呈现明显的差异性①。这种差异性使得家庭成员之间在社会生活模式、思想道德理念与家庭生活方式等方面都可能存在代沟，这也是社会的发展变化不可避免地产生的代与代之间的断裂。积极参与老年学习不仅是老年人学习自身所需的知识与技能的活动，而且也是老年人学着融入家庭生活、了解并走进家庭成员、消除家庭成员之间的思维断层的活动。当父母长辈希望把社会生活与家庭知识传递给子女时，他们需要了解子女的接受水平与兴趣范围。当退休老人希望赡养依然健在的长辈时，他们需要了解老年人的内心情感与生活体验。只有有效消除了家庭生活代沟，才能真正实现家庭关怀。可以说，在和谐的家庭代际生活中，老年学习始终扮演着家庭关怀的温控器作用。

金技术员在初学跳舞时，她的胯“被扭得痛死了”，为了能尽快恢复身体，尽早学会舞蹈，她就在两边胯关节处各贴了“三张大的伤风止痛膏药，一贴就是半个月”。尽管父母亲与自己同住，但是她却“不跟他们说”。她不想让父母知道学跳舞可能会给身体带来负面影响，更不想让“父母为自己的身体而担心”。参与老年学习不仅让金技术员学会了生活知识，还让她学会了对父母长辈的理解和尊重，让她学会了积极融入家庭关怀的调控方式。

老年家庭生活既包括老年夫妻的家庭生活，还可能包括代际之间的生活关系。对于老年人来说，参与学习让他们对老年夫妻生活有了全新比较，是对他们维系和谐夫妻关系的有力助推。同时，参与学习还能让他们更好地理解家庭代际生活，是家庭成员之间亲情与关怀的适时调节器。

二、生活责任的呈现

责任意识是社会成员个体的重要心理品质。它既是社会对个体素养的基本要求，也是个体社会化进程中的重要基础，更是人格健全与个性发展的助推力。家庭生活的责任意识是家庭生活健康发展的基础，也是维系家庭关系和谐的动力。参与学习不仅可以帮助离开了职场生活之后回归家庭生活的老年人重构对家庭生活的认知，同时，参与老年学习本身也是对老年家庭生活责任意识的积极培育。

1. 培育家庭责任心使学习具有可行性

家庭责任心在促进个体社会化的过程中，对于促进个体良好的人格品德与家庭生活修养都起着重要作用。不论文化程度、职业与社会地位如何，个体在家庭生

① ［美］兹比格涅夫·布热津斯基.大失控与大混乱［M］.潘嘉扮，刘瑞祥，译.北京：中国社会科学出版社，1995：218.

活中的责任心往往也是衡量一个人道德水平的重要依据。德国著名哲学家伊曼努尔·康德(Immanuel Kant)认为“每一个在道德上有价值的人都应有所承担。不承担任何责任的时候就不是人而仅是物。”①可以说，一个品行高远、有道德意识的人肯定是一个负责任的人。因此，对家庭生活的责任担当也是个体社会道德意识的家庭体现。

在职场生活时期，人们可能很难全身心顾及家庭生活，夫妻之间的和谐关系往往被忙碌的职场生活所取代，代际之间的和睦关系往往被复杂的社会人际关系所埋没，职场生活成为很多社会成员的个性修养与社会责任的全部。在职场生活中磨砺了一辈子的社会个体退休了，终于可以重新回归家庭生活时，其社会责任意识应逐步调整并转向对家庭生活的关注、对家庭责任的担当。俗话说“少来夫妻老来伴”，退休后一个完全属于自己的社会个体重新走进了家庭生活，对老年夫妻关系的重新认识，对代际关系的仔细思考，对家庭生活的重新构想，这些都是家庭生活赋予老年人的责任意识。带着这些家庭责任与生活目标，老年人不仅有了明确的参与学习活动的方向，而且这种家庭责任心也让老年学习的每一天都会精彩纷呈。

上学时认真刻苦、工作时兢兢业业的嵇工程师退休以后终于有时间、有精力去思考如何提高家庭生活质量。“我们当年作为上班族，大多数人每天都不可能有充裕的时间去好好地做一顿像样的饭菜。”她把提高个人素养、促进夫妻和谐关系、提高家庭生活餐饮质量都视为自己的家庭生活责任。有了这些明确的家庭生活责任，退休后她就投入到了老年学习活动中。她还会根据家庭责任的不同，选择不同的学习内容与学习方式。她的儿子要报考注册经济师，而他本人要上班没有时间去报名、买资料。嵇工程师就采用上网查询的方式帮儿子了解“到哪里报名、到哪里培训、到哪里购买辅导书等一系列事情”。为了减少儿子做准备工作对日常工作的影响，“她把具体的信息下载下来，整理成文档”。她还跟儿子说，“你哪里也别去，外围的事情我帮你做，你就一门心思复习吧。”这些都是嵇工程师积极承担的家庭责任，也为她更好地参与学习提供了家庭支持的可能性。

2. 学习就是培育家庭责任心

社会个体对家庭责任心的认识与理解程度往往受外部社会风气、个人所处环境以及家庭内部环境等多种因素影响与制约。我国传统思想中对夫妻关系的解读有“比翼双飞、白头偕老”，对夫妻关系在家庭生活中的解读有“男耕女织、夫唱妇随”，描述夫妻在家庭中的责任有“尊老爱幼、相夫教子”等观点。这些观点影响了一代又一代人，并被作为家庭美德而传颂。然而，随着一些追逐自由、独立与个性

---

① 姜王之，汝信主. 康德黑格尔研究(第1辑)[M]. 上海：上海人民出版社，1986：10.

的个人主义思想的涌入，人们对待家庭生活的态度以及责任意识都会受到影响与冲击，甚至发生很大的转变。另外，不同的年龄阶段、不同的发展时期、不同的生活环境也会影响与改变个体的家庭责任意识。再者，家庭成员身份与社会地位的改变与家庭结构的变化也会使得个体的家庭责任意识发生转变。这些变化不仅会影响到家庭成员对家庭责任意识的理解以及对家庭生活方式的选择，还会影响到家庭中原先传统的教育方式、亲子关系与代际生活。

参与学习不仅能够帮助老年人正确认识冲击家庭责任意识的外部社会因素，还能帮助老年人正确看待个体所处的环境，以及家庭结构的改变对家庭责任意识的影响。因此，老年学习既是帮助老年人积极适应社会的发展与家庭结构的变化，又是引导老年人用积极的心态正确理解紧随时代发展而不断更新的家庭责任，为老年人创设一个温馨的家庭生活环境。

考虑到退休后"自己的社会交往范围可能会缩小"，以及闲暇无事的生活可能会"给自己带来精神上的空虚"，顾护士在退休前就让自己与老年学习结合了起来。而在家庭生活中她发现，自己的儿子和外甥都有一个坏习惯，"放假或休息在家，天天玩电脑游戏"，她就"把电子琴背到妹妹家去教她的外甥"，用这种方式影响和改变了亲人的生活方式。可以看出，顾护士参与的老年学习不仅丰富了她自己的老年生活，还让她多了一份对家庭生活责任的理解。同时，也是老年学习让她有能力承担起家庭生活的责任，帮助家人走出了生活的理解误区。

参与学习不仅作为老年生活中的一项重要内容而被老年人所接受，而且，透过老年学习，也让人们看到了健康快乐的老年家庭生活全景。老年学习勾勒出了一幅"夫唱妇随"的和谐老年夫妻关系的美景，老年学习还绘制出了一幅"其乐融融"的老年家庭代际生活的画卷。这其中，老年学习体现了人们对家庭生活的美好追求，也表达了个体对家庭责任意识的积极担当。

第四节　学习是老年社会生活的表现

人与人之间交往的存在构成了人类社会的全面性，而人与人之间交往的多样性构成了人类社会的复杂性。尽管离开了职场生活意味着老年人离开了社会关注的视野，但是，作为社会组成部分的每一个个体依然拥有对社会交往的需求与渴望。参与老年学习不仅帮助老年人获得了老年生活所需的知识与技能，同时也是老年人融入社会生活的一种积极展现。老年学习的过程不仅是老年社会交往的过程，而且还是获得社会认同的过程。

一、社会交往的过程

退出了职场生活对于老年人来说意味着人生主要的社会活动趋于结束，在他们回归相对狭小的老年家庭生活空间时，参与老年学习帮助了他们主动参与社会交往活动，是对他们渴望再次走进社会生活的积极回应。

1. 人际交往是老年社会生活的基础

根据“哲学的基本论题就是讨论理性的问题”，德国哲学家哈贝马斯提出了“哲学上所谓的合理性很少涉及知识的具体内容，而主要涉及具有语言能力与行为能力的行为主体获得与运用这些知识的途径问题”①。据此，他把不同主体之间的交往规定为彼此之间以语言为媒介的相互理解活动，并在此基础上创立了交往合理性理论，探索了人类交往合理性得以实现的基本条件。主要包括交往主体应当是具有语言与行为能力的社会个体、需要创建理想的交流情境实现交往合理性、交往的合理性应当与语言交流有效性紧密结合，以及以交流环节的整体性达成交流共识等四个方面。某种意义上说，该理念为社会个体开展合理性交往活动提供了理论基础与思维空间，为社会成员对共性问题形成合理共识奠定了理论基础。

在老年学习者参与学习、融入社区生活与社会生活过程中，交往合理性理论也提供了积极的理论依据。对于退出了职场生活、缺少了社会交往平台的老年人来说，学习活动中的人际交往不仅为老年学习培育了氛围与环境，也为他们融入社会生活创设了合理的学习心态与角色意识，并通过学习交往活动进一步完善了个体社会化、实现了自身的终身全面发展。

对于“弹钢琴是儿时的梦想”的王财务回忆自己与钢琴的情愫时还是那么地惊奇，“看着同学弹钢琴时总觉得很神奇。就那么一个个小蝌蚪一样的东西，五线谱，怎么就能弹出那么美妙的声音呢?”50 岁时拥有了属于自己的钢琴，她很激动，也很投入。然而，在家弹奏钢琴时，不间断的琴声很容易引起邻居的反感。不过，也许是王财务与邻居的友好相处，邻居们并没有发出反感的声音。“邻居都知道我爱唱歌、学弹琴，他们都很好的。像我们弹钢琴，多多少少会干扰到邻居的日常生活，他们都能理解和谅解。”这一点，她“比其他同学的运气好多了”。当然，这与王财务要求自己注意控制弹琴的时间有关系，她“不会在邻居的生活和休息时间弹琴。一般来说，到了晚上九点钟以后，我就不弹琴了”。可以说，和谐的邻里关系给王财务在家学钢琴提供了保障，友好的人际交往为她快乐的老年社会生活奠定了基础。

---

① [德]哈贝马斯. 交往行动理论第 1 卷——行动的合理性和社会的合理化[M]. 洪佩郁，蔺青，译. 重庆:重庆出版社，1994:22.

2. 参与学习是老年社会化的过程

根据美国教育经济与哲学家鲍尔斯和金迪斯开创的社会化理论的理解，人类的教育活动能够产生经济价值主要是归因于它的社会功能。“学校教育在功绩主义的掩盖下，成为一个再生产社会阶级的工具”①，也就是说，教育的社会功能远比提高受教育者的认知技能对经济的影响与促进作用重要。该理论一方面确认了教育对于个体发展与社会经济发展的作用，另一方面还从结构与功能的相关性角度分析了教育对于社会发展的作用。

对于老年人来说，接受学校教育与开展自我学习活动也具有同样的社会功能。参与老年学习可以给他们提供丰富的老年生活知识与技能来应对自己的身份转变与老年生活方式的要求，也可以给他们提供全新的社会心态来应对职场生活的退出与老年生活的安排，还可以给他们提供积极的老年社会交往实践以应对相对狭小的老年生活空间所带来的精神颓废与心灵空虚。可以说，老年学习实践是老年人在退出了职场生活后对社会生活的再次回归，是他们的老年生活继续社会化的过程与体现。

独自一人呆在家，精神的空虚使得嵇工程师感到很压抑。“退休以后，属于自己的时间是多了。但是，忽然间发现身边没有人了，感觉空落落的。”参与老年学习不仅让她找到了兴奋的感觉，“作为已经退休了的人，再次走进教室，真有一种‘能够有机会来学习、来听课，感到很兴奋’的感觉，自己的思绪仿佛又回到了当年大学时代。”而且，还能让她在学习过程中感受到与同学交往的社会活动的乐趣，“参加老年学习让我慢慢地能走出家门，和身边的同学一起学着自己想学的东西，心情也开朗了许多。”从嵇工程师身上可以看出，参与老年学习既是对老年生活知识的学习，又是老年人继续社会化的过程。

退出职场生活可算作人生老年阶段的开始，而对于大多数老年人来说，步入老年生活也可理解为社会实践活动的结束。然而，老年人依然是社会的个体，依然是社会生活中的一员。参与老年学习给他们提供了人际交往的机会，构筑了老年社会生活的基础，也成为老年人继续社会化的过程体验。

二、社会认同的过程

对于作为人类社会有机组成要素的社会个体而言，参与社会实践、融入社会生活既是社会成员的基本社会生活权力，也是对自身社会行为的具体要求，还是

---

① Bowles S. Gintis. H. Schooling in Cap italistAmerica：educational reform and the contradictions of economic life[M]. New York：Basic Books，1977：296.

个体为获得社会认同所作的积极努力与表现。不同的社会行为会形成不同的社会认同，而不同的社会认同状态也会引起不同的社会行为。成功构建社会认同对于老年人融入社会生活与提高老年生活质量都有重要的推动作用。可以说，参与老年学习既是老年人共享社会发展成果的过程，也是老年生活获得社会认同的过程。

1. 社会参与是共享社会发展的途径

社会个体在退休以后可以分享社会物质财富的机制是老年生活重要的物质保障，也是老年人分享社会发展成果的有效途径。这种个体共享社会发展成果的现象实质上是个体对社会利益的共享制度。法国启蒙思想家让·雅克·卢梭（Jean-Jacques Rousseau）所提出的"要寻找一种全部共同力量的结合方式来保障每一个结合者的人身与财富"[①]就是希望能从国家治理的角度对保障个人利益与共享社会财富的思想进行确认。而马克思与恩格斯所提出的"应当结束牺牲一些人的利益来满足另一些人需求的状态，从而使得所有人可以共享大家所创造出来的福利"[②]的思想则是从实现人的全面发展的角度对共享社会发展成果理论的推定。

社会发展成果可以包括知识形态社会发展成果、物质形态社会发展成果与价值形态社会发展成果三种形式。而在社会现实中，这三种形式的社会发展成果可以分别表现为日新月异的新知识、急剧积累的物质财富与不断涌现的新思维等形式。老年人积极参与学习活动，不仅是对社会实践的有效融入，还是对新知识的积极渴求、对新技术的热切期盼以及对新思维的执著追求。共享上述社会发展成果可以有效保障老年人的幸福生活，增进代际之间的和睦相处。可以说，参与老年学习是在共享社会发展成果的基础上不断提高老年人生活质量、构建老年人完美人生的重要实践活动。

退休后的顾护士看到别人"编排的舞蹈动作很好看"，她想"要是我也能像他们那样翩翩起舞，不仅能让我保持良好的体形，说不定还能提高我的身体素质呢"。是舞蹈动作的优美唤起了她对艺术的欣赏，是舞蹈对身体的促进作用唤起了她对保持美好身材的追求，以及对增强体质的渴望。所以，顾护士就开始了"跟着其他学员学，模仿别人的动作和舞步"。学舞蹈既是顾护士参与的老年学习活动，又是去获取自己老年生活中所需的新知识，也是培育自己健康的体质、感受老年学习中的艺术欣赏与追求。

---

① [法]卢梭. 社会契约论[M]. 何兆武，译. 北京：商务印书馆，1980：63.

② [德]马克思，恩格斯. 马克思恩格斯选集(第 2 版，第 1 卷)[M]. 中共中央编译局，译. 北京：人民出版社，1995：243.

2. 参与学习是老年生活获得社会认同的过程

英国社会心理学家亨利·塔杰菲尔(Henri Tajfel)把“社会认同”理解为“个体意识到自己所属的特定社会群体，同时也意识到作为群体成员带给自己的情感和价值意义。”①根据这个理解，社会认同理论认为个体通过对自身行为的社会分类，由群体认同产生了内群体偏好和外群体偏见，并通过实现或维持积极的社会认同以获取自尊。在现实生活中，群体认同的形成一般会经历自我发现、认同建立与外在分类等三个阶段。这种认同的过程既有社会性的认同，也有制度性的认同。社会性的认同往往是由个体在社会实践中与他人的交流与交往中所形成的各种社会信息汇总而形成的身份认同，而制度性的认同往往是由个体在社会实践中受某种特定的形式或规定制约而形成的身份认同。在具体的社会实践中的个体身份认同有时受单一项目主导，有时兼而有之。

对于老年人来说，参与学习活动是其退休后的老年生活中的主要社会实践方式，是老年人主动与人交往的过程，是其融入社会生活的具体表现。在学习过程中，老年人不仅能够学习老年生活知识，还能在学习中扩大自己的社会交往范围，在相对稳定的学习群体中获得个体的社会认同。同时，老年人所参与的学习活动也是社会组织创设的一种文化环境与老年生活模式。老年学习活动既要遵循这种文化环境的规范，还要接受这种生活模式的约束。在这种群体生活状态下，老年学习可以帮助老年人获得社会制度性的个体身份认同。因此，参与老年学习就是获得老年生活的社会认同过程。

退休前就取得了高级职称的刘设计师参与老年学习时，也给自己定了一个学习标准，“不同的人可能存在着不同的追求，我的个人追求是‘能做好的一定要想方设法做好’，这是我的立身之本，尽可能要把事情做到最好”。也许正是刘设计师的这个学习标准时刻鞭策着自己，他的学习明显比其他同学好了许多，“我发觉，在我的同龄人中，像我这样有这么多爱好的人很少。我住的是高层，一层有八户人家。尽管我们彼此之间的交流和联系并不多，但是，那些认识我的邻居看见我拿着画板、画纸，都会说‘你很厉害的，爱好这么多啊’。”多年的老年学习让刘设计师学到了很多想学的知识，同时也收获了学习实践给自己带来的社会认同。

参与老年学习是对生活中所需知识与技能的学习过程，同时也是老年人走出家门，融入社会交往与社会生活的过程。老年学习活动既帮助老年人实现了社会参与，实现了对社会发展成果的共享，也帮助老年人走进了不同的学习群体，并在

---

① H Tajfel. Differentiation Between Social Groups: Studies inthe Social Psychology of intergroup Relations[M]. London: Academic Press, 1978

群体中获得了个体的社会认同。

杜威提出的"教育即生活"理念是从学习的目的与内容等角度帮助人们厘清了儿童接受学校教育的主要途径。而通过对老年学习与老年生活相关性的论述可以发现，作为老年生活中重要实践活动的老年学习，在给老年人带来生活知识的同时，已经紧密融合于老年生活之中了。

老年学习活动是老年人的物质生活体现，既帮助老年人维持身体机能的稳定、又帮助老年人延长个体的生命存在。老年学习是老年精神生活的体现，既是对个体生活兴趣的拓展，又是老年人生经历的继续，并在此过程中实现老年生命价值。老年学习是老年家庭生活的体现，既体现了老年人的家庭生活依赖感，又体现了老年人的家庭生活责任心。老年学习还是老年社会生活的表达，既表达了老年人的社会交往过程，又表达了老年人的社会认同过程。本书中篇所描述的老年生活故事从生活实践的角度清晰印证了老年学习融于老年生活的观点。

第十章

老年学习丰富了老年生活

美国学者霍曼与基亚克根据人体机能进入老年阶段以后逐渐呈下降趋势，各种身体疾病随时会影响老年人的身体健康与生活质量的规律，分析了老年阶段的身体与心理的变化。而老年人的晚年生活也会随着身体机能下降与老年心理变化做出调整，以适应老年阶段的生活现实与社会生活环境的要求。

现代社会的发展不仅让老年人对人生老年阶段可能出现的这种最直接、最明显的身体机能变化以及疾病不断增多的现象有了清晰的理解，而且也让老年人对自己的老年生活、家庭生活与社会生活在退休前后的变化有了更趋于合理的设计。除了在物质生活与精神生活方面进行自我调整以外，积极参与老年学习活动也为老年人更新自我认知、提升自我精神、融洽家庭生活与丰富社会生活带来了积极的应对策略，也有效彰显了学习对老年生活的积极意义。

梳理了老年生活中学习故事可以发现，对于老年生活来说，老年学习不仅源自于老年生活、融于老年生活，而且，作为老年生活一种社会实践形式的老年学习还极大地丰富了老年生活。结合中篇的访谈故事可以从老年学习与老年生活这个层面的相关性进行深入剖析。

第一节 学习促进了老年物质生活发展

生物学上的衰老多指“使诸如肺、心与循环系统等器官功能下降的肉体变化”①。这种身体机能的下降以及由此所引起的老年人身体动作反应迟缓，甚至可能引发老年人心理因素的变化，这些变化也无疑会影响老年人对健康的晚年生活的期盼与追求。因此，随着自己退休后进入老年生活时期，越来越多的老年人选择了用参与各种老年学习活动的方式代替已经远去的职场生活为自己的物质生活提供补给。积极的老年学习不仅实现了为老年物质生活提供“养料”的愿望，身体机

① [美]N. R. 霍曼，H. A. 基亚克. 社会老年学——多学科展望[M]. 冯韵文，屠敏珠，译. 北京：社会科学文献出版社，1992：3.

能的维护与生命存在的延续也为健康的老年生活奠定了物质基础。

一、维护了身体机能

身体机能的衰退是老年人随着年龄的增长而出现的身体变化，人们无法阻止这种衰退现象的出现，但是可以通过多种途径了解这种变化的规律，并采取积极措施减缓这种变化的发生。参与老年学习不仅可以帮助老年人及时了解不同年龄阶段的身体变化规律，还可以帮助老年人增强对身体机能的维护。

1. 身体机能具有自我维护性

在传统的思维观念中，人们一般都把对身体机能的维护以及对身体健康的责任交给了保健专家或健康医生，听凭他们或他们的仪器设备来保障自己的身体健康与幸福生活。随着生活水平的提高，以及现代生活科技水平的提升，人们逐渐改变了这种单一渠道的身体保健认识。也就是说，尽管保健专家或健康医生的指导可能更专业、更权威，听从他们的建议对于身体保健与养护可能相对更科学且少走弯路，但是，对身体机能的维护除了可以依赖于这些专家，社会个体也能成为自身保健的专家或权威。一方面，对身体机能的结构与功能的理解会随着医学知识与科普常识的普及而变得更简单易懂，这些常识性的医学与生理学知识已不再是保健专家或医生的专利，经过简单培训的个体也都能实现医学保健的自我操作。另一方面，社会个体，尤其是老年人会有越来越多的时间、精力与兴趣投入到对身体机能的维护与保健的学习或探究活动中，这些都为他们开展自我身体保健提供适时的机会与条件。

从退休以后几乎每天都到公园打羽毛球的刘设计师身上，人们能看到的就是他硬朗的身板、矍铄的精神。然而实际上，他在 25 年前曾患过一场大病，“当时胃大出血，就是胃溃疡，在纺织医院做了手术。那时候人很消瘦，体重最轻的时候只有 105 斤。”患了胃病以后，他就时刻注意保养身体。通过学习医学知识，他了解到运动可以增强体质，所以他就坚持多运动，退休以后他“几乎每天都去公园打羽毛球”。现在，他不仅球打得好，而且，在他的身上根本没有一般老年人常有的“不想动，没有精神”的感觉。刘设计师深深感受到，身体机能不仅可以维护，而且还能实现自我维护。

2. 学习实现了对身体机能的维护

现代医学所倡导的“终身医学”与“平衡医学”① 为人们解读老年学习对于物质生活的积极意义提供了合理的依据。传统观念认为，健康与没病互为代名词，而

① 高志敏. 终身教育、终身学习与学习化社会[M]. 上海：华东师范大学出版社，2005：71.

且，衡量健康与否的标准就是人体测量值与各项身体指标。然而，终身医学认为，不找医生并不意味着没病。当人体处于亚健康状态时，个体实际上已经处于了健康与疾病发作的边缘。应急式的医学模式并不能对此有所察觉，但是，终身医学所强调的“提前介入”的观点却可以帮助人们排忧解难。个体不论处于健康状态，还是亚健康状态，都需要积极了解预防医学。从应急式的医学模式积极转变到预防式的医学模式，这是现代医学追求的至高境界。同时，还要做到终身关注医学，要让个体对医学的关注能够贯穿个体生命的始终。衰老是个体发展不可抗拒的自然现象，但是，通过学习保健知识，开展保健活动，人们可以减缓各种身体机能的衰退，提升自己的生命价值。这就是终身关注健康医学的意义所在。

源自于阴阳学说与五行学说的平衡医学则从人作为内在的统一整体的角度提出了天人合一的医学思维。也就是说，既要保持个体的内在平衡，又要保持个体与外部环境的有机协调与动态平衡。从这个意义上说。人的生命存在过程就是一个调整自身平衡的过程，实现个体与自然、社会平衡运动的过程。一旦这种平衡机制出现了衰退或消失，就会导致人们发生疾病，并有可能影响生命存在。可以说，保持个体与外界环境的平衡性，是每位社会个体获得健康的基本前提。通过学习，人们可以获取事物发展的认知规律，以及保持个体与自然、个体与社会的平衡状态。老年人参与学习既能减缓身体机能的下降速度，同时也是提升老年人身体平衡的有效途径，为确保健康的老年生活提供坚实的物质保障。

参与老年学习，老年人可以从人的终身发展角度理解终身医学，并依托保障个体内在因素平衡的平衡医学知识提升自身保健能力，使得老年人能在专业的保健医学指导下实现对身体机能的自我维护。

尽管大病初愈的王财务的身体很虚弱，“刚开始学跳舞的时候感觉还是有点累的，一个半小时的学习时间要学习各种舞蹈，而且是一直在跳舞”。这么有毅力的坚持学下去是因为“在治病期间我要增加营养嘛，就使劲吃各种营养品，结果把血糖也吃高了”，她通过向医生了解，并“上网查阅了许多信息”，发现“既然是吃出来的毛病，那我就坚持锻炼”。参加舞蹈班学习“就是为了让身体恢复正常”，她还坚持每天走路半小时以上，“有的时候到小区，有时候到公园”。在自己对医学知识的学习与理解基础上，遵循保健医学的科学指导，经过一段时间的学习与实践之后，她的血糖正常了。可以说，是学习帮助她了解了医学知识和自身身体素质，也是学习帮助她实现了对身体机能的有效维护。

对身体机能的维护是每一位社会个体所关注的，人们也愿意为之做出努力。在传统的观念上，人们把这个要求交给了保健医生或专业人员。对于可自由支配时间更多的老年人，学习现代医学知识既可以普及这些基本的医学知识，还可以在专业医学知识指导下实现对身体机能的自我维护，让有了物质保障的老年生活更有活力。

二、延续了生命存在

生命存在是个体生存意义的基础，也是其社会价值彰显的前提。生命存在既需要以对身体机能的维护作为基础，也需要社会个体不断提升自身的生命存在意识、不断拓展自身的生命存在能力。参与老年学习帮助老年人实现了身体机能的维护，同时，参与老年学习也能强化个体对生命存在的延续。

1. 生命存在具有自我延续性

马克思曾说过“为了创造历史，人类生存的第一个前提就是必须能生活，也就是首先需要能满足衣食住行以及其他生活需要的资料，即物质生活本身。而且，人们为了能够生活就必须每日每时去完成它。因此任何历史观的第一件事情就是必须注意上述事情的全部意义并给予足够的重视。”[①]马克思在这里强调了物质生活对于人类社会活动的地位与作用。人类社会从产生以来始终要以物质生活的存在为前提，没有物质生活的满足，人类就无法得以生存，更无法享受精神生活与社会生活。可以说，物质生活的存在不仅是个体自身存在的基础，也是影响个体精神生活与社会生活的前提。

一般意义上说，物的存在本身是由其自然属性决定的，因而具有被动性与自发性等特点。然而，对于社会个体而言，人的生命存在的丰富内涵赋予了个体存在的社会意义，从而改变了个体的存在方式。个体不仅可以拥有自身的物质存在，还可以感知与理解物质存在的社会意义，并通过各种实践活动与现实生活世界中的事物与环境进行联系。通过自身的生命实践活动，个体一方面摆脱了外在的自然环境的影响与制约，使得个体的实践活动具有自主性与自觉性等特点，另一方面可以根据生命存在的需要与实际设计个体存在的价值与意义。这种生命存在的“自我延续性”可以使得个体存在的社会价值得以突显，从而实现个体存在与生命价值的双重意义。

对于社会生活中的老年个体，衣食住行等基本物质生活需求大多都已得到满足，作为其生命存在物质基础的身体机能与身体素养则成为其生命存在的重要影响因素。老年学习不仅帮助了老年人感知个体的物质存在，还可以帮助老年人理解并指导各项社会实践活动的开展，并以此提升个体对生命存在的自我延续性的

① ［德］马克思，恩格斯. 马克思恩格斯选集（第 1 卷）［M］. 中共中央编译局，译. 北京：人民出版社，1995:79.

理性思考与社会体验。

退休后的顾护士选择老年学习时，她首先考虑到了个体生命存在的物质基础，“要是我也能像他们那样翩翩起舞，不仅能让我保持良好的体形，说不定还能提高我的身体素质呢”。当然，作为一位退休老人，她也十分关注自己的物质存在对于生命延续的价值，“我的感觉就是，只要自己的身体好，自己的老年生活就会活得轻松，甚至还能活得更长一点”。这种对生命存在的朴素认知，从一个侧面反映了老年人对生命存在的自我延续性的理解与尊重。

2. 学习实现了对生命存在的延续

关于生命存在的自我延续性，马克思认为，“个人怎样展现自己的生活，他们自己也就怎样，这也同他们的生产是一致的”。[①] 可以说，人的生命存在尽管受物质生活的限制，但并不是由物质生活与社会环境所决定，而是通过个体的实践活动实现了自我决定与自我创造。在这种社会实践过程中的个体就是自己生命存在的支配者与驾驭者。在人类的社会实践活动中，学习活动是人类与周围世界取得联系、开展交流的最根本途径之一。通过感性、知性与理性地接触、认识与把握世界，个体可以与他人、社会及周围环境建立起健康和谐的社会生活关系。参与学习使得社会个体在实现社会互动中改变着人类社会，同时也在展现个体的自我存在中实现了对生命存在的延续。

参与老年学习既是老年人展现自我老年生活的一种方式，也是他们积极融入社会生活的一种生活态度。年龄的增长让他们无法再次回归喧嚣的职场生活，但是，老年生活的宁静可以让他们不仅能够支配自己的老年学习，还能在老年学习中学会对老年生活的自我创造。老年学习让他们与老年生活环境紧密联系，与社会再次结合。在感知老年生活世界的同时，他们获得了对老年人社会生存的理解，同时也实现了对自身生命存在的延续。

参与了多年学习的刘设计师在感知自己的生命存在时更有着自己的思考。老年学习给他的老年生活，尤其在饮食起居等家庭生活方面带来了极大的方便。通过学习他意识到一个人“首先要有精力”，所以，他“常年坚持运动”。而且，他觉得好处也很多，“比如我画画，一坐就是半天，没有足够的精力和体力是不行的”。曾患过胃病的他，在参与学习的过程中就对“如何养胃和保胃方面的知识很关注”，正是对这些方面知识的学习，让他可以“一直保持良好的身体状况”。他觉得“如果一个老人没有了好的身体，其他活动都免谈了”。尽管这句话很朴实，却道出了退休

① ［德］马克思，恩格斯. 马克思恩格斯选集(第2版，第1卷)［M］. 中共中央编译局，译. 北京：人民出版社，1995：68.

后的刘设计师对老年学习实现了生命存在的自我延续的深刻理解。

学习对于个体物质生活发展的积极作用，对老年人的影响尤为明显。在现实生活中，参与老年学习可以帮助退休后的老年人关注自己的身体机能维护与身体健康保障，还可以帮助老年人认识自己的生命存在。参与老年学习还能帮助老年人实现对生命存在的自我延续，展示自我存在的社会价值，

第二节 学习提升了老年精神生活质量

作为人类个体特有的生活方式，人们在与他人交流交往或体验等过程中所形成的精神生活满足了个体内在的思维与情感等体验需要，也会给人们的生活带来了直接或间接的影响。可以说，“在物质生活与衣食住行等方面不再贫困的时候，人们对精神生活的需求会越来越丰富多样”。[①] 而且，不同历史时期、不同身份背景、不同年龄阶段的人对精神生活的理解与感悟都不尽相同，其精神追求还会随着社会的发展而不断变化。即使是同一个人，处于不同的生活背景下，他对兴趣爱好、文化素质、生活情趣等方面的追求也会有所不同。兴趣爱好广泛、人生经历丰富、个体追求丰富的人，精神生活一般会相对更充实。不同的老年人的兴趣爱好、人生经历与人生追求可能并不相同，但是，他们对幸福晚年的追求却是一致的。参与老年学习可以拓展他们的生活兴趣、可以丰富他们的人生经历、也可以提升他们的生命价值。这些方面的发展与改变不仅会给他们带来美好的晚年生活方式，还会给他们带来快乐的精神生活体验。

一、学习拓展了个体兴趣

当个体对事物产生了具有特定情感倾向的兴趣时，个体就会被该事物吸引，给予该事物持续的关心与注意，并激发个体对该事物产生心理冲动与需要。个体对该事物产生的情感倾向越强烈，该事物对个体的吸引力就越大，个体给予该事物的关注度就越高，并将持续激发个体对事物的情感倾向。作为老年生活中重要实践活动的老年学习，既是老年人被学习活动所吸引的体现，又是学习活动激发了老年人心理冲动与需要的体现。因此，随着老年人参与学习程度的加深，老年学习推动个体兴趣拓展的力度就更加突显，老年人从学习中感受到的乐趣也就更多。

---

① 张荣华.时代的中坚：我国现阶段的知识分子问题研究[M].北京：人民出版社，2008：176.

1. 个体兴趣能够得以拓展

个体的兴趣是个体的主动行为与社会环境互相作用形成的一种特殊形式的结合产物，它不仅仅是个体的主观感觉与感性认识，它还蕴含着未知的因素。它不仅可以提高个体的社会经验能力，还能为促进个体的兴趣发展提供源泉。一贯坚持从“做中学”的杜威认为，“可以给每一种兴趣一块专门的领地，也包括所有的经验在内，并注意让每一种兴趣都能保留在自己的界限之内。每一种兴趣又可分成许多分支，从而使得学习者能够通过各种手段获取这些独立的分门别类的兴趣”①。不同的个体可能会对社会事物产生不同的情感倾向，而不同事物之间相对独立的情感倾向则会激发个体对不同事物的兴趣追求。根据杜威对兴趣的界定与理解，学习者不仅可以对不同的事物产生不同的情感倾向，还能通过学习培养自己各种不同的兴趣方向。

对于生活在老年世界的个体而言，参与老年学习让他们在不同的老年生活方式中接受了不同的生活环境。通过学习与交流他们可以不断交换各自的生活经历，也将在一定程度上激发并丰富了他们不同的情感倾向与兴趣爱好。退休以后闲来无事经常“到复兴公园散步”的刘设计师看到很多人在唱歌，因为自己也喜欢唱歌，“就跟着大家一起唱歌”。在学员的推荐下，他还参加了“工人合唱队”。后来，“受合唱队友的影响，我学了钢琴”。从刘设计师的老年生活中可以发现，老年学习可以存在于各种不同的生活环境中，而且，老年的个体兴趣也可以在不同的环境中得到拓展。

2. 学习拓展了个体兴趣

正如杜威对兴趣教育思想的描述，不同的事物可以让学习者产生不同的情感倾向，吸引个体对不同的事物予以不同的关注，从而激发个体产生不同的兴趣追求。参与学习可以让学习者接触到不同社会事物，在此过程中，学习者可以在对各种社会事物加以区分的同时，对部分事物产生情感倾向与心理冲动，并表现为对这些事物的兴趣与追求。另外，不同的学习环境也可以拓展个体的兴趣爱好。当学习者处于某种学习环境或学习状态时，这种环境或状态下的事物会给个体提供能吸引学习者不断产生情感倾向的信息源，通过激发学习者的学习兴趣而拓展个体的兴趣追求。

一般来说，老年人选择参与学习的最初构想往往是他们的兴趣使然，或者是受外在环境的影响。而能够让老年人坚持多年学习的因素则主要是个体对事物兴趣的执著，以及由外在因素拓展而来的兴趣。正如爱因斯坦所说“兴趣是最好的老

① 赵祥麟，任钟印. 学校与社会：明日之学校[M]. 北京：人民教育出版，2005：114.

师”，对于老年学习者，退休让他们不再有社会强加的学习压力，衰老让他们不再有年轻人轻松学习的优势，而让他们把学习坚持下来的动力主要就来自于他们对客观事物的兴趣。也正是这种兴趣让他们既做到坚持终身不断学习，又做到不断拓展学习的领域与范围。可以说，老年学习帮助老年学习者拓展了他们的人生兴趣。

退休以后感到精神异常空虚的嵇工程师最初选择的学习内容就是“学习摄影软件操作”，那是因为“我在上班期间是搞技术的”，所以，她想“学一些技术性较强的知识与技能”。是参与学习让她感受到了精神愉悦，同时也拓展了她的兴趣视野。接着“又学了唱歌、学了舞蹈”，使得她在朋友聚会时能做到“基本应付跳舞的需要了”。从嵇工程师身上可以看出，参与老年学习丰富了她的老年生活，同时也不断拓展了她的兴趣追求。参与老年学习让她愈发感受到了老年生活的快乐。

尽管兴趣来自于个体的情感体验，但是兴趣往往源自于个体对某一领域事物的特别关注，并在相互交流接触中获得了个体的心理冲动而产生的爱好与追求。作为没有任何学习压力的老年人，坚持参与老年学习活动的根本动力就来自于他们对事物的兴趣。同时，终身学习也不断地拓展着老年学习者的生活兴趣与学习乐趣。

二、学习丰富了人生经历

个体参与学习的过程是个体融入社会实践活动的过程，是个体汲取前人生活经验的过程，也是个体借助学习平台广泛与人交往的过程。对于参与学习活动的老年人来说，老年学习不仅给他们带来了上述人生体验，老年学习还给他们带来了更丰富的人生经历。对他们来说，老年学习是填补老年生活中相对匮乏的社会实践活动的过程，也是老年人在退休后再次走进课堂、回味童年的学生时代、感悟人生发展的过程。

1. 学习强化了自我身份认同

一般意义上说，身份指的是个体的一种出身或一种社会地位，认同指的是一种可被他人接受的归属感与个体行为模式。因此，可以把自我身份认同界定为个体对自我身份的确认、对自己归属的群体认知与情感体验以及对自身行为模式的整合等心理过程。通过自我定性与自我归属目标两个维度，自我身份认同展现了自我认知、情感体验与行为表现等三个方面结构。自我身份认同往往受人口、社会与职务特征等因素影响。由于参与学习可以提升个体学识水平、改变人的身份地位，可以改变个体所处的社会环境、提升个体的社会满意度，可以调整个体的职业类型、提升所处的组织结构，因此，参与学习可以有效强化个体的自我身份认同。在参与学习的活动中，个体可以不断提升在他人与社会心目中的形象，还可以为自己赢得更高更好的群体归属感，顺利实现对归属群体的调整，并能根据学习的需要与学习的指导及时调整自己的行为模式，使之更趋于社会的可接受状态。

对于老年人来说，年龄的增长所带来的身体机能的下降、身体器官的衰老、身体灵活性与协调性的下降都会给个体的自我身份认同带来巨大的负面影响。参与老年学习不仅可以帮助老年人延缓身体综合能力的下降，消除身体衰老所带来的智力与非智力因素的降低，而且还能让老年学习者在学习环境与社区生活中逐步确立个体的自我身份认同，以实现对自我身份认同的强化与提升。

一心想把自己塑造成古典女性“淑女形象”的嵇工程师工作的时候整天忙着自己的事业，根本无暇顾及对自身女性修养的培育，这种遗憾一直萦绕在她心头。而退休初期孤独的老年生活又给她带来了精神空虚，这些方面深深激发了她通过参与老年学习充实自己的老年生活、实现心中梦想的热情与动力，“我确实在实现着当年的各种梦想。可以说，像一般的唱歌、跳舞等需要‘逢场作戏’的活动我都能应付了”。这种感觉不论是在家庭生活里，还是在家人的心中，都得到了很好的印证。当嵇工程师在家弹琴时，她老公还会“特意跑到我跟前，指名要我弹奏诸如像《雪莲花》这样节奏欢快的民歌名曲”，可以看出，家人已经把听她的钢琴弹奏当作一种精神享受。不仅关注自己的老年生活以及家人的生活质量，她还能做到关注国际国内大事，参与学习活动给她带来了精神愉悦，这一点连孩子都在夸她，“老妈不得了啊，人退休了，心一点没有老啊，还是这么的年轻”。

2. 学习丰富了个体人生经历

人生经历对于中小学学生来说，主要就是他们以适龄学生接受学校教育的过程。对于成年人而言，人生经历主要是指他们参与社会生活、服务社会发展的功能与作用。而对于老年人而言，他们的人生经历除了前两者之外，他们还有退休初期老年精神生活中的孤独体验，遭受疾病折磨时身心备受痛苦煎熬的体验，社会实践生活相对匮乏时的空虚体验，以及家庭夫妻生活相对平淡时的索然无味之感、家庭生活无所事事时的困顿无聊之感等诸多人生体验。参与学习的老年人生体验帮助老年人弥补了当年因种种原因而无法获取的各种文化知识与社会经验，还能把他们在职场生活中所拥有的专业技术与人生态度很好地传递出去，还能依托老年终身学习的平台与机会拓展老年生活中所需的生活知识、文化素养与社会交往等人生体验。

有过八年“插队落户”经历的顾护士从小就喜欢钢琴，“放学后我就到同学家做作业，做好功课再回家。她家里条件很好，有一台钢琴。我就是在她家胡乱弹而慢慢喜欢上了”。退休后，想到这个爱好，她就“重新把钢琴学了起来”。同时，参与老年学习也让顾护士对居家生活有了充实的感觉，“我是做一会儿家务，再弹一会儿钢琴。再做一点儿家务，再弹一会儿钢琴。”而且，学习的时间和精力多了，看电视的时间就少了，“少看电视还保护了我们老年人的视力”。最让顾护士兴奋的就是“我不仅买了钢琴，还学会了弹钢琴，跳舞加钢琴演奏，我这一生真的没有白活”。

参与老年学习让老年人获得了也许是终生梦寐以求的知识，为他们的老年生活增添了丰富的社会实践内容，为他们提供了老年社会交往机会，为他们搭建了展示老年人生风采的生活舞台。可以说，参与学习消除了老年人对晚年生活的担心、焦虑与恐惧，丰富了老年人的晚年生活，同时，也为老年人创建了一条通往自由、快乐、健康的老年精神生活之路。

三、学习提升了生命价值

社会个体存在的意义在于对其生命价值的彰显，因此，个体参与社会实践活动既是其个体存在的形式，也是其彰显生命价值的过程。老年人参与学习活动所获取的知识与技能不仅确保了个体的生命存在，而且个体通过对学习过程与学习内容的思考与理解也提升了个体的生命价值。

1. 学习增强了个体归属感

根据心理学的分析，当个体对某个事物或组织有了密切关注的现象与心理认同的感觉时，个体对该事物或该组织就产生了归属感。归属感的产生需要以特定的物质或现象作为认知的基础，并会随着人们的社会实践活动的持续开展而不断增强。根据社会参与理论的解释，作为老年人，在他们工作、生活与奉献了一生的职场生活里，他们参与了诸多的实践项目的行动决策、项目实施与评估等活动，他们不仅有效影响了实践项目的发展与推进，而且也有力促进了实践活动取得实际成效。实践活动的推进让他们既获得了实践活动给个体带来的物质回报，也获得了实践活动给个体带来的精神世界的熏陶与享受。参与实践活动的过程是他们对实践活动密切关注的过程，也是不断产生心理认同的过程，也让他们不断体验了个体归属感的存在。

进入老年世界后，老年人不仅希望延续职场生活时期所拥有的人生归属感，还希望在新的人生阶段能进一步提升个体归属感，寻找更高的人生追求。全新的生活方式不仅取代了老年人曾经生活了多年的职场生活，使得他们的社会实践活动发生了根本性的改变，也让老年人重新调整自己对社会实践活动的关注角度，重新调整自己的心理认知方式。面向上述实践要求的老年学习活动帮助老年人实现了从职场生活方式向老年生活方式的思维转变，并在全新的老年生活中不断调整自己的关注视角，以积极的老年生活态度与心理认知方式体验社会实践，感知生活乐趣，享受老年生活。

退休以后整天萎靡不振的金技术员不愿意与人打交道，见面了点点头就过去了，“不聚会的，心里很烦，也不出去玩。有时候心不在焉，像‘走路摔跤啊’这样的事情，在我身上经常会发生的。”邻居建议她去学跳排舞，她去了之后，“一学起来，就喜欢上了”。她担心自己跳舞不是很精通，不敢在人多的场合跳舞。但是别人看到她的跳舞动作之后，都说“你跳得真好，你到前面来跳吧”。学习跳舞不仅让金技术员改变了她无精打采的精神面貌，而且还改变了她胆怯的内心体验。参与学习让她赢得了更多学员的理解与尊重，让她感受到了来自于学员的群体归属。

2. 学习实现了个体社会尊重

全新的老年生活方式不仅给老年人带来了人生新体验，参与老年学习活动、参与老年社会实践在给老年人带来新的人生归属感的同时，也不断激发老年人寻求人生老年阶段的社会尊重。社会尊重是个体社会存在的重要意义与人生追求，社会尊重是对个体积极参与社会实践的充分肯定，是社会个体在名誉、地位与社会认同等方面得到他人与社会尊敬的体现。在社会生活中，大多数社会个体都希望拥有对自己稳定、牢固不变且较高的他人与社会评价的愿望，“即一种对于自尊自重与来自他人尊重的需要或欲望”①，这种对社会尊重的追求成为社会个体积极参与社会实践的重要动力。人们在社会生活中经过多年的付出，不仅赢得了个体自身的社会存在，同时也会赢得社会的理解与尊重。

从职场生活中淡出，进入老年世界，人们会慢慢地离开主流的社会生活，而逐渐退到社会生活中的配角地位。但是，这并不意味着老年人不能得到社会认同、不希望拥有社会尊重。相反，正是职场生活的退出为他们进入属于自己的老年世界提供了生活机会，为他们展示自己精美的老年人生创设了生活平台。时代的发展会让新生事物不断涌现，参与老年学习可以让老年人不断接触与认知这些新生事物，并在此过程中实现了对新生事物的有效理解与轻松驾驭。退休后的老年人参与学习可以不断拓展自己的老年生活知识，不断更新自己的老年生活实践，不断调整自己的老年生活态度，不断丰富自己的老年人生体验。所有这些学习活动与实践努力，不仅让老年人充实了自己的老年生活世界，更让社会认识并接受了老年生活世界的健康与美好。

刘设计师退休后参与的老年学习活动相对而言还是很丰富的，唱歌、弹钢琴与绘画等方面都是他学习的内容，而且他坚持学了十多年。参与老年学习让他学到了很多知识，也让他结识了很多要好的同学和朋友。在他和朋友互相学习的过程中，“我会到他们家去画国画，画各种各样的市民形象。我也会把我画的素描给他

① [美]亚伯拉罕·马斯洛. 动机与人格[M]. 许金声，译. 北京：中国人民大学出版社，2007：28.

们看。有时候我们还会一起聚餐，我会把我画的素描拍到手机里，带给他们看。”那些认识他的邻居看到他拿着画板、画纸，都会说“你很厉害的，爱好这么多啊”。甚至连外省一所大学老年合唱队的退休教师也曾邀请过他们搞一些老年聚会与合唱活动。可以说，参与老年学习是对他们人生兴趣的体现，展示了老年人对美好晚年生活的追求，让他们在学习活动中收获了社会尊重。

3. 学习实现了个体自我价值

个体的自我价值往往指的是在社会生活中，他人与社会对个体的社会存在所给予的肯定态度、尊严及保障个体尊严的物质与精神条件。可以说，个体的自我价值是建立在对他人与社会奉献的基础之上的社会回报。不同时期、不同年龄阶段个体的自我价值有不同的表现形式。对于未成年人来说，其自我价值主要体现在父母家人与老师同学的肯定、鼓励与赞美等态度上。对于步入社会的成年人来说，其自我价值主要体现在个体的社会努力所得到的名誉、地位与社会认同等社会态度上。而且，伴随着自我价值感的增强，个体会愈发表现出强烈的自我完善欲望、追求向上向善的自我本性，并激发个体对更高的自我价值的认同与追求。

作为社会个体，不论其出生背景与身份地位、也不论其职业职务与工作性质，人们大多都有对实现自我价值的强烈追求，这也是个体社会存在的最高境界与人生追求。由于实现个体自我价值的根本途径在于个体对社会的奉献以及所形成的综合社会影响力，人们可以凭借个人丰富的社会知识与生活技能拓展自己的社会影响力，从而实现个体的自我价值。对于老年人而言，有的人已经由于职场生活时期的出色表现而感受到了自我价值，这些人进入老年生活时期后会倍加珍惜自己过去的经历而希望自己的老年人生同样精彩。有的人可能在职场生活时期表现一般，并未获得较好的社会认同而很难感受到自己的人生价值，进入老年生活时期反而会让这些人更加珍惜自己的老年生活。可以说，不论其在职场生活时期的社会表现如何，老年人一般都会对自己的老年人生有明确的追求与期盼。所以，各种身份背景、各种职业出身的人退休后都愿意积极参与到老年学习活动中。参与老年学习一方面给他们提供了老年生活必需的知识与技能，让他们的老年生活因学习而更充实，参与老年学习另一方面也帮助他们树立了正确的老年人生观，使他们的老年人生因实现了新的生命价值而更精彩。

对于学习跳舞的老年人来说，在舞蹈队里的站位非常有讲究。一般来说，跳舞跳得好的，舞蹈动作优美的，或者是到舞蹈队学习时间较长的学员会被安排在舞蹈队的前面或中间显赫的位置。所以，能够被安排到这样站位的学员是非常开心的。由于金技术员是后来才参加到舞蹈队学习的，因此，她刚开始是被安排在队伍的后面的。在一场舞蹈表演中，没想到她却被指导教授发现了，“这个阿姨跳得蛮好的，为什么把她放在后面？上来，到中间来"，后来，她还代表区里舞蹈队参加了全市老年人运动会，"获得了第二名，还荣获市民运动会'二级运动员'称号"。她这种脱颖而出正是参与了老年学习活动给她创设的机会，同时也是学习活动让她实现了自我价值。

选择与参与老年学习活动既是对老年人生兴趣的弘扬，也是通过学习进一步拓展他们的人生兴趣。对于离开了职场生活的老年人来说，参与学习活动无疑是他们老年生活的主要实践活动。退休之后走进教室学习让老年人再次体验了当学生的感觉，也让他们实现了当年受种种原因的限制而无法实现的学习梦想。通过学习他们不仅找到了老年生活中的个体归属，在学习中赢得了社会尊重，还能在学习中实现自我价值。这些学习活动不仅是对老年生命价值的弘扬，还是对其老年精神生活质量的提升。

第三节 学习融洽了老年家庭生活关系

法国人类学家克拉德·利瓦伊·斯特劳斯(Claude Levi－Strauss)认为家庭是"联系个体与错综复杂的社会关系网络的纽带，家庭通过婚姻关系的契约性实现了对社会关系的规定性"。① 所以，作为社会细胞的家庭，是家庭成员所处的最基本的人类社会组织，也是个体物质生活与精神世界的主要依托，家庭成员之间的各种关系构成了家庭的本质。处于老年生活世界的社会个体不仅需要关注自身的物质生活保障与精神生活质量，还需要关注他们的老年家庭生活质量。参与老年学习既能丰富他们的家庭生活内容，还能融洽家庭生活关系、提升他们的家庭生活质量。

一、学习增强了家庭依赖感

正如马克思所说，"社会制度与阶级组织的出现，就意味着一定的市民社会的出现"②，在此背景下，建立在一定的政治、经济与文化制度基础上的家庭的应运而生既确保了家庭成员的基本权益，也是家庭成员在社会生活中的精神依托。时代的发展与社会生活观念的转变不仅冲击着个体对家庭的认识，而且也悄然改变着

---

① [美]马克·赫特尔. 变动中的家庭——跨文化的透视[M]. 宋践，李茹，译. 杭州：浙江人民出版社，1988：6.

② [德]马克思，恩格斯. 马克思恩格斯选集(第4卷)[M]. 中共中央编译局，译. 北京：人民出版社. 1972：321.

家庭成员彼此间的依赖性。对于家庭生活中的老年人，他们需要丰富自己的老年家庭生活，他们还需要彼此融洽的家庭关系。

1. 家庭依赖感可以得到增强

夫妻之间的家庭分工是彼此依赖的基础，夫妻之间的婚姻关系构筑了家庭组织的基石。成员之间的依赖性搭起了家庭成员之间、血缘群体之间以及社会生活系统之间广泛联系的桥梁，也是社会结构中人际交往的基本要素。长期的家庭生活可以让夫妻之间拥有合二为一的同感，夫妻不但可以享有彼此共同的生活方式与经验，还可以享有彼此的生活感受与人生体验。这是人们对"配偶是个体'另一半'"的理解，也构成了家庭关系续存的基础与起点。处于家庭关系核心位置的夫妻关系，既是自然属性的人的两性结合，也是社会属性的夫妻关系的自然存在。

从家庭生活的角度上说，对于大多数老年家庭生活，婚姻关系的存在往往起着关键性的支撑作用。因为，"夫妻在整个婚姻期间都要学会适应变化着的角色与期待"。① 从社会生活的角度上说，老年夫妻在家庭生活中更愿意商定他们各自的角色过渡。而这种处理家庭生活的能力在很大程度上取决于"他们原先的适应能力以及他们对家庭生活关系的满意程度"。② 因此可以说，包括夫妻在内的家庭成员大多都会通过各种社会实践活动提升自身对家庭生活以及家庭成员关系的认同意识与适应能力，通过增强家庭依赖感实现融洽的家庭生活关系，感受着彼此依托的幸福生活。

以前是乒乓球运动员的妻子后来患上了血液病，身体一直不好，不能与刘设计师一道参与老年学习。她不像刘设计师那样有强烈的爱好，她对"音乐、美术都不喜欢"。但是，她对老公的学习依然给了一种"默默的支持"。老公弹琴的时候，"她会到另外一个房间里，不干预我"。在老公学画画时，如果需要帮忙，只要叫一声，"我也很识相，马上就停下来，过去帮她把事情处理好"。老婆平常从来没有干扰过刘设计师的学习，也没有反对过他。表面上看，仿佛刘设计师在学习上并没有得到老婆的直接帮助或关心，但是，他们老年夫妻关系在家庭生活中的依赖感还是清晰地得到了体现。就像刘设计师所说"她从来没有干扰过我的学习，也没有反对过我"，只要"她嫌烦的时候，我就不弹琴了"，这就是老年夫妻家庭生活中相互依托、相互依赖的最好表白方式。

---

① [德]马克思，恩格斯. 马克思恩格斯选集(第 4 卷)[M]. 中共中央编译局，译. 北京：人民出版社. 1972:299.

② [德]马克思，恩格斯. 马克思恩格斯选集(第 4 卷)[M]. 中共中央编译局，译. 北京：人民出版社. 1972:301.

2. 学习增强了家庭依赖感

家庭和谐是社会和谐的缩影，也是家庭成员融入社会生活的重要保障。和谐的家庭关系有助于家庭成员的健康、全面发展，也有助于彼此间和谐关系的维护与推进。在合二为一的家庭夫妻关系中的夫妻两人就像人的一双手，只有两只手彼此关怀与相互依赖，才能让生活的掌声响得更持久。可以说老年家庭生活中的夫妻之间、父母与子女的代际之间都同样存在着家庭依赖性。而且，这种家庭依赖感的存在不仅维系了家庭成员之间的和谐关系与和睦相处，还是提升老年家庭生活质量的推进剂。

参与老年学习的过程是人们学习老年生活知识的过程，也是老年人感悟生活关怀的过程。这种关怀来自于社会对老年学习的支持，也来自于家庭对老年学习的奉献，还来自于家庭成员对老年学习的鼓励。所以，获取老年学习成果的过程，是老年学习者感受社会关怀的过程，是体验家庭温暖的过程，是培育家庭依赖感的过程。

感受到嵇工程师对待老年学习的认真态度，她的家人都给了她极大的鼓励与支持，“他们只要知道了我某一天要出来学习，他们就不会安排我做其他额外的事情。像今天早晨，他知道我要来接受访谈，就催促我早点出发，还关心我不要迟到”。当然，嵇工程师也非常感激家人给自己参与老年学习的支持和帮助，所以，“每天晚上我回到家把晚饭做好，等他们下班回来一起吃饭”。这种在学习过程中所形成的家庭成员彼此的理解以及相互依赖感，既让嵇工程师能学到丰富多彩的老年生活知识，也让她深深感受到了家庭依赖感给自己的学习提供的关怀与帮助。

对于参与老年学习活动的家庭成员来说，享受老年学习的成果与喜悦就是感受社会的支持与关怀，体验家庭的温暖与亲情的依赖。可以说，老年学习帮助他们拥有了来自老年夫妻的关怀，也品味了来自家庭成员的亲情。

二、学习提高了家庭责任心

根据《现代英汉词典》对“责任”的界定，可以从使人担当起某种职责或分内应做的事或没有做好分内应做的事而应承担的过失等三个角度对责任的概念加以理解。也就是说，责任的概念包括活动的主体、活动的内容与应承担的后果等三个因素。而作为个体对家庭生活中自己应承担的责任与义务的合理认知与正确评价的家庭责任心，是个体的家庭情感与家庭行为展示出来的个性品质。正是具有了在晚年生活中对自我家庭责任的认知、情感与家庭生活实践行为，参与老年学习延伸了老年个体的家庭责任意识。

1. 家庭责任心可以得到培育

从心理学的角度来说，家庭责任心指的是家庭成员对家庭生活中各种家庭责任关系的反映，是社会与他人的客观要求在家庭成员身上引起的主观认识与内心体验，主要由四个因素构成。一是家庭责任认识。家庭责任心不可能凭空产生，必须要以家庭责任认识为基础。二是家庭责任感。家庭成员积极完成了符合家庭生活要求的任务，就会产生一种积极的生活体验与肯定的家庭情感。可以说，对家庭责任的体验是构成家庭责任心的动力因素。三是家庭责任意志。在完成家庭生活各项活动的过程中，总会遇到一些困难和障碍，只有具备明确的家庭责任意志，才能顺利完成家庭生活要求。因此，家庭责任意志是维持家庭责任心的构成要素。四是家庭责任行为。家庭责任行为是落实家庭责任心的构成因素，所有的家庭生活要求都需要以家庭责任行为作为最后落实的依据，否则家庭责任心就不可能实现。可以看出，家庭责任心不仅仅包含了上述四个因素，而且还得通过诸要素的有机结合才能得以体现。

老年家庭生活中的家庭责任心也应当包含了老年家庭生活责任认识、老年家庭生活责任感、老年家庭生活责任意志与老年家庭生活责任行为等方面。对于家庭成员来说，不论是老年夫妻之间还是长幼辈的代际之间，在面对家庭生活，尤其是老年家庭生活过程中，都需要对家庭责任心给予关注与理解。这种理解既是对家庭责任的认识与体验，更是融洽家庭成员彼此间关系的体现。而对家庭责任心的培育，家庭成员可以通过对上述四个核心要素的认知与体验来实现。

大病治愈后参加老年学习的王财务十分珍惜自己的老年家庭生活，“我们夫妻两个感情很好的”。她对夫妻经常吵架的原因进行了归类，“刚结婚的夫妻因为孩子吵架的情况多，有的是因为钱吵架，还有的是因为做家务吵架。”但是，他们夫妻俩约定好“钱基本够用就行了；家务不做也可以，今天不做明天再做”。她提出“不要为这些无关紧要的事情吵架，会伤害夫妻感情的”。从王财务的身上就看到了她对家庭责任的理解。老年夫妻关系是老年家庭生活的基础与核心，拥有了明确的家庭责任知识与意识，并为实现家庭责任行为而积极努力，家庭的责任心就必然会得以培养与彰显。

2. 学习提高了家庭责任心

由于家庭责任心的确立受家庭责任认识、家庭责任感、家庭责任意识与家庭责任行为等因素影响，因此，对老年家庭生活责任心的培育也存在着一定的认知规律性。而这种对家庭责任的认知往往具有连续性、发展性、自觉性与体验性等特点。家庭责任认知的连续性主要体现在家庭成员对老年家庭责任的认知往往受先前的家庭生活模式与个人家庭观的影响，使得个体对家庭责任认知具有与先前家庭观的历史承接性。家庭责任认知的发展性强调了个体的家庭责任认知会随着家庭结构的变化、家庭生活模式的调整、家庭成员年龄身体等情况变化而具有不断发展变化的特点。家庭责任认知的自觉性是指家庭成员，尤其是家庭中年龄较长的成员大多数都会主动思考自己的家庭责任，并结合自身实际状态形成积极的家庭责任意识与行为。家庭责任认知的体验性是指家庭责任意识与行为的产生往往是家庭成员在彼此具体的实际行为中去察觉、去表现、去升华与去体验的过程。这个过程也包含了对此前家庭生活的体验，也包含了对实践家庭责任行为的过程体验。

参与老年学习帮助老年人获取了老年生活知识，这其中既有与适应和满足老年生活有关的知识与技能，也包括不断调适个体自身的思想与行为以适应老年家庭生活的知识与技能。在与同学或家人的交流交往过程中，老年学习者会明确感受到来自于家人与朋友的鼓励与支持对自己参与学习的促进作用。而且，老年学习者也会感受到，正是参与了老年学习给自己带来了家庭生活的温馨感以及家庭关系的融洽感。这些老年学习与生活的体验都会不断激发老年人的家庭责任认知，进一步增强他们的家庭责任感和家庭责任意识，并且愿意为提升自己的家庭责任行为而努力付出。

听说学习的内容中含有烹饪技能，嵇工程师特别高兴。她早就为自己定了“下得了厨房”的老年人生目标，“家里来了客人，想到如何做菜就感到非常着急。不知道怎样做菜来招待客人。食材也买回来了，如果做得不好，不仅钱花了，可能还会被客人误解，自己也会感到很难堪。”。学习也让嵇工程师“了解了很多原先并不知道的信息，以及以前想了解却没有时间或条件了解的知识”。接下来，她还想多学一些让她感兴趣的东西。她要做到“上得了厅堂，下得了厨房”的古语要求，还想学习“子女教育、孙辈抚养等家庭生活方面的知识与技能”。嵇工程师对老年家庭生活的思考既来自于她的家庭生活经历，同时也是她对家庭生活责任意识的思考。她不仅有了这种家庭责任意识，她还积极投入到老年学习中。她的家庭责任行为通过她的实践得到了提升和展现。

家庭生活中成员之间的交往方式与互动关系是家庭生活关系的动态表现，家庭关系是最密切、最深刻的社会关系。在参与老年学习的过程中，老年学习者不仅得到了家人和朋友的积极支持与鼓励，他们在与同学和老师的学习交流中，也收获了老年家庭生活的知识。这些知识让他们形成了深刻的家庭生活责任感，也让他们凝聚了自己的家庭生活责任意识。作为老年生活的实践活动，他们更希望能积极投入到老年家庭生活的学习实践中，在他们切身体验家庭生活责任行为的同时，也感受到了家庭生活的温馨与幸福。

第四节　学习强化了老年社会生活意义

人类社会的生活世界常被人们理解为“个人或社会团体生活于其中的现实而具体的环境”①。因而它具有直观性、真实性、基础性与主观性等特点。人类的社会生活是一种可直接感受、可亲身体验的生活环境，每一位个体都真实地生存其中。它为社会个体的生存提供了物质条件，同时，它也可以被社会个体认知、感悟与实践。对于老年人来说，他们所处的是一个既熟悉又陌生的社会生活环境。熟悉是因为他们已经在这个社会生存了很多年，人类的社会实践活动他们也有了很多体验。陌生是因为进入了老年生活环境，生活方式的改变让一切又变得那么陌生，有些方面甚至难以理解。通过与社会、与他人的交流与交往，参与老年学习不仅让老年人学会了积极面对自己所生存的社会环境，还帮助他们在不断感知与体验生活环境的基础上强化了他们的老年社会生活意义。

一、学习扩大了社会交往

社会交往是个体的一种对象性的社会实践活动，它有着特定的活动主体与实践客体。交往主体在感受着客体存在的同时，也被客体所影响。同样，交往客体在被主体认知的过程中，也会受主体的作用而改变。对于老年人而言，他们是其社会交往的主体，他们的交往客体就是与其生活在同一个社会环境中的其他社会个体。参与老年学习不仅给老年人带来了生活的兴趣，还为他们扩大了社会生活的交往空间与老年生活的社会实践。

1. 社会交往可以得到扩展

对于人类的交往活动，马克思认为“是在一定历史条件下，社会个体及诸如阶级、社会集团与国家等共同体之间在物质上与精神上互相作用、相互约束、彼此联系与共同发展的活动及其相互关系的统一”。② 从上述分析可以发现，一方面，人类的社会交往活动往往都具有明确的指向性。另一方面，在人们的社会交往中，物质生活的交往活动往往是最基本的交往活动，它在一定程度上决定并限制着精神生活交往以及其他交往活动的开展。尽管马克思的个体交往观强调了人类社会的交往活动是以物质活动为基础所开展的人与人之间的各种交往活动以及由此形成

① [德]克劳斯·黑尔德.世界现象学[M].倪梁康，译.北京：三联书店，2003：114.

② 范宝舟.论马克思交往理论及其当代意义[M].北京：社会科学文献出版社，2005：23.

的各种关系总和，但是，这里也明确关注了人类精神生活交往活动的价值与意义。

对于老年人来说，其老年生活中的交往活动既包含了物质生活的交往活动，也包含了精神生活的交往活动。由于老年人对其精神生活的追求明显高于对物质生活的追求，因此，老年人的精神生活交往活动相对来说会明显高于物质生活的交往活动。参与老年学习活动不仅是老年人学习生活知识的过程，更是老年人在学习过程中实现彼此交往的过程。这种学习与交往活动既满足了老年人对老年生活的理解，也满足了他们对精神生活的追求。

王财务从小就喜欢弹钢琴是因为“在合肥九中读书的时候，班上有个同学家里有钢琴。到她家玩的时候，她在那儿弹，我就站在旁边看，觉得很神奇。就那么一个个小蝌蚪一样的东西，五线谱，怎么就能弹出那么美妙的声音呢？很好奇的”。是对这种乐器能弹出美妙音乐的好奇让王财务喜欢上了弹钢琴。但是，“那个年代自己家里没有条件买”。这种对拥有钢琴的追求直到她五十岁生日时才得以实现，“我就想给自己买个钢琴学一学”。当然，学钢琴的时候也会遇到总也弹不好的地方，“有时会有一种被套牢的感觉，也想过放弃”。老师很好，安慰她“不要压力太大，就抱着出来玩的态度”。同学们也给了她很大的鼓励，“慢慢地就坚持下来了，大家都熟悉了，还成了好朋友”。从王财务的身上可以看出，当物质生活交往的基础性与精神生活交往的实质性有机结合，个体的社会交往就可以得到有效扩展。

2. 学习促进了社会交往的扩展

根据对马克思关于实践是人类的生存方式的界定可以发现，实践与交往是人类个体生存与发展的前提与基础。也就是说，个体的生存与发展不仅要继承先前的社会实践与人类交往的成果，还要在此基础上不断促进实践与交往活动的发展。人们在彼此间的社会交往中可以实现社会个体的生活经验与生活技能的相互交流，也让人们对社会生活的理解得到进一步升华。关于人类个体的交往合理性，哈贝马斯认为应当从以知识作为适应与支配外部世界的工具支配合理性，以及社会个体通过人际交往实现彼此间相互理解的交往合理性等两大角度加以思考。因此可以说，在个体的社会交往过程中，既存在以相关知识学习与传播为主导的交往方式，也存在以彼此间的理解与尊重为主导的交往方式。

老年生活对于每一位老年人来说都是全新的，而且，他们的社会交往实践也随着职场生活的结束而发生了很大的调整与减少，因此，老年人对扩展老年生活知识以及拓展老年人际交往的愿望一般都是十分强烈的。参与老年学习不仅实现了以老年生活知识学习为工具的社会交往方式，也实现了以对老年生活的理解为支配的社会交往方式。这种学习活动既满足了老年人的生活知识需求，也提升了他们扩大社会交往的愿望。

刚从岗位上退休下来的嵇工程师“一下子就有一种不适应的感觉。就觉得与社会脱离了，社会立刻就把我们抛弃了”。这种退休失落感强烈地震撼了这位高级工程师，让她觉得一定要走出去。对老年生活知识的欠缺让她感到生活上的迷茫，对老年生活中身边没有了同事和朋友而感到精神上的空虚。参与学习不仅让她“离琴棋书画又近了一步”，而且，学习中她也交往了许多高雅的人士，让她的老年生活中增添了许多值得回味的社会交往故事。

作为人类社会组成部分的社会个体既需要融入社会生活之中，这样可以从社会生活中获取个体生活所需的知识与技能；也离不开社会生活中的人际交往，这也是人们社会生活的一部分。老年学习实践活动既是老年人学习生活知识的平台，也为老年人创设了社会交往的平台。参与老年学习让老年人走出了自己的生活世界，融入了属于他们的老年生活世界。

二、学习促进了社会认同

参与学习不仅能让老年人获得老年生活知识与生活技能，还能够获得与他人及社会交流和交往的机会。在此过程中，老年人自身与他人都能形成一种对对方及所在群体的认识，这种认知程度的加深会激发老年人产生一种对群体的归属情感，也会获得群体的积极认同。这种认同将促使老年人不断推进学习并融入群体的各项活动中。

1. 社会认同可以得到促进

作为社会认同，体现了个体的思想与行为跟社会规范或社会期待趋于一致而获得社会或群体认同的一种归属感与行为模式，涉及对个体的价值认同、职业认同与角色认同等三种类型是其具体的表现形式。一般来说，价值认同体现了个体对社会基本原则及其行为规范认同基础上的行为表现。职业认同反映了个体已不再是把所从事的职业仅当成谋生手段，更当成自己的事业来追求的社会价值取向。角色认同体现了个体对社会所赋予自身角色的行为标准的认同与接受，并形成个体行为活动的过程。根据上述分析可以看出，价值认同是形成个体社会认同的基础，而职业认同与角色认同是个体社会认同的外显形式，三者有机组成了个体社会认同的思想与行为。

同时，从社会认同及其表现形式可以发现，对于社会个体来说，社会认同具有可变性特点。当个体的自我认知与社会思想与行为规范保持一致时，个体的价值认同就得到了实现或者提升。而个体对待所从事的职业或工作的态度从谋生上升到事业追求的高度时，个体的职业认同也就得以实现。当个体能够对自身角色做出科学思考与合理定位时，个体的角度认同也得到了体现。可以说，个体的社会认同能够通过价值认同、职业认同与角色认同等角度得以促进。老年人尽管已经不再有具体明确的社会工作，但是在老年生活实践中依然可以实现他们的社会认同。

参与了十多年的老年学习让刘设计师对于自己的老年学员角色意识有了越来越清晰的认识与定位，“从物质条件、物质利益的角度来看，我们这个合唱队是没有什么吸引力的，队员得不到好处的”，他们参与老年合唱队的学习与表演活动，纯粹是为了“培育老年生活的兴趣而来的”。尽管参与老年学习并不能得到什么利益或好处，但是刘设计师依然坚信“对于老年学习，坚持就是好的”。他学习钢琴十多年了，从来没有间断过。所以，他的朋友都很佩服他。从刘设计师身上可以看出，只要个体有明确的价值认同，并积极实现自己的角色认同与职业认同，个体的社会认同就能得到提升。

2. 学习促进了社会认同

既然个体的社会认同是个体的思想行为跟社会规范与期望之间一致性的体现，并通过个体的价值认同、职业认同与角色认同表现出来，参与学习就能促进个体社会认同的实现。在社会生活的学习过程中，人们不仅能掌握社会规范与价值趋向，还能在具体的社会实践活动中形成规范的行为认知，并建立合理的价值认同。参与学习还能让个体清晰地理解社会对其所做的角色要求与角色判断。而在实现角色期待的过程中所获取的社会认同，也会激发学习者坚持学习下去，并在学习与促进社会认同之间形成有效的良性互动。

老年学习给老年人带来生活知识的同时，也给老年人带来了老年生活中的价值取向，帮助老年人形成了合理的价值认同。同时，老年学习还会积极引导老年人的行为活动，并促使老年人自身的规范行为产生。这些行为都会积极促进老年人的社会认同。

让嵇工程师对身边同学表示感动的除了他们认真的学习态度，还有他们待人处事的高雅大度。她原以为“跳舞，尤其是跟不认识的人跳舞，这成什么样子了”，但是，进入学习场所后给她的感觉完全不一样的，“同学的彬彬有礼，也会影响我、感染我，使得我在日常交流与行为举止上也有所顾及，不会出现失态或者不雅的行为”。每当班级中有同学因为家里有事不能及时赶到，“他们总会第一时间发个信息告诉一声”。可以说，学习让她“学会了如何与人相处，与人打交道，这也是我学习舞蹈的额外收获”。这种思想与行为方式的改变，是嵇工程师参与老年学习最大的收获，也给她带来了获得社会认同的欣慰与快乐。

从马克思主义的生活世界观到杜威的“教育即生活”理论，到陶行知的“生活即教育”思想都给人们提供了一个信息，也就是人们的生活世界与社会实践是密切联系的。这种联系为人们打开了一扇通往生活世界中社会实践活动的认识之窗。从亚里士多德的“文雅教育”到夸美纽斯的“把一切知识教给一切人们”的“泛智教育”，再到马克思主义所倡导的“全面发展的人”的教育，都表现了对社会个体全面发展的关心与关注。个体的全面发展包括了个体的知识与技能、生活情趣与人格魅力等在内所有综合能力的全面发展，也涉及人的精神与身体、个体性与社会性、自由性与规范性等方面的紧密结合、充分而自由发展。作为终身学习体现形式的老年学习活动不仅给老年人提供了一种全新的生存方式，还积极彰显了老年学习获得的自主选择性。这是一个全面学习的过程，也是一个终身学习的过程。通过对老年学习与老年生活相关性的分析，可以从学习促进生活发展的角度详细论证老年学习丰富了老年生活的观点。也就是说，参与老年学习促进了老年物质生活发展、提升了老年精神生活质量、融洽了老年家庭生活关系以及强化了老年社会生活意义。

第十一章

总结与反思

行文至此，本书的陈述已经基本结束，研究结果已轮廓初具。不过，笔者还想稍微拓展一点篇幅，为读者梳理一下整本书的脉络，包括对本书完成之后的若干反思。希望人们能完整、真实地感受到老年学习与老年生活的相关性，主要涉及老年生活的分析维度选取、老年学习的可行性分析，以及老年学习与老年生活的相关性结论三个方面。通过这些努力，也许能把老年学习与老年生活相关性的美妙全景一览无余地呈现给每一位读者。

一、老年生活的分析维度选取缘由

在探究老年生活现象时，本书选择从物质生活、精神生活、家庭生活、社会生活等角度对老年生活进行了分析，这种角度的选取主要基于以下几个方面的考量。

1. 对物质生活与精神生活维度的选取

美国著名精神病医师埃里克森认为，人的成熟期是 65 岁以上，这也是指社会个体存在自我调整与人生绝望之间的冲突时期。言下之意，对于 65 岁以上的老年人来说，对老年生活的自我认知将会随着年龄、身体与精神等方面的改变而发生变化。一方面，老年人将不得不直面自己的年老与衰老，另一方面，他们也会采取相应措施积极应对这些老龄问题。从人的全面发展理论来看，古希腊哲学家亚里士多德两千多年前就提出了开展“文雅教育”的思想。他认为学科应分为“实用”与“文雅”两种类型，学习实用学科知识是为个体的实际生活服务的，具有一定的功利性；而学习文雅学科知识则是专供闲暇与享受用的，是非功利性的。他还认为音乐是一种自由且高贵的学科。可以看出，亚里士多德在他那个年代就关注到了人们不仅需要学习实际生活知识，同时还可以拥有对高雅生活的追求。捷克民主主义教育家夸美纽斯提出的“把一切知识教给一切人们”的“泛智教育”的理想，就是希望所有的人都能接受到完善的、完美的教育，让每个人都能得到多方面发展，使得他们都能成为和谐发展的人。毫无疑问，老年人理所当然应该包括在他所说的所有的人之内。

关于人的全面发展，马克思主义认为个体存在的意义就在于自身所拥有的物质生活与精神生活的双重追求。当然，对物质生活的追求构成了生命体存在的基础，对精神生活的追求则构成了生命存在的价值体现。因此，个体对精神生活的追求基于但更高于对物质生活的依赖，这既是对生命体存在的尊重，也是对生命价值与个体本质的体现，更是对人的全面发展思想的理性回归。

从上述这些角度出发，本书在对老年生活进行构思时，确立了老年物质生活维护与精神生活提升两个层面的研究视角。

2. 对家庭生活与社会生活维度的选取

随着人们进入退休年龄，他们将从社会职场生活中逐渐淡出，作为社会生活基本单位的老年家庭生活则成为老年人主要的人生舞台。从社会学的角度来看，作为由婚姻关系与血缘或收养关系共同衍生出来的社会组织，家庭必然会以婚姻关系为基础，并派生出了血缘关系或收养关系。因此，家庭生活无疑是家庭成员体验与实践社会生活的港湾。

关于社会与社会生活，马克思认为社会是人们相互交往的产物，更是各种社会关系的总和。由于各种人际交往关系的存在，构筑了纷繁复杂的人类社会生活。因此，为了维系生命存在、提高生命价值以及维系各种人际关系，人们会积极开展各种实践活动，这也构成了人类的社会生活。

为此，在探讨老年生活时，本书也确立了以老年人的生存环境与实践空间为基础而选取的老年家庭生活与社会生活两个层面的研究视角。

3. 四个不同维度构筑了完整的研究视角

关于老年阶段的身体与心理的变化，以及老年生活及其社会适应性等方面的思考，美国学者霍曼和基亚克认为，进入老年阶段的身体机能逐渐呈下降趋势，各种老年疾病都可能随时影响着身体健康与生活质量。伴随着“使诸如肺、心与循环系统等器官功能下降的肉体变化”的这种生物学上的衰老，老年心理也会随之发生变化，“感觉与知觉过程以及智能（包括记忆力、学习力与智力等要素）、个性、精力与活力方面都会发生变化”。从社会学角度来看，衰老意味着“一个人在社会结构——家庭与朋友、工作领域以及在诸如宗教团体与政治团体等组织中的角色与关系的变化”。因此，老年人的晚年生活会随着身体机能的下降与内心情境的变化而做出调整，以适应老年生活与社会生活环境的变化要求。

关于老年夫妻生活与家庭生活，霍曼与基亚克认为“在大多数老年生活中，婚姻关系都起着关键性的支撑作用”。因为，“夫妻在整个婚姻期间都要学会适应变化着的角色和期待”。大多数老年夫妻都会比年轻夫妻更可能把婚姻看成“受义务支配的终身责任”。关于社会生活方面，“老年夫妻商定他们的角色过渡的能力，在很大程度上取决于他们原先的适应能力和对他们的关系的满意程度”。

人生老年阶段这种最直接、最明显的身体、心理与生活等因素的变化与调整，体现了物质生活、精神生活、家庭生活与社会生活对于老年生活的重要意义，同时也为探究老年生活中的老年学习及其相关性提供了合理的研究视角。

二、老年学习活动的可行性分析

1. 参与老年学习：终身学习理念的呼吁

法国成人教育家保罗·郎格朗认为，人格的发展需要通过人一生努力来完成，“只要人还活着，教育就应该是继续的”。原法国总理埃德加·富尔提出的“终身学习”理念认为，虽然每个人都在不断地接受着教育、接受着不断的教育，但是他越来越应该成为学习的主体。因此教育的重点应放在如何培养人的“自学”能力上来，让每个人都能终身不断地学习。

联合国教科文组织极力倡导每个社会成员都必须终身不断地坚持学习。大量的社会实践事实充分表明，学习包括了一个人的整个一生，既强调了人的生命体存在的时间性，又强调了人的发展的空间性，其中还包括了全部的社会资源。人类社会除了要修整现行的教育体系，还要调整所有的社会资本与社会资源，从而推动整个人类社会继续前进，达到学习型社会的境界。

可以看出，终身学习的理念对全体社会成员都提出了坚持终身学习的要求。当然，这种要求也同样适用于老年人，他们也有必要坚持开展老年学习活动。

2. 参与老年学习：个体综合素养的体现

（1）身心条件提供了可能性

美国心理学家桑代克从运动速度、身体感觉与语言学习等能力角度对成人学习活动进行实验后发现，成人的学习能力会随着年龄增长而下降。不过，这种学习能力的下降速度是缓慢的。该研究表明，成人的学习能力与学习愿望不仅具有持续性，而且成人可以通过不断学习增强自身的可塑性。

美国教育心理学家霍尔研究发现，尽管老年人随着年龄的增长部分器官的反映能力会有所下降，但是他们似乎“并未完全丧失最基本的认知能力”。美国教育社会学家费舍研究发现，不是所有人的认知能力都会随着年龄的增长而显著下降。学习还可以起到预防思维老化的作用，成为个体认知能力维系与提升的重要途径。尽管身体机能的衰退是年龄增长的必然规律，人们无法回避这种生理衰老现象，但是，老年人通过学习却可以不断巩固与提高自身的心理认知能力。也就是说，老年人不仅依然拥有参与老年学习的认知能力，而且还会在老年学习过程中不断提升个体的心理认知能力。

（2）多元智能提供了智力支撑

美国成人教育家格拉斯教授认为，终身学习将有助于老年人由“流体智力”向

“晶体智力”转变。同时，身处学习情境中的老年人会比年轻人更有强烈的学习欲望，更能激发出自身的学习行为，这也是对他们先前不高的学习程度或不佳的学习效果的一种补偿。

“多元智能理论”之父、美国哈佛大学教授加德纳把“智力”界定为“是在某种社会或文化环境的价值标准下，个体用以解决自己遇到的真正的难题或生产及创造出有效产品所需要的能力”。也可以把这个界定理解为，由于人类社会的生活能力要素涉及语言交流、数理推理、娱乐健身与修身养性等方面，每位社会个体都需要具备语言表述、逻辑推理、空间体能与人际交往与社会认知等方面智力。该理论强调了不同个体的智能特点及其影响因素。

老年生活所需的知识包含了日常生活知识、身体保健知识、精神陶冶知识与人际交往知识等多个不同类型的知识，而不同的智力结构可以很好地满足个体对不同类型知识的学习。可以说，该理论为多样性的老年学习提供了智力因素上的可能性。

3. 参与老年学习：社会参与理论的要求

美国教育家伯迪与布尔顿—刘易斯通过研究发现，老年人之所以能够保持体能上、精神上以及参与社会活动方面的活力，一定程度上依赖于他们对学习实践活动的持续参与。

美国诺贝尔经济学家奥斯特罗姆提出的应当从政府或市场主导的相对单一主体参与的实践模式转变为由政府、市场与民众等更多群体或组织共同主导的多元参与模式实现社会治理或社会实践的社会参与理论，给老年生活中老年人参与社会实践活动提出了积极的启示。参与老年学习既是老年人融入学习的社会实践活动，也是他们对社会实践活动的积极认同。参与老年学习不仅可以不断丰富老年生活知识，还可以提升老年生活品质，同时还能让老年人感受到社会发展对老年生活的支持与保障。

老年人参与学习活动不仅是在积极获取老年生活所需的知识与技能，还是他们积极融入社会实践的过程。因此，这种学习的过程也体现了老年人积极参与社会实践的意愿与行动，体现了他们对融入社会生活实践的积极努力与不懈追求。

4. 参与老年学习：老年人际交往的呼唤

根据对哲学上所谓的合理性“主要涉及具有语言能力与行为能力的行为主体获得与运用这些知识的途径问题”的理解，德国哲学家哈贝马斯认为交往合理性应当理解为以知识作为适应与支配外部世界的工具支配合理性，以及社会个体通过人际交往所实现的彼此间相互理解的交往合理性等两大类型。借助知识学习的工具支配合理性的认识，在人际交往中能够实现对老年生活知识的学习，可以包括身体机能维护的知识、生命体存在所需的知识、家庭和睦关系维护的知识与增进人际交往等方面的知识。而借助人际交往合理性的认识，老年生活可以理解为与老师和同学、与老年配偶及家庭成员、与社区和社会等方面的交往活动。

该理论不仅为老年学习的内容选择提供了指导，而且也为老年学习在老年人际交往与社会生活中的作用探究奠定了基础。

三、老年生活与老年学习的相关性分析

1. 老年学习源于老年生活

本书从生物医学和文化学等角度阐述了老年学习是正常身体机能得以维护的生理需要。同时，也从人类学的角度提出了老年学习是老年生命得以延续的社会需要、从哲学的角度提出了老年学习实现了确保生物体社会存在的物质基础以及从系统科学的角度提出了老年学习对于提升个体生命存在的社会意义，并形成了对老年学习是延长老年生命存在的需要的探究。

从心理学的角度提出了兴趣是个性存在的基础、从事物发展的哲学角度提出了兴趣与个体精神追求的联系，强调了参与老年学习是拓展个体兴趣的需要。从全面发展的视角分析了人生经历的丰富是个体全面发展的要求、从精神世界的视角分析了人生经历的丰富是个体精神生活的追求，阐明了参与老年学习成为丰富老年人生经历的需要。从个体的归属需要、社会尊重需要与自我价值实现需要等角度诠释了参与老年学习是提升生命价值的需要。从而构成了老年学习对于老年精神生活的需要关系。

从作为老年夫妻生活和谐前提的老年夫妻间的理解与关爱角度、从作为代际之间生活和睦前提的家庭成员之间的尊重与关怀角度出发，本书阐述了参与老年学习是强化家庭依赖感的需要。从作为老年夫妻生活和谐保障的家庭成员之间奉献与宽容角度、从作为代际之间生活和睦保障的家庭成员之间赡养与尊重角度思考，本书描绘了参与老年学习是增强家庭责任心的需要，从而提出了老年学习源自于对老年家庭生活的尊重。

从人际交往是个体社会生活的基础的角度、从邻里生活是个体社会生活的保障角度构思，本书阐述了参与老年学习是个体社会交往的需要。从社会参与是个体社会生活的组成的角度、从社会认同是个体社会生活的归宿的角度分析，本书阐释了参与老年学习是老年人社会认同的需要，从而确立了老年学习源于对老年社会生活予以关注的观点。

2. 老年学习融于老年生活

根据对身体机能的维护使学习具有可行性以及学习可以实现对身体机能的维持的分析，本书提出了学习活动就是维持身体机能的观点。从老年学习者的

生命存在意识使学习具有可行性的角度，分析了学习就是维护并延长生命存在的观点。这也是从个体角色认同的角度分析了老年学习是老年物质生活有机组成的思考。

从多元智力使个体兴趣的培养具有可行性的视角分析了参与老年学习就是培养与拓展个体兴趣。从终身学习是对自我身份的认同以及终身学习是人生经历的组成的角度分析了参与老年学习是老年人生的要义。

从通过学习可以获得归属感、社会尊重与实现自我价值的角度分析了参与老年学习就是实现个体生命价值，从内心精神的满足角度提出了老年学习是老年精神生活的体现。

关于家庭生活，本书提出了学习是老年夫妻和谐关系的推进剂以及老年学习是家庭关怀的温控器，从而阐释了老年学习是家庭和谐的依赖。从培育家庭责任心可以使学习具有可行性的角度分析了参与老年学习就是培育家庭责任心。这是从接受家庭责任的视角分析了老年学习是老年家庭生活的缩影。

本书以交往合理性理论为依据，提出了人际交往是老年社会生活的基础，并阐述了参与学习是老年社会化的过程。结合社会参与理论，本书分析了社会参与是老年人共享社会发展的途径，提出了参与老年学习是老年生活获得社会认同的过程的思考。从而以感受社会交往的方式描述了参与老年学习是对老年社会生活心声的表达。

3. 老年学习丰富了老年生活

本书从身体机能具有自我维护性的角度，分析了参与老年学习实现了对身体机能的维护。从生命存在具有自我延续性的视角，探究了参与老年学习实现了对老年生命存在的延续。并从提升个体角色的视野，阐释了参与老年学习促进了老年物质生活的发展。

从个体兴趣能够得以拓展的特点出发，阐释了参与老年学习拓展了个体兴趣。从学习可以强化自我身份认同的视角，提出了参与老年学习丰富与拓展了个体人生经历，使得自我身份认同意识更明确。从学习促进了个体归属感、社会尊重与个体自我价值的维度，分析了参与老年学习促进了生命价值的提升。从而以提升精神生活的视角强调了学习提升了老年精神生活质量的观点。

从家庭依赖感可以在夫妻之间与代际之间得到增强，提出了参与老年学习增强了家庭成员之间彼此的依赖感。从夫妻之间与代际之间的家庭责任心可以得到培育的特点思考，提出了老年学习培育了家庭责任心的意识。这是从家庭成员之间勇于担当家庭责任的视角，强调了老年学习融洽了老年家庭生活关系的认识。

从老年人的社会交往可以得到扩展的思路入手，提出了参与老年学习促进了社会交往的扩展。从个体的社会认同可以得到促进的维度出发，强调了参与老年学习促进了老年人的社会认同。这也是通过积极社交活动的开展，描绘了老年学习强化了老年社会生活意义的美好生活景象。

参 考 文 献

（一）中文图书

[1] 毕淑芝，司荫贞. 比较成人教育[M]. 北京：北京师范大学出版社，1994.

[2] 陈伯璋. 教育研究方法的新取向——质的研究方法[M]. 台北：南宏图书公司，1989.

[3] 陈向明. 质的研究方法与社会科学研究[M]. 北京：教育科学出版社，2000.

[4] 陈向明. 教师如何作质的研究[M]. 北京：教育科学出版社，2001.

[5] 丁钢. 中国教育研究与评论[M]. 北京：教育科学出版社，2007.

[6] 丁钢. 声音与经验：教育叙事探究[M]. 北京：教育科学出版社，2008.

[7] 丁钢. 教学与研究的叙事探究[M]. 南宁：广西师大出版社，2010.

[8] 冯建军. 生命与教育[M]. 北京：教育科学出版社，2004.

[9] 范晓玲. 教育统计学与 SPSS[M]. 长沙：湖南师范大学出版社，2005.

[10] 高金岭，谢登斌. 文化学观照下的教育变革[M]. 桂林：广西师范大学出版社，2007.

[11] 高志敏. 成人教育的哲学基础[M]. 北京：职工教育出版社，1990.

[12] 高志敏. 终身教育、终身学习和学习化社会[M]. 上海：华东师范大学出版社，2005.

[13] 黄健. 成人教育课程开发的理论与技术[M]. 上海：上海教育出版社，2002.

[14] 姜王之，汝信主. 康德黑格尔研究(第 1 辑)[M]. 上海：上海人民出版社，1986.

[15] 联合国教科文组织. 学会生存——教育世界的今天和明天[M]. 北京：教育科学出版社，1996.

[16] 联合国教科文组织. 教育——财富蕴藏其中[M]. 联合国教科文组织总部中文科，译. 北京：教育科学出版社，1996.

[17] 梁启超. 中国历史研究法[M]. 北京：人民出版社，2008.

[18] 刘放桐等. 现代西方哲学[M]. 北京：人民出版社，1990.

[19] 厉以贤. 教育·社会·人——厉以贤教育文集[M]. 北京：人民教育出版社，2010.

[20] 李政涛. 教育科学的世界[M]. 上海：华东师范大学出版社，2010.

[21] 林崇德. 发展心理学[M]. 北京：人民教育出版社，2008.

[22] 林振武. 中国传统科学方法论探究[M]. 北京：科学出版社，2009.

[23] 刘远传. 社会本体论[M]. 武汉：武汉大学出版社，1999.

[24] 卢勤. 个人成长与社会化[M]. 成都：四川大学出版社，2010.

[25] 罗崇敏. 教育的逻辑[M]. 北京：人民出版社，2011.

[26] 梅陈玉婵，齐铱，徐玲. 老年学理论与实践[M]. 北京：社会科学文献出版社，2004.

[27] 苗力田，李艳辉，秦典华. 亚里士多德全集(第三卷)[M]. 北京：中国人民大学出版社，1991.

[28] 吕达，刘立德，全晦燕. 杜威教育文集(第 2 卷)[M]. 北京：人民教育出版社，2008.

[29] 彭虹斌. 教育管理学的文化路向[M]. 北京：教育科学出版社，2009.
[30] 蒲蕊. 教育学原理[M]. 武汉：武汉大学出版社，2010.
[31] 卜玉华. 班级生活与公共精神的养成[M]. 南京：江苏教育出版社，2008.
[32] 戚万学等. 道德教育的文化使命[M]. 北京：教育科学出版社，2010.
[33] 单中惠. 西方教育思想史[M]. 太原：山西人民出版社，1996.
[34] 邵瑞珍. 教育心理学[M]. 上海：上海教育出版社，1996.
[35] 孙时进. 社会心理学[M]. 上海：复旦大学出版社，2003.
[36] 童世骏. 当代中国人精神生活研究[M]. 北京：经济科学出版社，2009.
[37] 王攀峰. 走向生活世界的课堂教学[M]. 北京：教育科学出版社，2007.
[38] 吴遵民. 现代国际终身教育论[M]. 上海：上海教育出版社，1999.
[39] 杨国荣. 认识与价值[M]. 上海：华东师范大学出版社，2009.
[40] 叶忠海. 社区教育学基础[M]. 上海：上海大学出版社，2000.
[41] 郑金洲. 教育通论[M]. 上海：华东师范大学出版社，2008.
[42] 张秉让. 成人教育的使命与战略选择[M]. 北京：教育科学出版社，2010.
[43] 张广利. 社会保障理论教程[M]. 上海：华东理工大学出版社，2008.
[44] 张荣华. 时代的中坚：我国现阶段的知识分子问题研究[M]. 北京：人民出版社，2008.
[45] 张创伟. 西方学习型社会：实践与原理[M]. 上海：复旦大学出版社，2014.
[46] 彭亮. 上海高龄独居老人研究[D]. 上海：华东师范大学，2011.
[47] 孙晋富. 老年人参与社会的中日比较研究：以上海市嘉定区和日本山口县为例[D]. 上海：华东师范大学，2006.
[48] 李洁. 海派学习文化研究：来自成人生活世界的考察与分析[D]. 上海：华东师范大学，2009.
[49] 王静. 老年学习的精神生活影响力研究[D]. 上海：华东师范大学，2010.
[50] 应方淦. 基于生活世界视角的成人学习研究[D]. 上海：华东师范大学，2011.

(二) 中文译著

[1] [法]保罗·郎格朗. 终身教育引论[M]. 周南照，陈树清，译. 北京：中国对外翻译出版公司，联合国教科文组织出版办公室，1985.
[2] [古希腊]柏拉图. 理想国[M]. 段志诚，译. 北京：中国对外翻译出版公司，2006.
[3] [美]菲力蒲·库姆斯. 世界教育危机[M]. 北京：人民教育出版社，1968.
[4] [奥]弗洛伊德. 精神分析引论[M]. 高觉敷，译. 北京：商务印书馆，1988.
[5] [德]哈贝马斯. 交往行动理论(第1卷)——行动的合理性和社会的合理化[M]. 洪佩郁，蔺青，译. 重庆：重庆出版社，1994.
[6] [德]胡塞尔. 现象学的观念[M]. 倪梁康，译. 上海：上海译文出版社，1986.
[7] [美]霍华德·加德纳. 杰出的头脑[M]. 乐文卿，王莉，译. 北京：中国友谊出版社，2000.
[8] [美]N. R. 霍曼，H. A. 基亚克. 社会老年学——多学科展望[M]. 冯韵文，屠敏珠，译. 北京：社会科学文献出版社，1992.

[9] [美]卡尔·罗杰斯.个人形成论:我的心理治疗观[M].杨广学,尤娜,潘福勤,译.北京:中国人民大学出版社,2004.

[10] [美]卡诺伊,莱文.教育大百科全书[M].杜育红,曹淑江,孙志军,译.重庆:西南师范大学出版社,2011.

[11] [美]流心.自我的他性[M].常姝,译.上海:上海人民出版社,2005.

[12] [法]卢梭.爱弥儿:论教育[M].李平沤,译.北京:人民教育出版社,1985.

[13] [美]罗伯特·米·加涅.学习的条件和教学论[M].皮连生,译.上海:华东师范大学出版社,1999.

[14] [美]罗伯特·M·史密斯.学会如何学习——成人的应用理论[M].朱丽华,译.北京:中国劳动出版社,1986.

[15] [美]马尔科姆·诺尔斯.现代成人教育实践[M].蔺延梓,译.北京:人民教育出版社,1989.

[16] [德]马克思,恩格斯.马克思恩格斯选集[C].中共中央编译局,译.北京:人民出版社,1995.

[17] [美]马斯洛.人的潜能和价值[M].林方,译.北京:华夏出版社,1987.

[18] [瑞士]皮亚杰.皮亚杰教育论著选[M].卢濬,译.北京:人民教育出版社,1990.

[19] [美]乔纳森·特纳.社会学理论的结构[M].北京:华夏出版社,2001.

[20] [美]桑代克.成人的学习[M].杜佐周,朱君毅,译.北京:商务印书馆,1934.

[21] [美]爱德华·桑代克.人类的学习[M].李维,译.杭州:浙江教育出版社,1999:25.

[22] [美]威廉·维尔斯曼.教育研究方法导论[M].袁振国,译.北京:教育科学出版社,1997.

[23] [美]雪伦·B·梅里安.成人学习理论的新进展[M].黄健,译.北京:中国人民大学出版社,2006.

[24] [美]亚伯拉罕·哈儒·马斯洛.人类激励理论[M].许金声,译.北京:科学普及出版社,1943.

(三)中文期刊

[1] 方杲,张慧君,胡远超.论精神生活的主体性特征[J].社会科学辑刊,2008(3).

[2] 高志敏.成人教育研究的反思与前瞻[J].教育研究,2006(9).

[3] 高志敏,纪军.在"成人"与"教育"之间——成人教育学科发展的回顾与展望[J].教育研究,2005:(2).

[4] 郭元祥.课程观的转向[J].课程·教材·教法,2001(6).

[5] 何光全.国外成人及继续教育学者爱德华·李·桑代克[J].成人教育,2012(3).

[6] 何旭明.西方关于兴趣的界定与分类研究述评[J].大学教育科学,2010(4).

[7] 柯恩.人们为何难以改变——专访哈佛大学成人学习与专业发展教授罗伯特·凯根和哈佛大学教育研究生院研究主任丽莎·拉斯考·拉海[J].哈佛商业评论,2012,(7).

[8] 李永胜.老年人生活质量指标体系的构建设想[J].四川行政学院学报,2003(1).

[9] 李中亮.生源多元化进程中成人学员求学经济能力分析[J].河南师范大学学报(哲学社会科学版),2010(1).

[10] 宋尚桂. 当代西方成人学习理论述评[J]. 济南大学学报，1998(8).

（四）外文文献

[1] Tesser A. Towards a self-evaluative maintenance model of social behavior[C]. Advances in experimental social psychology：21. L. Berkowitz，Orlando，FL：Academic Press，1988.

[2] Arthur M Cohen，Florence B Brawer. The American community college San Francisco：Jossey-Bass，c2003.

[3] Bowles. S. Gintis. H. Schooling in Cap italistAmerica：educational reform and the contradictions of economic life[M]. New York：Basic Books，1977.

[4] Brookfield S. The Power of Critical Theory：Liberating Adult Learning and Teaching[M]. San Francisco，CA：Jossey Bass，2005.

[5] Butler R N，Lewis M I，Sunderland T. Aging and mental health：Positive psychosocial and biomedical approaches[M]. Boston，MA：Allyn and Bacon，1998.

[6] Chen A. An examination of situational interest and its sources[J]. British Journal of Educational Psychology，2001，71 (3).

[7] Claire Colebrook. Philosophy and Post-Structuralist Theory：From Kant to Deleuze[M]. Edinburgh University Press，2005.

[8] Clover D E. Global Perspectives in Environmental Adult Education[M]. New York：P. Lang，2004.

[9] Cross K Patricia. Adults as Learning：Increasing Participation and Facilitating Learning [M]. San Francisco：Jossey-Bass，1981.

[10] Eco U. Relay in S Collini（Ed.）interpretation and overinterpretation[M]. Cambridge，UK：Cambridge University Press，1992.

[11] Stern H H. Fundamental concepts of language teaching[M]. Shanghai：Shanghai Foreign Language Education Press，1999.

[12] Hill L E. Environmental Adult Education：Ecological Learning，Theory，and Practice for Socioenvironmental Change[M]. San Francisco：Jossey Bass，2003.

[13] Illeris K. The Three Dimensions of Learning[M]. Copenhagen/Leicester：Roskilde University Press / Leicester UK：NIACE，2002.

[14] Jack Mezirow，Edward W. Taylor and associates. Transformative learning in practice：insights from community，workplace，and higher education[M]. San Francisco，CA：Jossey-Bass，c2009.

[15] James C Fisher. Major Streams of Research Probing Older Adult Learning[J]，New Direction for Adult and Continuing Education，1998，77：27-37.

[16] J. Conrad Glass，JR. Factors Affecting Learning In Older Adults[J]. Educational Gerontology，1996，22 (4).

[17] John L Elias，Sharan Merriam. Philosophical foundations of adult education Malabar[M].

Florida:R. E. Krieger Pub. Co. , 1980.

[18] Krapp A. Structural and dynamic aspects of interest development: theoretical considerations from an ontogenetic perspective[J]. Learning and Instruction,2002,(4).

[19] Lofland J, Lofland L H. *Analyzing Social Settings: A Guide to Qualitative Observation and Analysis* [M]. Belmont, CA: Wadsworth, 1984.

[20] Louis Wildman. Becoming a Learning Society[J]. Change,1995,27(6):6.

[21] Lundin R W. Theories and systems of psychology[M]. Lexington, Mass: D. C. Heath and Company, 1991.

[22] Malcolm S. Knowles. the Adults Learner: Neglected Species[M]. Houston: Gulf Publishing Company,1990.

[23] Mason D. The Role of Schemata and Scripts in Language Learning System[J].

[24] Maxwell J. Qualitative Research Design :An Interactive Approach[M]. Thousand Oaks: Sage,1996.

[25] McGill M, Slocum J, Lei D. Management practices in learning organizations[J]. Organizational Dynamics,1992,21(2).

[26] Michael Strain. Schools in a Learning Society:New Purposes and Modalities of Learning in Late Modern Society[J]. Educational Management Administration & Leadership, 2000,28(7):281-298.

[27] Nola Purdie, Gillian Boulton-Lewis. The Learning Needs Of Older Adults[J]. Educational Gerontology, 2003, 29.

[28] Ranson S ed. Inside the Learning Society[M]. London: Cassell Education, 1999.

[29] Rogers S,Luepniz R. Psychology of aging in America: A historical account of theortical development. Paper presented at the annual convention of the Southwest Psychological Association, Dalla, TX. (ERIC Document Reproduction Service No. ED229712), 1982.

[30] Rose Therese Sullivan. The Subculture of the Aging and Its Implications for Health and Nursing Care to the Elderly. University of Washington,1974.

[31] Roth Gibbons. Lori Ann. Older Adults Learning Online Technologies: A Qualitative Case Study of the Experience and the Process[D]. Virginia Polytechnic Institute and State University,2003.

[32] Peter Jarvis. Democracy, lifelong learning and the learning society: active citizenship in a late modern age Abingdon[M]. New York, NY:Routledge, 2008.

[33] Ranson S. Toward the Learning Society[M]. London: Cassell, 1994.

[34] Robert L. Crowson Ellen B. Goldring. The new localism in American education[Chicago]: NSSE ; Malden, Mass. :Distributed by Blackwell Pub, 2009.

[35] Schunk Dale H. Learning theories: an educational perspective[M]. Englewood Cliffs, N. J. : Merill,1996,284.

[36] Seidman I E. *Interviewing as Qualitative Research :A Guide for Researchers in Education and the Social Science*[M]. New York：Teachers College,1991.

[37] Sharma S R. World Adult Education[M]. New Delhi：Omsons Publications，2001.

[38] Tobias S. Interest, Prior Knowledge, and Learning[J]. Review of Educational Research, 1994,64(1).

[39] Viney L L，Bousfield L. Narrative Analysis :A Method of Psychosocial Research for Aids -Affected People[J]. Social Science and Medicine.

[40] Welton M R ed. Defense of the Life World：Critical Perspectives on Adult Learning[M]. U. S. :State University of New York，1995.

后　记

本书是以上海市教育委员会科研创新项目"终身学习理念观照下的老年学习与老年生活"研究为基础，对当前我国老年社会背景下的老年学习与生活故事及其相互关系所做的探究。通过回归每一位老年受访者丰富的生活世界，聆听他们对老年生活中的学习故事，不知不觉中让我走进了他们缤纷的精神家园。在这里我不仅发现了学习给他们带来的快乐，也更让我清晰地看到他们用各自精彩的生活故事所描绘出来的一幅幅"老年学习源于生活、老年学习融于生活、老年学习丰富了生活"的美妙画卷。可以说，本书不仅是对他们生活中的学习故事的陈述，更是对他们精彩生活的积极展现。

随着社会老龄化进程的加速，老年人参与学习的现象越来越普遍，人们对老年学习现象的思考也越来越多。通常人们希望借助量的研究方法以实现在量化上为各自的研究提供一种说服力。而本研究采用了访谈研究法，着重强调的是以对受访者学习故事的真实记录、真实描述和真实再现为基础，从而确保研究结果与研究者、研究问题、研究目的与研究情境等诸多因素最大程度的"一致性"，使得本研究所获取的老年学习故事能合理解读老年学习现象，能让人们通过置身于真实的故事情境之中而走进老年学习者的精神家园，这也是我在研究过程中不断探索的方向。

在这里，我要向每一位老年受访者表示衷心的感谢。是他们给了我研究的机会与平台，让我能够跨越时空地汲取着他们人生中的各种精彩；是他们给了我学习的空间与资源，让我能够一览无余地品味着他们生活中的学习故事。是对他们人生故事的仔细推敲，让我发现了老年学习与老年生活的互动关系；是对他们眼中饱含的追求与渴望的细致观察，让我发现了老年人对美好生活与幸福时光的无限憧憬与积极践行。故事里呈现的是每一位受访者对老年学习的追求以及对美好生活的渴望，相信生活中的每一位老人也都会有着同样的人生追求与生活梦想。

本研究得到了上海市教委、华东师范大学、上海开放大学等单位领导和老师们的大力支持，也得到了同济大学出版社的大力支持。他们为研究的完成与书稿的编印做了大量的工作。

在此，向所有为本书的出版给予了帮助、付出了努力的组织和个人致以诚挚的谢意！

王仁彧

2020年7月